KB120169

철학교사 안광복의

키워드
인문학

철학교사 안광복의

키워드
인문학

안광복 지음

한겨레에듀

'2% 물음', 생활인의 인문학

2009년 9월 6일.

한겨레신문에 〈철학교사 안광복의 인문학 올드&뉴〉가 처음 연재된 날이다. 그 후로 1년 간, 나에겐 하루도 편할 날이 없었다. 매주 2권의 책을 읽고 14매의 원고를 토해 내야 하는 고된 일이었다. 나는 전업 작가가 아니다. 직장일을 끝내고 나면, 하루에 남는 짬은 세 시간 남짓이다. 그 틈에 책을 읽고 원고 쓰는 작업을 밀어 넣어야 한다. 당연히 무리가 따랐다.

그럼에도 나는 연재를 놓고 싶지 않았다. 아니, 연재를 즐겼다는 표현이 더 맞을 듯싶다. 글쓰기에는 묘한 중독 효과가 있다. 마감의 압박, 하지만 마지막 장까지는 아직도 한참이 남은 자료들, 좀처럼 정리되지 않는 생각. 생활을 지옥으로 만드는 '마감 삼종 세트'다. 심장이 콩닥거리고 손에 땀이 밴다.

그러다가 글이 터지기 시작하면 그때부터는 무아지경이다. 나는 새벽 2시에 일어나 글을 쓴다. 외과 의사는 수술이 시작되면 자리를 뜰 수 없다. 작가도 마찬가지다. 활자가 흐르기 시작하면 3시간이 3분처럼 느껴진다. 칙센트미하이가 말하는 "몰입의 즐거움"이다.

원고를 털어 낸 직후의 쾌감을 뭐라고 할 수 있을까? 묵은 변비가 마침내 끝나는 기분? 기말고사를 마친 학생들의 해방감? 압박감 끝에 찾아온 헛헛하면서도 뿌듯한 기분, 아마 이 맛에 계속 글을 쓰게 되는 듯싶다.

신문에 글쓰기는 녹록지 않다. 뻔한 소리를 늘어놓아서는 당연히 안 된다. 그렇다고 너무 튀거나 심오한 소리를 해서도 안 된다. 상식 있는 시민들이 받아들일 만하면서도 2% 색다른 이야기를, 중학생도 알아들을 만큼 쉽게 써야 한다.

원고를 쓰는 동안, 나는 뒤통수에 "내 글이 주는 2% 색다른 재미가 무엇일까?"라는 물음을 달고 살았다. '2% 물음'은 책을 읽을 때도 이어진다. "이 책에서 2% 색다른 내용은 뭘까?" 이 두 가지 질문에 딱 떨어지는 답을 얻어 내야 한다. 가치 있는 글은 여기서부터 시작된다.

인문학에서 글쓰기란 '거인의 어깨에 올라타는 일'이다. 세상에는 숱한 고전(古典)이 있다. 이 책들이야말로 '사상의 거인'들이다. 인문학자란 이들의 어깨에 올라타서 세상을 바라보는 사람들이다. 인류가 쌓아 온 지혜 위에 티끌만한 깨달음을 더하는 작업, 이것이 '인문학적 글쓰기'가 아닐까? 온고이지신(溫故而知新)은 가슴에 새기고 또 새겨야 할 진리다. 나는 그런 자세로 이 책에 실린 100권의 서적을 읽었다.

예수는 떡 다섯 개와 물고기 두 마리로 오천 명의 사람을 먹였다. 이른바 '오병이어(五餠二魚)의 기적'이다. 연재 내내, 나는 오병이어의 기적(?)을 경험했다. 인생에 주어진 시간은 정해져 있다. 그런데도 시간은 언제나 넉넉하게 늘어난다. 더 이상은 못 탈 듯한 만원 버스여도 욱여 넣으면 계속 사람이 들어가지 않던가. 시간도 그렇다.

연재 초기, 나에게는 개인 생활이 사라졌다. 책 두 권을 읽고 원고를 넘기는 작업이 모든 여가 시간을 잡아먹었던 탓이다. 하지만 연재가 10회, 20회 넘어가면서, 나의 생활은 되돌아왔다. 짬짬이 저녁 약속도 잡고 등산도 갔다. 심지어 다른 '연재'들을 겹쳐서 맡기도 했다.

힘든 운동은 근육을 키운다. 굵은 힘줄이 생기고 나면 처음에 힘들던 일도 가볍게 느껴진다. 읽고 쓰는 일도 마찬가지다. 영혼은 끙끙거리는 만큼 자라난다. 아리스토텔레스는 학문을 하려면 여가(餘暇: scholē)가 있어야 한다고 말한다. 마음 놓고 한가로울 짬이 있어야 한다는 말이다. 나는 이 말을 공부하려면 오롯이 학문에만 매달려야 한다는 의미로 '오해'했었다.

하지만 축구에서 '완벽한 찬스'가 주어지는 경우는 좀처럼 없다. 제대로 훈련된 선수는 상대가 공을 놓친 짧은 순간을 놓치지 않는다. 읽고 쓰는 일이 몸에 밴 사람도 그렇다. 이들은 생활 곳곳의 비어 있는 순간에서 '충분한 여가'를 찾아낸다. 화장실에 앉아 있는 10분, 지하철을 타는 30분의 시간은 책을 읽기에 충분한 '여가 시간'이다. 거리를 걷는 동안, 결재를 받기 위해 대기하는 동안도 생각을 다듬는 '여가 시간'이 되곤 한다.

시간이 없어서 책을 읽을 수 없다고 투덜거리는 사람들이 많다. 생각을 묵히고 정리할 여유가 없다고 하소연하는 이들도 적지 않다. 그러나 시간이 없어도 사람들은 게임을 하고 텔레비전을 본다. 간절히 하고자 한다면, 글을 읽고 쓸 시간은 넘쳐 나게 되어 있다.

나는 평범한 직장인이다. 책에 담긴 50개 꼭지는 한겨레신문의 〈철학교사 안광복의 인문학 올드&뉴〉 원고를 다듬은 것이다. 이를 '생활인이 할 만한 인문학적 노력'으로 보아도 좋겠다. 2% 색다른 생각을 찾으려는 노력은 50개 키워드로 맺어졌다. 이를 위해 100권의 책을 읽었다. 물론, 독서를 위해 생활 곳곳에 숨어 있던 '여가 시간'을 찾아낸 덕분이다. 덕분에 내 생활의 군살은 줄어들었다. 모든 순간을 알차게 쓰는 '시간 다이어트'를 이룬 셈이다.

평범한 직장인인 내가 한 작업은 누구나 할 수 있는 일이다. 이 책에서 다룬 50개 키워드 100권의 책이, 다른 누군가의 500개 키워드, 천 권의 책으로 되돌아왔으면 좋겠다. 이 책으로 나는 일상에서도 인문학자로 살 수 있음을 보여 주고 싶었다.

2011년 봄
안광복

차 례

Chapter 2 선전, 선동, 그리고 진실

> **키워드 엮어 읽기 · 90**
> 존 스튜어트 밀 자서전/ 넛지/ 프로파간다/ 이미지와 환상/ 시학/ 스토리텔링의 비밀/ 논쟁에서 이기는 38가지 방법/ 소크라테스의 변명, 진리를 위해 죽다/ 나는 고발한다/ 생각의 함정/ 수사학/ 스틱!/ 책읽는 소리/ 독서의 기술

Chapter 3 의·식·주_생활의 뿌리

> **키워드 엮어 읽기 · 128**
> 의상철학/ 샤넬, 미술관에 가다/ 헬렌 니어링의 소박한 밥상/ 돈가스의 탄생/ 잡식동물의 딜레마/ 패스트푸드의 제국/ 프레시지옹/ 행복의 건축/ 가족 부활이냐 몰락이냐/ 플라톤의 국가, 정의를 꿈꾸다/ 뤼시스/ 사랑의 기술/ 아파트 공화국/ 서울은 깊다

Chapter 4 과학, 종교, 교육_인류를 떠받치는 세 기둥

> **키 워 드 엮 어 읽 기** · 170
> 종의 기원, 자연선택의 신비를 밝히다/ 만들어진 신/ 명상록/ 통섭/ 사회계약론/ 글로벌 시대 한국의 시민종교/ 우리들/ 자유로부터의 도피/ 학교 없는 사회/ 훌륭한 교사는 무엇이 다른가/ 감시와 처벌/ 학교의 탄생/ 에밀/ 조벽 교수의 명강의 노하우&노와이/ 아웃라이어/ 다중지능

Chapter 5 왕따, 갈등, 그리고 전쟁_세상의 '참 평화'를 지키려면

> **키 워 드 엮 어 읽 기** · 208
> 니체의 위험한 책, 차라투스트라는 이렇게 말했다/ 전쟁본능: 전쟁의 두 얼굴/ 전쟁론/ 손자병법 교양 강의/ 아랍인의 눈으로 본 십자군 전쟁/ 징비록/ 간디 자서전/ 히틀러: 여비서와 함께한 마지막 3년/ 기득권자와 아웃사이더/ 우리와 그들, 무리짓기에 대한 착각/ 처음 읽는 아프리카의 역사/ 인간 불평등 기원론/ 문명의 충돌/ 중동전쟁이 내 출근길에 미치는 영향은

Chapter 6. 자본주의 생존학_정글에서 살아남기

키워드 엮어 읽기 · 250
프리/ 유토피아/ 유한계급론/ 럭셔리/ 월든/ 굿바이 쇼핑/ 엥케이리디온/ 악마는 프라다를 입는다/ 논어, 꿈을 논하다/ 감정노동/ 정신분석학의 근본개념/ 반복의 심리학/ 길어진 인생을 사는 기술/ 노년에 관하여/ 인간의 조건/ 자본주의와 자유

Chapter 7 Miscellaneous_'기타' 생각거리들

키워드 엮어 읽기 · 276
호모 루덴스/ 축구의 문화사/ 기술복제 시대의 예술작품/ 찰칵, 사진의 심리학/ 프랑켄슈타인/ 도깨비 본색, 뿔난 한국인/ 이상한 나라의 언어 씨 이야기/ 논리-철학 논고

Chapter **1**

생활 속의 'ism'들

Keyword 01

파 시 즘

<u>나의 투쟁, 파시즘의 유혹</u>

삶이 신산스럽고 고단할 때는 누구에겐가 의지하고 싶기 마련이다. 뛰어나고 힘센 누군가가 내 인생의 모든 문제를 단숨에 풀어 주었으면 좋겠다. 미래가 보이지 않을 때도 마찬가지다. 내가 가야 할 길을 분명하게 일러 주며 어깨를 두드려 주는 사람이 있다면 얼마나 좋을까.

제1차 세계대전이 끝났을 때, 독일 국민들의 마음 상태가 바로 그랬다. 수치심과 패배감, 바닥인 경제 상태와 암울한 미래. 그런 그들에게 히틀러는 '기획된 스타'와도 같았다. 히틀러는 사람들이 듣고 싶어 하는 말을 할 줄 알았으니까.

누구 때문에 그대들은 불행한가? 바로 유대인들 때문이다. 그들이 농간을 부려 세상이 이 지경이 되었다. 우리가 할 일은 무엇인가? 그들에게 복수하고 자존심을 되찾는 것이다. 인생의 목표는 이제 뚜렷해졌다. 그렇다면 어떻게 해야 할까? 히틀러는 조금도 주저하지 않고 말한다. 나만 믿고 따르면 된다!

"군중이 애당초 그 성과가 위대함을 나타내기 전에 이념을 이해한 일이 단한 번이라도 있었는가? (중략) '독일식 민주주의'에는 다수결에 의한 결정이 있어서는 안 된다. 모든 사람의 능력과 생명을 내던지도록 하는 지도자 한 사람의 결정이 있을 뿐이다."『나의 투쟁』에서 히틀러가 강하게 외치는 말이다.

히틀러는 근육질의 아버지와도 같았다. 칸트를 낳은 철학자의 나라 독일도 그에게 기대고 싶은 마음을 뿌리치지 못했다. 그 정도로 히틀러는 사람의 마음을 휘어잡을 줄 알았다. 히틀러가 독일인의 영혼을 후렸던 기법은 무엇일까?

슈테판 마르크스는 심리학에 기대어 히틀러의 유혹 기술을 조목조목 파헤친다. 그에 따르면, 나치는 이른바 '히치콕의 함정'이라는 최면술을 썼다. 바라는 바가 있으면 사람들은 그것만 보려고 한다. 그래서 중요한 사실도 깨닫지 못한 채 놓쳐 버린다. 나치 시절의 독일 국민들이 그랬다.

나치를 경험한 독일인들은 그 시기를 '새로운 시대', '불가능이 없던 시기', '힘의 시대'로 기억한다. 그만큼 열광적이고 달뜬 분위기였다는 뜻이다. 경제는 하루가 다르게 커 나갔다. 뛰어난 무기들이 속속 개발되었고, 프랑스와 영국은 다시 독일을 두려워했다. 하지만 독일인들은 이웃의 유대인들이 어디론가 끌려가는 모습을 대수롭지 않게 여겼다. 성공에 취한 독일 국민들로서는 별로 알고 싶지 않은 사실이었기 때문이다.

우리에게도 비슷한 기억이 있다. 경제가 폭발하듯 커 가던 1970년대는 우리에게 '불가능이 없던 시기'였다. 산업역군들이 그 시기를 떠올릴 때면 자연스레 목소리에 힘이 들어간다. 그들의 표정에는 가슴 깊숙이에서 올라오는 자부심이 느껴진다. 그렇지만 당시는 동사무소에서조차 법보다 쥐꼬리만한 권력을 지닌 사람의 한마디가 더 위력을 떨치던 때였다. 경찰이 가위를 들고 시민들의 '두발 검사'를 하고 미니스커트의 길이를 서슴없이 재던 시기이기도 했다. 그럼에도 사람들은 독재보다 웃자라던 경제와 성공의 경험을 크게 떠올린다. 1930년대 독일 국민들의 상태도 이와 다르지 않았다.

나아가, 히틀러는 이렇게 말했다. "인간은 돈을 위해 죽지 않는다. 위대한 이상을 위해 죽을 뿐이다." 그 시대 독일인들은 자신이 역사의 흐름을 완성해 간다고 믿었다. 폭격으로 집이 날아가도, 노력 동원이 끝없이 이어져도 불평하지 않았다. 모든 것을 운명으로 받아들였을 뿐이다. "민족 중흥의 역사적 사명" 앞에서라면 피로감마저 싹 가셨던 우리 아버지들의 모습을 떠올리면 이해가 빠를 듯싶다.

어디 그뿐인가. 히틀러는 사람들의 노력을 인정하고 보듬을 줄 알았다. 슈테판 마르크스는 나치 시절을 겪었던 이들과 인터뷰를 하며 큰 충격을 받았다. 대부분이 그 시절의 자기 역할에 큰 자부심을 품고 있었기 때문이다. 잠수함 선원으로서, 나치 친위대 대원으로서, 군인 방송 학교 졸업자로서, 자원입대자로서, 나치당원으로서, 그들에게는 하나같이 자신이 인정받는 엘리트였다고 여길 만한 이유들이 있었다. 그만큼 히틀러의 조직관리 노하우는 특별했다.

모든 아이들은 10세가 되면 히틀러 소년단에 들어간다. 단체 안에는 무려 열두 단계의 서열이 있었다. 또한, 각종 장식과 자리로 아이들의 지위와 역할이 분명하게 갈렸다. 잘한 대원은 칭찬을 받으며 단계가 올라갔다. 사소한 행동 하나하나에도 평가하고 바라보는 눈이 있었다. 14세가 되었을 때는 히틀러 청년단에 들어가야 했다. 여기에서도 열한 단계의 계급이 기다리고 있었다. 평가와 진급, 보상이 끊임없이 이어지고 있었기에 누구도 무관심 속에 버려질 틈이 없었다.

1933년에 권력을 손에 쥔 히틀러의 통치는 12년 동안이나 이어졌다. 독일 국민들은 마침내 히틀러에게 '중독'되고 말았다. 전쟁이 막바지에 다다를 무렵에는 독일인들도 뭔가가 잘못되었음을 분명히 알았다. 그럼에도 대부분은 히틀러에 맞서지 않았다. 오히려, 더더욱 그에게 맹목적인 충성을 바쳤을 뿐이다.

슈테판 마르크스는 당시 독일 국민들에게서 알코올 중독자의 모습을 본다. 그들은 해롭다는 것을 알면서도 끊임없이 알코올을 찾는다. 삶의 위로가 되는 순간은 취해 있는 순간뿐이니까. 끔찍하게 중독된 이들은 술만 구할 수 있다면 집과 가족도 내던져 버릴 테다. 히틀러에게 중독된 사람들이 바로 그랬다. 그러나 취한 정신으로는 제대로 세상을 이길 수 없다. 나치는 결국 무너졌고, 독일 국민은 지금도 죄값을 치르고 있는 중이다.

우리나라 경제가 무척 어렵다고 한다. 인생의 미래도 점점 더 암울해져 가는 느낌이다. 이런 때일수록 '무엇이건 가능했던' 과거와 같이, 강한 인도자가 우리를 이끌어 주었으면 좋겠다는 생각이 자꾸만 찾아들지도 모르겠다. 게다가, 맑게 깬 정신으로 보기 싫은 사회문제들을 자꾸만 들추어내 보게 하는 민주주의는 취한 상태를 허락하지 않는다.

확실히, 민주주의 사회에는 나치 시절 같은 도취와 열정이 없다. 그러나 인간 영혼의 고귀한 면은 가장 고통스러운 순간을 견뎌 낼 때 튀어나온다. 성숙한 사회는 알코올의 힘을 빌리지 않고도 용기와 지혜를 이끌어 낼 줄 안다. 지도자에게 눈먼 박수를 보내는 개발독재보다 성숙한 민주주의가 나은 이유다.

뿌리가 되는 책_ 51쪽 참조
• 아돌프 히틀러 지음, 서석연 옮김, 『나의 투쟁』, 범우사
• 슈테판 마르크스 지음, 신종훈 옮김, 『나치즘, 열광과 도취의 심리학』, 책세상

유토피아니즘_Utopianism

애정 어린 독재가 민주주의보다 낫다?

심리학자 스키너(B. F. Skinner, 1904~1990)는 자신만만했다. 자기에게 맡긴다면 그 어떤 바보도 천재로 만들 수 있다고 큰소리쳤다. 하긴, 비둘기를 훈련시켜 탁구를 치게 했을 정도였으니, 스키너의 장담이 허튼소리만은 아니었을 게다. 그에게는 '행동공학'으로 인간을 탈바꿈시키는 재주가 있었다. 스키너는 행동주의라는 심리학의 큰 줄기를 연 사람이다. 소설 『월든 투』는 행동주의의 특징이 오롯이 담겨 있는 심리학의 고전이다.

'월든 투(Walden Two)'는 천 명 남짓 사는 마을의 이름이다. 주민들은 하나같이 착하고 성실하다. 이들은 하루 네 시간만 일한다. 모두 정직한 데다 농땡이 부리는 사람도 없으니, 네 시간 안에 못 끝낼 일이 없을 듯도 하다.

놀랍게도, 월든 투에서는 경쟁도 없다. 더 일한다 해서 누가 알아주거나 상을 주지 않는다. 남들보다 한몫 더 챙길 수도 없다. 이런 사회라면 사람들이 게으름 피우며 늘어지지 않을까?

스키너는 단호하게 고개를 가로젓는다. 이곳 사람들은 훈련된 비둘기처럼 '행동공학'으로 조직적으로 길들여졌다. 예를 들어 보자. 다섯 살 된 아동들에게 막대 사탕을 주고, 몇 분 동안 먹지 못하도록 주의를 준다. 견디기 힘든 유혹, 아이들은 어떻게 견딜까? 머리가 빨리 깬 아이들은 자기 눈에 안 띄도록 사탕을 감출 테다. 욕구를 참는, 제법 괜찮은 방법이다.

유혹을 피하는 데 성공한 아동들에게는 더 높은 과제가 주어진다. 이번에는 사탕을 목에 걸어 준다. 다른 데 숨기지 못하게 하기 위해서다. 아이들은 다른 방식으로 버텨 내야 한다. 누군가 노래를 부르기 시작한다. 시간 때우는 데는 노래만한 게 없을 테니까.

여기서도 성공하면 더욱 어려운 과제가 기다리고 있다. 이런 훈련을 거쳐 인내심은 조금씩 자라난다. 행동공학은 이렇듯 과학적인 단계를 밟아 인간을 차근차근 변화시킨다. 성격, 능력, 동기 등등, 마음 안의 모든 것을 원하는 대로 바꿀 수 있다는 식이다.

그러나 『월든 투』를 읽다 보면 점점 가슴이 답답해진다. 사람을 길들여 고분고분하게 만드는 짓은 독재자에게나 어울리지 않겠는가? 이런 의문에 대해 스키너는 목소리를 높인다. 독재라고? 그게 뭐 어떻단 말인가? 어리석은 민주주의보다는 따뜻한 독재가 훨씬 낫다. 민주주의는 늘 자유를 내세운다. 하지만 그 때문에 얼마나 많은 사람들이 망가지는지를 생각해 보라.

학교만 해도 그렇다. 학생들은 '자유롭게' 경쟁하지만 성공을 거머쥐는 이들은 극소수다. 성공한 사람 1명을 만들기 위해 1,000명이 낙오하는 구도다. 뒤처진 이들은 '자유롭게' 대책 없이 버려진다. 직장도 마찬가지다. 직업 선택의 '자유'를 내세우지만, 과연 자기가 무엇을 하고 싶은지 아는 이들이 얼마나 될까? 많은 이들은 방황하며 삐걱대는 일생을 살 뿐이다.

월든 투에서는 적어도 이런 비극이 일어나지 않는다. 행동공학에 따라 모든 사람들을 체계적으로 훈련시키기 때문이다. 심지어, 환경을 조작하여 사회가 꼭 필요로 하는 일거리를 원하게 만들기까지 한다.

비둘기를 훈련시키는 데도 다양한 기술과 속도 조절이 필요한 법이다. 행동공학이 발달한 월든 투에는 낙오자가 없다. 행동공학으로 일찌감치 나쁜 감정들을 제거해 버렸으니, 열등감도, 이기지 못할 두려움과 슬픔도 없다. 그렇다면 어설픈 민주주의보다 월든 투가 못한 까닭이 뭐 있겠는가.

게다가, 스키너는 사람을 변화시키는 데 벌보다 상을 써야 한다는 입장이다. 야단치면 하던 짓을 금세 멈추기는 할 테다. 그러나 처벌이 사라지면 언제 그랬냐는 듯 나쁜 습관은 다시 도진다. 행동은 칭찬과 보상을 통해서만 바뀐다. 이른바 '긍정적 강화(positive reinforcement)'의 효과다.

대니얼 코일이 쓴 『탤런트 코드』도 『월든 투』의 행동공학을 떠올리게 한다. 코일은 뛰어난 운동선수, 음악가 등을 낳은 교육기관들을 찾아다녔다. 조사 끝에 그는 천재를 만드는 비결을 찾아내었다. '탤런트 코드'란 바로 유능함을 이끄는 공식이다.

천재를 만드는 비결은 의외로 간단하다. 운동이건 음악이건 학문이건 성공하려면 '1만 시간의 노력'을 해야 한단다. 적어도 하루에 3시간씩 10년을 투자해야 결실을 거둔다는 뜻이다. 하지만 우리 학생들도 10년이 넘게 하루 10시간 가까이를 나무 의자에 앉아서 보낸다. 그런데 왜 다들 수재가 되지 못했을까?

대니얼 코일이라면 이렇게 대답할지 모르겠다. 단순히 용쓴다고 되는 게 아니다. '제대로 된 노력'이 중요하다. 우리 두뇌는 뉴런이라는 신경 회로로 되어 있다. 회로가 단단히 엮이기 위해서는 무수한 반복을 거쳐야 한다. 그래야 미엘린이라는 물질이 뉴런 더미들을 제대로 감싸게 될 테다. 예컨대, 연습이 쌓인 체조 선수는 '다리를 들어 올리며 등을 활처럼 휘게 하고, 머리를 어깨 뒤로 밀면서 엉덩이를 돌린다'고 생각하지 않는다. 미엘린으로 잘 감싸인 뉴런 회로들을 따라 '자동적으로' 몸을 움직일 뿐이다. 재능은 잘못된 부분을 찾아 고치며 수없이 반복하는 가운데 어느새 몸에 밴다. 제대로 된 자극과 반복이라는 점에서 탤런트 코드는 행동공학과 닮은꼴이다.

안타깝게도, 능력을 제대로 틔워 준다는 '마스터 코치'들에게서 우리는 또다시 독재의 모습과 만난다. 유능한 지도자들은 하나같이 '깊고 흔들림 없는 시선'을 갖고 있다. 이들은 학생 하나하나의 결점을 빈틈없이 찾아내어 정확하게 교정해 준다. 문제는 그들의 말투다. 그들은 "~하면 어떻겠니?", "~하면 어떨까?" 하는 민주적인 말투를 쓰지 않는다. "이제 ~해 봐", "~해야지" 하며 강하게 지시할 뿐이다. 그 때문에 학생은 확신을 갖고 학습에 매달린다. 물론, 그들 대부분은 따뜻하고 배려 깊은 마음을 지니고 있다.

두 책을 따라 읽다 보면 마음은 혼란으로 가득해진다. 과연 민주주의는 독재보다 나은 제도일까? 오히려, 현명하고 따뜻한 독재자가 무능한 민주주의보다 낫지 않을까? 스키너는 정치로는 그 무엇도 해결할 수 없다고 잘라 말한다. 오히려, 문제는 일을 풀어 가는 이들의 마음가짐과 능력에 달려 있다. 하지만 그의 말은 경제발전으로 독재를 정당화하는 논리와 다를 바 없이 들린다. 실용적인 해결책들은 철학적인 의문을 끊임없이 일으킨다. 당신이라면 따뜻한 독재와 무책임한 민주주의 가운데 무엇을 택하겠는가?

뿌리가 되는 책_ 52쪽 참조
• B. F. 스키너 지음, 이장호 옮김, 『스키너의 월든 투』, 현대문화센터
• 대니얼 코일 지음, 윤미나 옮김, 『탤런트 코드』, 웅진지식하우스

Keyword03

경 제 프 렌 들 리

민주주의는 '경제 프렌들리'한 제도일까?

아테네의 정치가였던 키몬과 페리클레스는 서로 경쟁하는 사이였다. 키몬은 돈이 많았다. 그는 사람들의 마음을 사기 위해 주머니를 활짝 열곤 했다. 공짜 저녁을 마련하고 자신의 밭에서 나는 작물을 아무나 거두어 가게 하는 등등으로 말이다.

페리클레스에게는 그만한 여유가 없었다. 재력으로 승부를 내려 했다가는 가랑이가 찢어질지도 모를 일이었다. 이때 페리클레스는 허를 찌르는 승부수를 던진다. '시민들의 재산으로 시민들에게 베풀기'.

당시 아테네에서는 제비뽑기로 임명하는 관직이 많았다. 게다가, 시민들이 재판정에 배심원으로 참여하는 경우도 적지 않았다. 그때마다 페리클레스는 거둔 세금으로 수당을 챙겨 주었다. 결과는 어떻게 되었을까?

키몬은 '부자가 시민들을 돈으로 매수한 꼴'이라며 손가락질받았다. 키몬이 더 큰 선물을 내놓을수록 사람들은 점점 작아져만 갔다. 키몬의 힘이 더욱 세져서 그에게 기대지 않고서는 생계를 꾸리기가 쉽지 않아지면 어쩔 것인가. 그의 말을 거절하기는 더욱 어려울 테다.

그 반면에, '공직 수당'을 받은 사람들은 페리클레스에게 별다른 고마움을 전하지 않았다. 자신들은 마땅히 받아야 할 몫을 챙겼다고 여겼을 따름이다. 그러고는 받은 돈으로 시장에 가서 필요한 물건을 구했다.

옛 아테네 한복판에는 아고라(agora)가 있다. 아고라란 '시장'이다. 아테네는 민주주의가 시작된 곳으로 꼽힌다. 그런데 시장이 없다면 어떻게 해야 할까? 여기저기서 물자를 구해 와서 필요한 사람들에게 나누어 주려면 커다란 권력을 지닌 사람이 나서야 한다. 독재국가에서 시장이 제 역할 하는 경우는 별로 없다.

그 반면에, 시장이 제대로 돌아가면 독재가 자리 잡지 못한다. 돈만 주면 필요한 물건을 구할 수 있는데 뭐하러 권력자에게 아쉬운 소리를 하겠는가. 이처럼 민주주의는 '경제 프렌들리(friendly)'한 제도이다. 시장이 자리 잡은 곳에는 민주주의도 뿌리내린다. 그 반대도 마찬가지다. 민주주의가 통하는 곳에서는 시장이 살아난다.

하지만 아리스토텔레스는 이런 주장에 딴지를 건다. 활발하게 움직이는 시장이 오히려 독재를 부를지도 모른다고 말이다. 모든 일에는 목적과 수단이 나누어지는 법이다. 목적은 아무리 크게 잡아도 무리가 없다. 예컨대, "나는 너무 건강해서 걱정이야"라고 말할 사람은 없다. 그러나 마취는 수술에 꼭 필요한 만큼만 이루어져야 한다. 너무 심하면 목숨을 잃을 수도 있다. 수단은 목적에 맞게 적당히 수준을 맞추어야 한다.

그런데 돈은 어떨까? 돈 버는 일이 목적이 되었을 때 삶은 괴상해져 버린다. "이익이 너무 많아서 큰일입니다"라고 말할 사람은 없다. 목적에는 한계가 없기 때문이다. 잘못된 목적은 탈을 낳기 마련이다. 돈 많은 집안치고 큰 다툼 없는 경우가 드물다. 재벌가일수록 재산 다툼이 치열하게 벌어지지 않던가.

아리스토텔레스는 인간 삶의 목적은 행복에 있다고 말한다. 돈은 이를 위한 수단일 뿐, 목적이어서는 안 된다. 너무도 지당한 소리다. 그런데도 왜 우리는 돈을 움켜쥐려고 죽자 살자 매달릴까? 무엇보다 살길이 불안하기 때문이다. "생존을 향한 욕망은 끝이 없다. 따라서, 생존을 가져다주는 물건에 대한 욕망도 무한하다."

아리스토텔레스는 너무 부자도, 너무 가난뱅이도 아닌 사람들이 다스릴 때 '좋은 정치'가 이루어진다고 한다. 그의 말은 중산층이 많아야 사회가 안정된다는 논리와도 통한다. 나아가, 사회보장제도가 잘되어 있고 빈부 격차가 적은 나라들은 대개 '국격(國格)'도 높다. 유럽의 여러 나라들처럼 말이다.

하지만 우리 주변에는 먹고살 만한데도 돈에 매달리는 사람들이 너무나 많다. 돈 자체가 곧 삶의 목적처럼 되어 버린 경우다. 국가도 마찬가지다. 경제성장은 어느 순간부터 절대 묻지도 따지지도 말아야 할 '나라의 목표'처럼 되어 버렸다. 과연 경제가 성장하면 국민들은 더 행복해질까? GNP 수준이 높은 나라에서 우울증 환자가 많고 자살률이 높은 까닭은 무엇으로 설명할 수 있을까?

더 많은 돈을 벌어들여 국력을 키우자는 주장에 반대하는 사람은 없다. 그러나 우리는 정작 행복한 나라가 되려면 얼마만큼의 돈만 있으면 될지를 고민해 본 적이 없다. 무엇보다, 행복한 나라는 어떤 모습인지에 대한 그림도 제대로 갖추어져 있지 않다. 경제가 더 자라나면, 살림살이가 나아지면 더 행복해지리라 막연히 믿고 있을 뿐이다. 아리스토텔레스라면, 이런 우리의 믿음을 수단이 목적을 삼켜 버린 본보기로 삼을지도 모르겠다.

그리스 신화에서 헤르메스는 장사꾼의 신이다. 그와 동시에, 도둑의 신이기도 하다. 민주주의를 지탱하는 데는 시장이 큰 몫을 한다. 정(情)은 서로 주고받는 가운데 쌓인다. 신뢰도 반복되는 거래 속에서 싹튼다. 사회는 필요한 것을 주고받는 가운데 굴러간다. 인간의 삶도 그렇다. 아리스토텔레스가 "인간은 사회적 동물(zoon politikon)"이라고 말한 이유다.

그러나 사람은 희미해지고 돈이 뚜렷해진 시장은 위험하다. 이럴 때 헤르메스는 도둑이 되어 버린다. 상대방은 나의 돈벌이를 위한 수단이 될 뿐이다. 이런 생각으로 가득한 사람들이 민주주의를 꾸려 갈 때 사회는 독재로 흐르기 쉽다. 키몬 같은 이가 돈다발을 흔들어 댈 때 자유나 평등 따위는 가차 없이 내팽개쳐 버릴 테니까.

아리스토텔레스는 너무 과하지도 부족하지도 않게 살라고 말한다. '중용'을 지키라는 뜻이다. 그렇다면 민주주의의 정신을 지킬 만한 '넘치지도 부족하지도 않은 경제력'은 어느 정도일까? 건강한 시장을 꾸려 나가게 하는 '넘치지도 부족하지도 않은 민주주의'는 어떤 모습일까? 사회가 제대로 서려면 경제성장률 수치를 따지기에 앞서 이 물음부터 보듬어 봐야 한다.

뿌리가 되는 책_ 53쪽 참조
• 홍기빈 지음, 『아리스토텔레스, 경제를 말하다』, 책세상
• 유원기 지음, 『아리스토텔레스의 정치학, 행복의 조건을 묻다』, 사계절

Keyword **04**

토 지 공 개 념

'소유'를 넘어 '접속'의 시대로

모세는 이스라엘 민족을 이끌고 이집트를 탈출했다. 허둥지둥 떠나는 상황, 여행 준비가 제대로 되었을 리 없었다. 사람들은 금세 굶주림에 시달리게 되었다. 그러자 신은 하늘에서 먹을거리인 만나를 내린다. 양도 충분해서 모든 이들이 먹고도 남을 정도였다. 기독교 성경에 나오는 유명한 이야기이다.

경제학자 헨리 조지는 이야기를 살짝 비틀어 버린다. 만약 만나가 떨어지던 사막이 개인 땅이었으면 어땠을까? 어떤 사람이 100평방 마일을 갖고 있고 대부분은 땅 한 조각도 가지고 있지 않다면?

신이 만나를 내려 주어 봤자 아무 소용 없다. 개인 땅 100평방 마일에 떨어진 만나는 엄연히 '개인 소유'이기 때문이다. 거기 떨어진 만나에 주인 허락 없이 손을 댔다간 도둑으로 몰릴 터다. 땅 주인은 자기 땅에 떨어진 만나를 주워 모아 배고픈 이들에게 팔고, 헐벗은 사람들은 가진 것을 탈탈 털어 먹을거리를 산다. 그러다가 결국 사람들은 아무것도 내놓지 못하는 지경까지 몰리고 만다.

그렇다면 주인은 어떨까? 사람들이 가난해질수록 만나도 팔리지 않는다. 주인은 만나가 '과잉생산'되었다며 한숨을 쉰다. 한쪽에서는 사람들이 배를 곯고, 반대쪽에서는 엄청난 만나가 쌓인 채 썩어 가는 어이없는 상황이다.

헨리 조지가 평생 고민했던 문제는 한 가지였다. 경제는 언제나 커 나가고 산업도 발전해 간다. 그럼에도 왜 가난은 사라지지 않을까? 나라가 부자여도 서민들의 살림살이는 좀처럼 나아지지 않는 까닭은 무엇일까?

헨리 조지가 찾은 답은 간단하다. 땅을 차지하고 있는 사람들이 이익의 대부분을 차지하기 때문이다. 아무리 장사를 잘해도 건물 주인이 집세를 올려 버리면 아무 소용이 없다. 벌이가 좋아지면 일터와 집이 들어선 땅의 주인들은 더 많은 대가를 요구하지 않던가.

땅을 개인들이 차지하고 있는 한, 사회가 잘살게 되어도 사람들 대부분은 굶주릴 수밖에 없다. 사막의 땅이 개인 것이라면 신이 만나를 떨어뜨려도 대다수는 주린 배를 채우지 못하는 상황과 마찬가지다.

게다가, 땅이 없는 사람들은 노예와 다를 바 없다. 로빈슨 크루소를 예로 들어 보자. 무인도에서 그는 프라이데이라는 흑인 소년을 만났다. 바다에 갇혀 있는 데다가 섬 자체를 이미 로빈슨 크루소가 차지한 상황. 프라이데이는 로빈슨 크루소의 것을 건드리지 않고는 아무 일도 할 수 없다. 로빈슨 크루소가 섬을 갖고 있다면 프라이데이도 그의 것이다. 땅 없는 사람들의 처지는 프라이데이와 별로 다를 바가 없다.

그렇다면 이 문제를 어떻게 풀어야 할까? 헨리 조지는 땅에서 얻는 모든 이익을 세금으로 거두어야 한다고 외친다. 다른 세금은 모두 없애 버려도 된다. 땅에서 거두는 수입은 모든 이들이 살아가기에 충분한 정도이기 때문이다. 이른바 '단일세(single tax) 제도'라고 알려진 주장이다.

단일세는 우리에게도 낯설지 않다. '개발 이익 환수제', '토지 공개념' 등, 우리나라 세금 제도에도 헨리 조지의 생각은 녹아들어 있다. 땀 흘려 번 돈에 대해 세금을 많이 매기면 사람들의 얼굴은 벌게진다. 그러나 사람들은 일하지 않고 엄청난 수입을 거둔 이들에게 들이미는 세금 고지서에는 박수를 보낸다. 정의롭지 않게 번 돈이라고 여기기 때문이다.

그럼에도 땅에 대한 사람들의 욕심은 좀처럼 수그러지지 않는다. 오히려, 땅에서 수입을 얻으려는 모습은 다른 분야에까지 퍼져 나가는 모양새다. 미래학자 제레미 리프킨은 '접속(access)'이라는 말로 이를 설명한다.

예컨대, 운동화 회사인 나이키의 본사는 신발을 만들지도, 물건을 직접 팔지도 않는다. 신발은 값싼 일손을 구할 수 있는 동남아나 중국의 공장에서 만든다. 판매는 계약을 맺은 대리점들이 한다. 나이키가 실제로 파는 것은 '나이키' 상표뿐이다. 신발을 시장에 내놓은 사람들은 이 상표에 '접속'하여 물건을 팔고, 사는 사람들도 이 상표에 '접속'하고 싶어 물건을 산다.

이 점은 컴퓨터 소프트웨어에서 더 분명히 드러난다. 돈 주고 샀다 해도 소프트웨어를 마음대로 고쳐서 되팔아서는 안 된다. 그랬다가는 저작권 문제에 부딪힐 테다. 우리는 돈 주고도 소프트웨어에 '접속할 수 있는 권리'만을 얻는 셈이다. 빌리는 대상만 땅에서 상표와 소프트웨어로 바뀌었을 뿐, 주인에게 땅을 빌려 쓰는 모습과 별로 다를 게 없다.

캘리포니아 증기 여객선의 특실 손님들은 점잖았다. 하지만 보통실 승객들은 그렇지 못했다. 특실이나 보통실이나 식당의 음식은 넉넉하게 나왔다. 그런데도 보통실에서는 항상 음식이 부족했다. 왜 그랬을까?

특실 승객이 보통실 사람들보다 훌륭한 인격을 갖추었기 때문은 아니었다. 특실의 식당에는 손님마다 좌석이 정해져 있었다. 따라서, 남과 자리를 다투지 않아도 되었다. 그 반면에, 보통실 식당은 늦게 가면 자리 맡기가 어려웠다. 붐비는 식당 모습은 기다리는 이들의 마음을 불안하게 한다. 혹시 식사를 못 하게 되지 않을까 해서다. 조바심에 사람들은 좀 더 많은 음식을 그릇에 담게 된다. 불안이 탐욕을 부르는 셈이다.

헨리 조지는 탐욕은 불안에서 온다고 말한다. 모두가 써도 될 만큼 넉넉한 처지에서는 내 것부터 손에 쥐려는 조급함도 사라지는 반면에, 모두가 내 것부터 챙기려는 분위기에서는 쓰고도 남을 만큼 쌓인 물자도 늘 부족하기만 하다.

경제를 살리자는 외침으로 어수선한 요즘이다. 그러나 이기심과 불안감이 사라지지 않는다면 경제가 살아나도 뾰족한 수는 없다. 가난은 나라도 어찌 지 못한다고 했다. 부자가 많아지는 만큼 사람들 마음속의 가난은 더욱더 커질 뿐이다. 100년 전의 책인 『진보와 빈곤』을 읽으며 우리 사회가 더더욱 걱정 스러워진다.

뿌리가 되는 책_ 54쪽 참조
- 김윤상·박창수 풀어씀, 헨리 조지 지음, 『진보와 빈곤』, 살림
- 제레미 리프킨 지음, 이희재 옮김, 『소유의 종말』, 민음사

가난한 부자냐 부유한 노예냐, 그것이 문제로다!

"앞으로 영국은 지금보다 8배 이상 잘살게 될 것이다. 사람들은 1주일에 15시간만 일하면 된다. 모든 것이 충분하기에 돈 욕심을 부리는 자들은 비난받을 것이다." 1930년, 경제학자 케인스가 예상한 100년 뒤 영국의 모습이다.

케인스의 생각은 절반은 맞고 절반은 틀렸다. 그의 말대로, 경제는 이미 8배 이상 커졌다. 하지만 선진국 사람들 대부분은 1주일에 50시간 이상 일한다. 돈 욕심도 사라지지 않았다. 못 살겠다는 한숨도 곳곳에서 새어 나온다. 삶은 여전히 신산스럽다.

이쯤 되면 "부자가 천국 가기는 낙타가 바늘구멍 들어가기보다 어렵다"는 기독교 성경 구절이 절로 떠오른다. 부자일수록 더 많은 돈을 갖고자 아득바득한다. 잘사는 나라에서의 삶도 힘든 이유다.

낙타가 바늘구멍 들어가기보다 어려운 삶을 살기는 가난뱅이들도 마찬가지다. 그들에게는 이미 하루하루가 지옥이다. 조금만 마음 놓았다가는 삶이 나락으로 떨어져 버릴 테다. 못사는 나라 값싼 노동자들의 '경쟁력'은 잘사는 나라 노동자들의 급여를 점점 떨어뜨린다. 자기 권리를 내세웠다간 훨씬 값싼 일손을 쓰겠다는 으박지름만 되돌아온다.

확실히, 인류는 예전보다 잘살게 되었다. 그럼에도 삶은 더욱 치열해지고 마음은 점점 조급해진다. 왜 이런 일이 벌어질까? 막스 베버의 『프로테스탄티즘의 윤리와 자본주의 정신』은 그 까닭을 조목조목 풀어 준다.

경제가 돌아가려면 사람들에게 돈 욕심이 있어야 한다. 가난해도 좋다며 늘어져 있는 사회에서는 공장이 제대로 돌아갈 리 없다. 근로자들이 악착같이 일하지 않을뿐더러, 상품을 만들어도 잘 팔리지 않기 때문이다. 반면에, 사람들이 탐욕을 부려도 경제는 제대로 돌아가지 않는다. 번 것을 흥청망청 쓰려고만 해서는 사업에 필요한 목돈이 모아지지 않는 탓이다.

기독교 정신은 사람들의 돈 욕심을 일깨워 준다. 그러면서도 욕심을 적절하게 눌러 주기도 한다. 성경에는 주인의 달란트(돈)를 맡은 하인의 비유가 나온다. 뛰어난 하인은 주인이 맡긴 돈을 잘 굴려서 한 재산을 모아 놓는다. 마찬가지로, 믿음이 깊은 이들은 신이 주신 능력을 한껏 펼쳐서 많은 부(富)를 쌓는다. 신에게 얼마나 사랑받는지는 얼마나 노력해서 많은 재산을 쌓았는지로 가려진다. 그러니 사람들은 열심히 일해 재산을 모으려 할 수밖에 없다.

기독교는 절약과 검소한 삶을 강조하기도 한다. 하나님은 부자도 열심히 일하고 아끼며 살기를 바란다. 따라서, 재산은 끊임없이 불어날 수밖에 없다. 그렇게 모인 돈은 '투자를 위한 자본'이 되어 경제를 돌아가게 한다. 이처럼 '자본주의 정신'은 원래부터 부자나 가난한 사람이나 끊임없이 일하는 삶을 강조한다. 부자가 된다 해도 평생을 아득바득 살아야 하는 이유다.

미국의 노동부 장관을 지냈던 로버트 라이시는 우리의 삶이 허덕대는 이유를 좀 더 현실적으로 설명해 준다. 안정된 직장은 점점 사라지고 있다. 가격 경쟁이 치열한 세상, 높은 인건비는 늘 기업의 발목을 잡는다. 기업들은 싼값에 부리고 언제든지 해고할 수 있는 인력들을 바라기 마련이다. 하루 벌어 하루 사는 사람들이 늘어나는 까닭이 거기에 있다. 미래가 불안해질수록 사람들은 돈을 모으는 데 더 매달린다. 일자리가 있을 때 한 푼이라도 더 벌어야 하지 않겠는가. "건초는 날씨 좋을 때 말려야 한다." 돈도 그렇다. 그래서 실업자가 늘어날수록 근로 시간도 도리어 늘어난다.

소득의 차이도 점점 크게 벌어진다. 세상은 두 부류의 사람들만 돈을 벌게 되어 있다. 뛰어난 아이디어와 지식으로 변화를 이끄는 '긱(geek)'들과 사람들이 무엇을 원하는지를 알아내어 새로운 시장을 여는 '슈링크(shrink)'들. 나머지 사람들은 별 볼 일 없는 신세다. 발전하는 기계는 사람들의 일손을 필요 없게 만든다. 게다가, 세계화되는 경제는 노동자들의 수입을 점점 떨어뜨린다. 중국과 인도의 노동자들에게 훨씬 적은 돈을 주고도 할 수 있는 일에 굳이 임금 비싼 직원들을 써야 할 까닭이 있겠는가.

반면에, 고급 인력을 데려오기 위한 경쟁은 더욱 치열해지고 있다. 그들을 뽑으려면 급여를 많이 주고 좋은 대접을 해 주어야 한다. 그만큼 평범한 근로자들의 몫은 더더욱 줄어들 수밖에 없다.

하지만 우러름 받는 고급 노동자들은 행복할까? 그들도 삶이 힘들기는 마찬가지다. 그들 사회의 경쟁은 무척 치열하다. 연봉을 많이 받는 이들일수록 더 오래도록 힘들게 일해야 한다. 게다가, 지위가 높은 사람들일수록 삶이 추락했을 때의 충격이 큰 법이다. 잘사는 이들과 못사는 사람들 사이의 차이가 크게 벌어지는 세상, 앞서 가는 이들이 느끼는 위기감은 뒤처진 이들에 못지 않다.

일은 점점 삶을 잡아먹고 있다. 막스 베버에 따르면, '자본주의 정신'은 열심히 일하는 사람을 우러러보게 한다고 말한다. 확실히, 열심히 일하는 부자는 존경받는다. 하지만 그들은 단지 도덕적이고 올바른 삶을 살기 위해서만 치열하게 사는 것이 아니다. 최고의 부자라도 마음을 놓았다가는 금세 바닥으로 떨어지기 때문에 끊임없이 달리는 삶을 살아야 한다.

1930년, 경제학자 케인스는 100년 뒤의 삶은 훨씬 풍요로워진다고 했다. 확실히, 우리는 점점 부자가 되어 가는 중이다. 하지만 부자들이 누리던 여유로움은 어디로 가 버렸을까? 우리는 로버트 라이시의 책 제목처럼 '부유한 노예'가 되어 가고 있는 것은 아닐까?

"가장 싼 것에서 즐거움을 느끼는 사람이 가장 부자다." 미국의 시인 헨리 데이비드 소로의 말이다. 역사에서 현명했던 자들은 가난하고 검소한 삶을 끊임없이 강조하곤 했다. 우리가 정말 행복하려면, 소박한 생활을 아름답게 여기던 '잊혀진 지혜'들을 떠올려야 하지 않을까?

뿌리가 되는 책들_ 55쪽 참조
• 막스 베버 지음, 박성수 옮김, 『프로테스탄티즘의 윤리와 자본주의 정신』, 문예출판사
• 로버트 라이시 지음, 오성호 옮김, 『부유한 노예』, 김영사

강철군화와 올리브 나무–
우리에겐 너무나 꿈 같은 자유주의

노동조합의 힘은 점점 세졌다. 이대로 가다간 공장 운영까지 노동자들 손에 들어갈 판이었다. 어떻게 하면 노동조합의 힘을 약하게 만들 수 있을까? 경영자들은 머리를 모았다. 철도, 운송, 철강 등 덩치 큰 직장의 임금과 복지는 눈에 띄게 좋아졌다. 살림살이가 좋아지니 불만이 줄어들 수밖에 없겠다. 시간이 흐를수록 큰 회사의 노조원들은 '정치 투쟁'에 나서기를 꺼렸다. 어느새 이들은 '노동귀족'이 되어 있었다. 내 배가 부르고 따뜻한데 정치적인 구호가 무슨 소용이란 말인가.

결국, 덩치 큰 노동조합들은 전국적인 노동단체에서 하나둘씩 떨어져나갔다. 대오에는 잔챙이 같은 노동조합들만 남았다. 이들은 경영자들의 적수가 못 되었다. 노동조합의 힘은 그렇게 무너졌다.

회유의 손길은 노동운동가들에게도 미쳤다. 대체로 가난했던 그들에게 힘 있는 자들은 '정책 자문위원', '노동 위원장' 등의 감투를 안겼다. 두둑한 월급 봉투와 함께 말이다. 많은 이들은 유혹을 참지 못했다. 제 뜻을 제도권에서 펼치면서도 생활 형편까지 좋아진다는데 반대하기가 쉽겠는가. 노동운동 지도자들은 하나둘씩 현장을 떠났다. 반면에, 혜택을 입지 못한 이들의 처지는 점점 나빠졌다. 경쟁이 치열해질수록 큰 기업들은 작은 회사들을 집어삼켰다. 당연히 일자리가 줄고 노동자들의 근로시간도 늘어났다.

그러면서도 시중에는 뭉칫돈이 떠돌아다녔다. 시장을 독차지한 회사들은 엄청난 이익을 거두었지만, 투자할 곳이 마땅치 않았기 때문이다. 돈은 이익을 거둘 만한 곳을 찾아 떠다녔다. 세계 곳곳의 작은 기업들은 몰려드는 자본 앞에 여지없이 무너졌다. 그럴수록 부자와 가난한 자는 분명하게 갈렸다. 물론, 점점 더 적은 사람들이 대부분의 부를 차지했으며 가난한 사람들은 더욱 늘어났다.

잭 런던이 쓴 『강철군화』에서 그리는 세상의 모습이다. 강철군화(Iron Heel)란 권력과 부를 모조리 손에 쥔 소수의 집단을 일컫는 말이다. 언뜻 보면, 100년 전 작품인 『강철군화』 속의 상황은 지금의 현실과 크게 달라 보이지 않는다. 그만큼 잭 런던의 통찰은 뛰어났다.

그는 왜 강철군화가 사회를 지배하게 되는지를 보여 주기까지 한다. 우리 삶이 괴로운 이유는 어떤 악당이 있어서가 아니다. 일을 닦달하는 작업반장, 이윤을 내려고 약한 회사들을 밀쳐 내는 기업가, 약자를 동정하지만 강한 자의 손을 들어 주는 법조인. 이들 모두는 단지 성실하게 자기 역할을 다하고 있을 뿐이다. 그러나 착하고 성실한 사람들이 열심히 가꾸는 세상은 점점 삐뚤어져만 간다. 어디서나 착취와 투쟁, 반목과 질투가 판을 친다. 왜 이런 일이 벌어질까? 잭 런던은 『강철군화』의 주요 인물, 어니스트 에버하드의 입을 통해 그 이유를 밝힌다. 이는 누구의 잘못도 아니며, 역사가 그렇게 발전해 가게끔 되어 있을 뿐이라고. 신산스러운 지금의 경제 상황도 역사의 정해진 길일 뿐이라는 거다.

이 점에서는 토머스 L. 프리드먼의 『렉서스와 올리브 나무』도 의견을 같이한다. 세상은 '세계화'라는 정해진 길을 향해 나아가고 있다. 그러나 두 사람이 세상을 보는 눈은 완전히 다르다.

잭 런던은 가진 자가 못 가진 자를 '착취'한다고 말한다. 반면에, 프리드먼에게는 착취란 없다. 단지 '아웃소싱'일 뿐이다. 예컨대, 신발 공장을 중국으로 옮겼다고 해 보자. 기업가는 인건비를 크게 아낄 수 있다. 중국의 노동자들은 적지 않은 수입을 손에 쥔다. 둘 다 이익을 손에 쥐는 윈-윈(win-win)의 상황이다. 전 세계의 뭉칫돈들은 투자처를 찾아 떠돌고 있지만, 이는 오히려 바람직한 현상이다. 돈이 몰려드는 곳에는 일자리와 수입이 생기기 때문이다.

어디 그뿐인가. 몰려다니는 뭉칫돈, 자본은 세상 전부를 민주화시킨다. 경제가 잘 돌아가려면 투자자들을 불러 모아야 한다. 그런데 투명하지 못하고 부패한 나라에는 좀처럼 돈이 몰리지 않는다. 미래가 어떻게 될지 모르는 상황에 누가 목돈을 걸려 하겠는가. 그래서 여러 나라들은 경제구조를 투명하게 만들고 부패를 없애기 위해 노력한다. 그럴수록 기업 회계는 깨끗해지고 뒷돈이 오가는 일도 사라진다. 하긴, IMF 사태를 겪으며 우리 기업들의 회계 기준이 높아진 점을 보면, 프리드먼의 말이 완전히 틀렸다고 하기는 어렵다.

그럼에도 세계화와 몰려다니는 뭉칫돈에 대한 거부감은 거세다. 이를 프리드먼은 "올리브 나무"라고 표현한다. 사막 민족의 정체성을 나타내는 바로 그 나무 말이다. 세계화를 거부하는 이들은 자본이 몰려들고 시장이 커질수록 삶의 질은 떨어지고 민족들 나름의 특성도 없어진다고 생각한다.

프리드먼은 이를 가리켜 '오해'라고 잘라 말한다. 세계화의 장점은 잘 드러나지 않는다. 세계화할수록 세상은 점점 더 살 만해진다. 하지만 단점은 늘 장점보다 쉽게 눈에 띄는 법이다. 일부에서 벌어지는 착취와 학대는 세계화로 거두는 숱한 이익을 가려 버리곤 한다. 세상이 정말 살 만한 곳이 되려면 '황금구속복', 즉 자본주의가 옳다고 여기는 틀을 모두 받아들여야 한다. 그러면 세상 어디에도 부패와 무능은 자리 잡을 곳이 없을 테다. 효율과 합리성의 상징인 자동차 렉서스(Lexus)처럼 말이다.

잭 런던과 프리드먼 가운데 누구 말이 맞을까? 분명한 사실은, 이 둘의 예언은 동시에 실현되고 있다는 점이다. 세상의 부(富)는 점점 더 한쪽으로 쏠리며, 이윤을 거두지 못한 뭉칫돈들은 반복해서 공황을 일으킨다. 한편, 시장을 개방한 중국과 베트남 같은 나라들은 문을 닫아건 북한이나 미얀마보다 형편이 훨씬 좋다.

1784년, 철학자 칸트는 이렇게 말했다. "역사의 종점(終點)은 인간의 자유를 완벽하게 실현하는 것이다." 자본주의를 좋아하건 싫어하건, 자유의 소중함에 고개 젓는 사람은 없다. 그렇기에 우리는 이어지는 칸트의 말을 놓쳐서는 안 된다. "인류를 자유를 향해 이끄는 힘은 고귀한 정신이 아니라 우리의 이기심이다." 사람의 본성은 밥그릇 싸움을 할 때 가장 잘 드러난다. 치열한 경쟁의 시대, 맑은 정신으로 삶과 세상을 고민해 볼 일이다.

뿌리가 되는 책_ 56쪽 참조
• 잭 런던 지음, 곽영미 옮김, 『강철군화』, 궁리
• 토머스 L. 프리드먼 지음, 신동욱 옮김, 『렉서스와 올리브 나무』, 창해

Keyword

유러피언 드림

아메리칸 드림 대 유러피언 드림, 성공과 공생의 이중주

9·11 테러가 일어난 후, 미국과 유럽의 관계는 잠깐 서먹해졌다. 프랑스, 영국, 스페인, 핀란드가 테러 용의자들을 미국에 못 넘겨주겠다고 버텼던 탓이다. 이유는 사형 제도에 있었다. 미국의 군사 법정에서는 사형 선고를 내릴 수 있다. 하지만 유럽에서 사형은 절대 있을 수 없는 일이다. 사형 제도를 없애지 않은 나라는 아예 유럽연합(EU)에 끼지도 못할 정도다.

많은 미국인들은 유럽인들의 태도를 이해하지 못했다. 외교에서 도덕 윤리는 그럴싸하게 들이대는 명분일 뿐이다. 사형당할까 봐 걱정된다는 '핑계'로 테러범들을 감싸다니, 말이 될 법한 소리인가.

하지만 미래학자 제러미 리프킨은 다른 주장을 편다. 그는 미국인과 유럽인들의 생각은 뿌리부터 다르다고 지적한다. 그는 『유러피언 드림』에서 둘의 차이를 이렇게 설명한다. 미국은 종교의 자유를 좇아 모험을 떠난 청교도들이 세운 나라다. 당연히, 미국인들에게는 "'신이 선택한 사람들"이라는 자부심이 있을 터이다.

신이 선택한 사람들에게는 남다른 의무가 있기 마련이다. 세상의 모든 악을 없애고 선으로 가득한 세상을 만들어야 한다는 의무 말이다. 미국인들은 자신의 바람직한 모습으로 '악에 맞서 싸우고 자유를 좇는 친구 같은 사람'을 떠올린다.

반면에, 유럽인들은 자잘한 나라들로 쪼개진 세상에서 끊임없이 다투며 살아왔다. 20세기 들어서도 큰 전쟁을 두 번이나 치렀다. 따라서 유럽인들 마음 밑바닥에는 결투를 벌이는 대신 대화를 나누고 화해를 이끌어 내려는 생각이 늘 깔려 있다.

나아가, 미국인들은 거친 벌판을 헤쳐 가며 나라를 세웠다. 그들은 자유를 '독립'으로 생각한다. 남과 멀찍이 떨어져 자기만의 땅과 재산을 갖고 있을 때 자유롭고 안전하다고 여긴다.

유럽인들은 어느 집단에 속하여 기댈 수 있을 때 안전하고 자유롭다고 생각한다. 유럽에서는 좁은 땅에서 여러 민족이 옹기종기 모여 살았다. 홀로 떨어져 있다가는 언제 다른 종족이 쳐들어와 공격할지도 모른다. 옛 유럽 도시의 집들이 어깨를 맞대고 서 있는 까닭도 여기에 있다.

그러니 유럽과 미국이 세상을 보는 눈도 전혀 다를 수밖에 없다. 미국인들은 개인의 재산을 잘 지켜 주는 정부를 훌륭하다고 여긴다. 가난한 자들을 돕는 일은 국가의 몫이 아니다. 각자의 노력에 대한 결과를 왜 국가가 책임진다는 말인가. 국가는 모두가 공평하게 경쟁할 기회만 갖도록 해 주면 된다.

유럽인들의 생각은 전혀 다르다. 인간은 사회 속에서 함께 살아가야 한다. 또한, 누구에게나 인간으로서의 권리가 있다. 그러니 국가는 개인의 안전과 생활을 오롯이 책임져야 한다.

제러미 리프킨은 유럽과 미국은 "착한 이상주의자(good guy idealist)"와 "엄한 아버지 같은 현실주의자(big daddy realist)"만큼이나 다르다고 말한다. 유럽은 자유와 평등, 인권 같은 이상을 좇지만, 미국은 강하고 힘센 자의 정의를 따르려 한다는 뜻이다. 그렇다면 어느 쪽이 더 올바르다고 할 수 있을까?

칸트의 『영구평화론』은 유럽연합(EU)의 기초를 닦은 중요한 책이다. 칸트의 주장을 따라가 보면, 지금의 미국과 유럽이 꿈꾸는 세상은 별로 달라 보이지 않는다. 칸트는 전쟁을 나쁘게만 보지 않는다. 전쟁을 하려면 시민들에게 자유를 줄 수밖에 없다. 전쟁에는 엄청난 돈이 들어가기 마련이다. 충분히 세금을 거두려면 시민들이 자유롭게 장사를 하고 사업을 벌일 수 있어야 한다. 또한, 전쟁을 하는 데는 시민들의 의견을 모으는 일도 중요하다. 국가가 시민들을 우습게 보고 제멋대로 한다면 전쟁을 제대로 치르기 힘들다. 전쟁은 이렇듯 나라를 민주주의로 이끈다. 미국은 세계에서 가장 큰 군사력을 갖고 있는 나라다. 그러면서도 민주주의와 자유의 가치를 가장 앞세우는 나라이기도 하다. 전쟁은 되레 자유를 가져오기도 한다는 칸트의 주장에 고개가 끄덕여지는 부분이다.

그러나 칸트는 힘센 나라가 세상을 다스리는 모습을 결코 좋게 보지 않는다. "강압적인 평화는 전쟁보다 위험하다." 힘센 자에게 짓눌려서 큰 소리가 안 나올 뿐이라면 바람직한 평화라 보기 어렵다. 칸트는 영원한 평화는 모든 나라가 공화국일 때만 이루어진다고 말한다. 시민들이 평등하고 제 목소리를 내는 세상이어야 한다는 뜻이다. 나아가, 칸트는 영원한 평화는 자유로운 국가들이 연방을 꾸릴 때에야 이루어진다고 주장한다. 모든 나라가 충분히 의견을 내놓고 토론할 수 있는 분위기가 되어야 한다는 의미다.

이처럼 『영구평화론』은 미국이 좇는 '아메리칸 드림'과 유럽이 꿈꾸는 '유러피언 드림'이 어우러지는 세상을 보여 주는 듯싶다. 게다가, 지금의 유럽연합은 칸트가 꿈꾸던 세상의 모습과 비슷해 보인다.

제1차 세계대전이 터질 무렵, 사람들은 전쟁이 일어나리라고 믿지 않았다. 서로 거래를 맺고 있는 장사치들은 상대를 죽일 만큼 다투는 일이 없다. 상대가 사라지면 나에게도 손해가 되기 때문이다. 이미 유럽의 여러 나라들은 여러 이권으로 단단히 얽혀 있었다. 그럼에도 전쟁은 일어났고 유럽의 나라들은 죽기 살기로 싸웠다. 그것도 두 번 씩이나 말이다. 이익 관계로 평화를 지키려는 노력이 얼마나 허망하게 무너지는지를 잘 보여 주는 대목이다.

인권과 자유, 평등과 같은 가치는 뜬구름 잡는 소리 같다. 결국, 세상은 힘센 사람이 지배하지 않던가. 그러나 우리는 강한 자보다 정의로운 사람에게 마음이 가기 마련이다. 힘으로 버티는 나라는 힘으로 무너뜨릴 수 있다. 그러나 정의로운 나라는 힘으로 쓰러뜨릴 수 없다. 사람들의 바람을 업고 끊임없이 일어서기 때문이다. 세상이 어지러울수록 인권과 자유, 평등, 배려 같은 덕목(德目)들이 더욱 소중해진다.

뿌리가 되는 책_ 57쪽 참조
- 임마누엘 칸트 지음, 이한구 옮김, 『영구 평화론』, 서광사
- 제러미 리프킨 지음, 이원기 옮김, 『유러피언 드림』, 민음사

정치적 인간의 생존법

"누가 대통령이 되어야겠습니까?", "대통령이 되어서는 안 될 사람은 누구입니까?" 질문의 방향이 틀어지면 대답도 달라진다. '누가 되면 안 될지'를 물을 때 사람들은 하나같이 흠집과 못난 점을 찾는다. 덕담 열 마디보다 꼬집는 말 한마디가 가슴에 다가오는 법이다. 선거판에서 네거티브(negative) 전략은 그래서 요긴하게 쓰인다. 상대편의 사생활이 지저분하고 스캔들이 많으면 효과는 더욱 클 테다.

하지만 언제나 그럴까? 클린턴 미국 대통령의 정치 컨설턴트였던 딕 모리스는 고개를 가로젓는다. 비난의 말이 처음에는 솔깃하게 들릴지도 모르겠다. 그러나 이내 사람들은 돌을 던지는 쪽을 더 안 좋게 여길지도 모른다. 성마르게 트집 잡으며 까탈스럽게 따지기만 한다고 말이다. 상대가 낮아지는 만큼, 자신 또한 품위 없는 인간으로 떨어지기는 마찬가지다.

네거티브 전략이 힘을 쓰려면 먼저 포지티브(positive)부터 살려 놓아야 한다. 자신이 왜 뛰어나며 지도자가 될 만한지를 먼저 확실하게 보여 주어야 한다는 말이다. 정책도 비전도 없는 주제에 상대방 단점만 물고 늘어진다면 되레 안 좋은 결과만을 낳는다.

"빨간 코끼리를 생각하지 말라"고 해 보라. 과연 사람들은 빨간 코끼리를 떠올리지 않을까? 하지 말라고 하면 더 매달리는 게 우리의 마음이다. 상대가 일으킨 이슈를 공격할수록, 오히려 상대편의 주장은 시민들 머릿속에 더욱 깊숙이 새겨진다.

대개 국방이나 경제 발전은 보수적인 정당들이 내세우는 이슈다. 복지나 인권은 진보 진영의 깃발에서 주로 나온다. 경제 발전 계획을 놓고 논쟁을 벌였다고 해 보자. 효율을 앞세우는 논리에 진보 쪽은 끌려 다니기 마련이다. 계속 이 주제에 매달리다 보면, 어느새 진보 측의 논리는 힘이 달리기 시작한다. 마치 "상어와 싸우기 위해 물속으로 뛰어든 격"처럼 될 테다.

유리한 위치를 차지하려면 이슈부터 자기 것으로 돌려놓아야 한다. 경제 성장률만큼이나 소외 계층의 교육도 중요하다는 식으로 논점을 달리 잡아 보자. 싸움은 자기 진영에서 할 때 유리하기 마련이다.

딕 모리스는 정치에서는 '시간'이 가장 중요하다고 말한다. 승리하려면 남들보다 빨리 이슈를 불러일으켜야 한다. 그리고 자신이 당면한 이슈를 풀어낼 뛰어난 인재임도 보여야 한다. 1등은 어디서나 눈길을 끈다. 게다가, 이길 듯해 보이는 쪽에는 더 많은 응원과 지지가 쏠린다. 남보다 먼저 관심을 받을수록, 눈덩이가 커지듯 지지층은 더더욱 늘어날 테다. 사람들은 확실한 쪽에 많은 투자를 하기 마련이다.

그렇지만 눈길을 끈다고 다 좋은 것은 아니다. "히틀러도 인지도 하나만큼은 확실했다." 지금 세상에서 히틀러에게 좋은 인상을 가진 이들이 얼마나 될까? 유명해지고픈 조급함 탓에 나락으로 떨어지는 정치가들이 한둘이 아니다. 사랑으로 가득 찬 눈길을 끌고 싶다면 사람들이 절실해하는 부분이 무엇인지부터 헤아려 보라.

정치가들이 만나는 이들은 대개 굵직한 인물들이다. 그래서 정치적 이슈들은 허공을 떠돈다. 외교적인 명분과 거래, 경제 수치 등등. 하지만 "표를 가진 이들의 관심은 로비스트들이 별 관심을 갖지 않는 주제들이다." 노인과 아이 돌보기, 급식 문제 등등. 정치가라면 무릇 이런 '생활 정치'에서 논점을 짚어 내고 시민들이 아쉬워하는 부분을 긁어 줄 줄 알아야 한다.

클린턴은 깨끗하지 못한 사생활로 손가락질을 받았던 대통령이다. 그럼에도 미국인들은 그를 버리지 않았다. 클린턴은 "하찮고", "대통령답지 못한" 소소한 주제들에 줄곧 매달렸다. 유권자들은 자기들에게 절절한 일상의 문제를 들먹이는 대통령에 대한 관심을 놓지 못했다. 딕 모리스는 온갖 네거티브 전략에도 클린턴이 정치적으로 살아남을 수 있었던 까닭을 여기서 찾는다.

현대 정치란 한마디로 '이슈 정치'라 할 수 있겠다. 교육 수준이 높은 시민들은 더 이상 정치가 좇는 이념만 보고 표를 주지 않는다. 더구나, 금융 위기, 연금 고갈 등 굵직한 논쟁거리들이 튀어나오는 시기에는 정치가가 어떤 사람인지는 별 문제가 안 된다. 관심은 '누가 이 문제를 풀 수 있는지'에 모아진다. 세상은 점점 비전이 확실하고 분명한 정책을 가진 정치가가 이기는 구도로 바뀌고 있다.

하지만 과연 그럴까? 현실 정치는 딕 모리스의 결론과는 아주 달라 보인다. 정치에서는 여전히 네거티브 전략이 판을 친다. 꼭 현명하고 똑똑한 이들만 국회에 가는 것 같지도 않다. 딕 모리스도 이 점을 모를 리 없다. 그는 컨설턴트답게 매우 실질적인 '정치 테크닉'도 일러 준다.

어느 편을 찍을지 갈피를 못 잡는 사람들은 신경 쓸 필요가 없다. 그들 대부분은 지금 권력을 지닌 이를 반대하는 쪽에 표를 던질 테니까. 단지 오래되었고 권력을 지녔다는 사실 자체가 미움을 살 만한 충분한 까닭이 된다. 미국의 경우, 흑인들은 사실상 투표권이 없단다. 무엇을 하건 그들은 민주당을 찍을 터이다. 자기편으로 돌아올 가능성이 없으면, 상대 진영은 아예 마음을 접는다. 흑인들이 확실하게 자기 표라고 여기는 정당도 마찬가지다. 잡은 고기에게 누가 떡밥을 주겠는가.

현실 정치에서는 꼭 정의로움이 승리하지는 않는다. 딕 모리스는 『신군주론(New Prince)』이라는 그의 책 제목을 마키아벨리의 유명한 『군주론(Prince)』에서 따왔다. 『군주론』은 냉정하고 차가운 현실 정치가의 모습을 잘 보여 주는 책이다. 마키아벨리는 "군주가 인간적이어서 세상이 폭력으로 가득 차는 것보다, 잔인한 군주가 폭력 쓰는 자들을 질서 속에 묶어 두는 편이 낫다"고 말한다. 결과가 좋다면 수단은 어찌 되어도 좋다는 식이다.

하지만 마키아벨리의 조국 피렌체는 과연 인간적인 정부가 다스리던 나라였을까? 그가 살던 시절에 피렌체는 이미 마키아벨리적인 정치를 좇고 있었다. 아무리 좋은 정치 기술로도 나라를 튼실하게 세우지는 못한다. 정치는 사람을 다독이는 일이다. 인간의 영혼은 선과 정의로움, 평화를 좇는다. 정치 기술자인 딕 모리스조차도 도덕과 이상을 놓지 못하는 까닭이 여기에 있다. 정치 기술자는 금방 스러지지만 도덕주의자는 영원히 살아남는다. 공자나 조광조가 그랬듯이 말이다.

뿌리가 되는 책 _ 58쪽 참조
• 딕 모리스 지음, 홍대운 옮김, 『신군주론』, 아르케
• 마키아벨리 지음, 강정인·김경희 옮김, 『군주론』, 까치글방

관용은 폭력보다 나을까?

1865년, 철학자 밀(J. S. Mill)은 영국 하원 의원 선거에 출마했다. 그는 정치인으로서는 꽤나 대책 없는 사람이었다. 자신의 추천인들에게 쓴 편지에서 그는 이렇게 말한다. "저는 의원이 되고 싶은 생각이 전혀 없습니다. 게다가, 선거를 위해 돈을 쓰지 않을 것입니다. 게다가, 하원 의원이 되더라도 당신들을 위해 노력할 뜻이 없습니다."

게다가, 선거공약도 당시로서는 생뚱맞기만 했다. "여성에게도 선거권을 주자"라니, 어디 가당키나 한 소리였던가. 현실을 아는 정치인들은 고개를 가로저었다. "하나님이 출마했어도 이런 식으로는 당선될 리 없다"며 말이다.

그의 무모함은 한참을 더 나간다. 밀은 언젠가 "영국 노동자들은 거짓말쟁이들이다"라고 한 적이 있다. 밀이 노동자를 상대로 선거 연설을 하자 누군가가 물었다. "영국 노동자들이 거짓말쟁이라고 했다던데, 사실이오?" 밀은 조금도 주저 없이 답했다. "그럼요."

그럼에도 밀은 당당하게 하원 의원으로 선출되었다. 뜻한 바가 분명한 정치인은 당당하기 마련이다. 밀이 바로 그랬다. 그는 『자유론』에서 이렇게 말한다. 모든 사람들은 자기 뜻대로 말하고 움직일 자유가 있다. 자유를 옭죄어야 할 때는 한 가지 경우뿐이다. 누군가의 자유가 다른 사람에게 피해를 줄 때이다. 이른바 '타인 위해의 원칙(Harm to Others Principle)'이다. 아무에게도 상처를 주지 않는 일은 못 하게 막아서는 안 된다는 뜻이다.

물론, 남의 말과 행동이 눈꼴사납게 다가올 때도 있다. 선거 때 밀이 했던 말들도 그렇다. 독불장군처럼 거침없이 내지르는 소리에 속 불편한 사람도 많았을 게다. 지금도 우리 주변에는 억지스런 주장으로 속을 뒤집어 놓는 이들이 곳곳에 있다.

밀은 그럼에도 이런 사람들의 입을 막아서는 안 된다고 외친다. "인류 전체가 똑같은 생각인데도, 단 한 사람이 반대한다고 해 보자. 그래도 이 사람의 입을 막아서는 안 된다. 이는 한 사람이 전체 인류를 억누르는 짓만큼이나 나쁘다."

비판이 사라진 사회는 아주 위험하다. "사람들은 눈앞의 적군이 사라지면 하던 일을 집어치우고 낮잠이나 자러 가기 마련이다." 운동하지 않으면 근육은 금방 흐물흐물해진다. 마찬가지로, 손가락질해 대는 소리가 사라지면 우리의 두뇌도 금세 풀어져 버릴 터이다. 생각하고 고민하는 능력을 잃어버리게 된다는 말이다. 생각하는 능력이 떨어지는 사회가 건강하다고 할 수 있을까? 애먼 소리를 해 대는 사람들을 오히려 고맙게 여겨야 하는 이유다.

게다가, 뒤끓는 논쟁은 사회가 썩어 갈 틈을 주지 않는다. 밀은 기독교를 예로 든다. 기독교는 숱한 종교들과 논쟁을 벌이며 커 나갔다. 기독교인들끼리도 뭐가 과연 신의 뜻인지를 놓고 끊임없이 말다툼을 벌였다. 나와 다른 생각은 보이지 않던 점들을 보게 만든다. 기독교의 꽉 짜인 논리는 이렇게 만들어졌다.

그러나 유럽 대부분이 기독교를 믿으면서부터 문제가 생겼다. 교회는 다른 생각을 막기 시작했다. 뭔가 잘못되어 가는데도 지적하는 목소리는 좀처럼 나오지 못했다. 모두가 하나가 됐을 때부터, 교회에서는 썩은 냄새가 풍겼다. 생살을 도려내듯 날카로운 '다른 의견'이 왜 필요한지 알게 하는 대목이다.

어디 그뿐인가. 밀은 "천재에게는 자유가 필요하다"고 힘주어 외친다. 천재란 특별한 사람이다. 따라서, 그의 생각은 언제나 '소수 의견'일 수밖에 없다. 평범한 자들이 보지 못하는 진리를 그는 볼 수 있다. 생각을 자유롭게 펼칠 자유가 있다면 그의 생각은 널리 알려질 것이다. 물론, 천재의 주장이 틀릴 때도 있다. 그래도 다른 이들의 입에서 쏟아질 옳은 소리들이 그의 잘못을 잠재울 것이다. 차이를 인정하고 자유를 소중하게 여기는 사회는 발전할 수밖에 없다. 정신 나간 소리 같았던 밀의 주장도 결국 민주주의를 성장시키지 않았던가.

밀이 내세웠던 자유는 우리에게 상식이 되었다. 이제는 자유에 더하여 관용(tolerance)이 중요하게 다가오는 시대다. 동성애자, 장애인들에 대한 차별은 범죄로 여겨지는 요즘이다. 다문화 가정을 색다르게 대하는 것도 옳지 못하다. 관용은 민주주의에서 자유만큼이나 소중하게 보듬어야 하는 가치가 되었다.

하지만 정치학자 웬디 브라운은 관용에 숨겨진 위험을 제대로 짚어 낸다. 예컨대, 이슬람 등 서구 사회에서 널리 퍼지지 않은 종교를 믿는 자들은 우리가 관용을 '베풀어야 할' 사람들일까? 이런 문제는 관용으로 풀어 나가서는 안 된다. 이슬람 여성들은 얼굴을 가리는 히잡을 쓰고 다닌다. 기독교인들이 많은 학교에서 히잡 쓰는 것을 '관용'했다고 해서 차별 문제가 해결될까? 오히려, '너는 나와 달라'라는 인정은 무관심만 불러올 수 있다. 상대방은 단지 나와 취향이 다른 사람일 뿐이니, 신경 쓰지 말라는 의미가 될 수도 있기 때문이다.

로마제국에는 관용이 널리 퍼져 있었다. 로마인들은 자신이 지배하는 사람들이 어떤 신을 믿건, 어떤 전통 속에서 살아가건 신경 쓰지 않았다. 세금만 제대로 내고 반란을 꿈꾸지만 않는다면 말이다. 로마제국 안에서는 어떤 종교를 믿고 어떤 생각을 하건 큰 문제가 되지 않았다.

로마가 더 이상 힘을 쓰지 못하자 제국은 산산이 쪼개졌다. 로마는 역사상 가장 넓은 땅을 다스렸던 나라다. 하지만 그들이 다스렸던 지역에는 과연 모두에게 공통된 '로마적인 전통'이 남아 있을까? 유럽도, 중동 지역도, 북아프리카도 한때는 모두 로마제국의 땅이었다. 하지만 그 땅 위의 사람들 생각은 얼마나 서로 잘 통하고 있을까? 수백 년의 역사를 함께했음에도, 그들은 제각각 다른 식구들일 뿐이다.

관용이 소중하게 여겨지는 시대다. 하지만 관용은 서로의 차이를 줄이려는 논쟁과 노력이 치열할 때만 의미가 있다. 관용과 함께 밀이 내세운 자유의 의미를 곰곰이 곱씹어 볼 일이다.

뿌리가 되는 책_ 59쪽 참조

• J.S. 밀 지음, 서병훈 옮김, 『자유론』, 책세상
• 웬디 브라운 지음, 이승철 옮김, 『관용』, 갈무리

키 워 드
엮 어 읽 기

독재&민주주의 정치적 인간 경제 프렌들리 속
권력 공리주의 유토피아 똘레랑스 유러피안 드
림 소셜네트워크 민중 유러피안 드

1989년, 사회주의 소련이 마침내 무너졌다. 역사학자 후쿠야마는 "역사의 종말"을 자신 있게 외쳤다. 이제 자본주의가 인류의 마지막 '삶의 방식'이 되었다는 거다. 앞으로의 역사에서 큰 변화는 없을 터였다. 그러나 삶의 신산스러움은 끝나는 법이 없다. 세상은 여전히 삐거덕거리며 앞으로 나아가는 중이다.

한쪽에서는 '경제 프렌들리(friendly)'를 끊임없이 외쳐 댄다. 세계화된 시장만이 우리에게 행복을 가져다준다며 부르짖는 목소리도 들린다. 반면에, 빈부 격차는 날로 커져만 간다. 칼 마르크스가 꼬집었던 공황은 여전히 때마다 우리 삶을 흔들어 놓는다. 금융 위기는 또 어떤가. 이쯤 되면 물음이 꼬리를 물게 될 테다. 과연 자본주의는 가장 바람직하고 온전한 체제일까? 다른 대안은 없을까?

이 장(章)에서는 경제와 정치를 다뤘다. 이 둘은 서로 얽혀 '이즘(-ism)'을 이룬다. 아리스토텔레스에서 마키아벨리즘, 파시즘을 거쳐 유러피안 드림과 똘레랑스까지. 우리를 '구원'할 '이즘'은 어떤 것일까?

나의 투쟁

아돌프 히틀러 지음, 서석연 옮김, 범우사

히틀러는 뛰어난 선동가였다. "적의에 찬 수천의 시선을……수 시간의 열변을 통해 신성한 분노로 요동치는 대중으로 바꾸어 놓을 수 있었다." 그의 능력은 어디에서 비롯하였을까? 『나의 투쟁』 속에는 이 물음에 대한 답이 있다.

그는 사회진화론의 눈으로 세상을 본다. 인간세계도 짐승들의 삶과 다를 바 없다. 강한 자가 살아남고 약하면 먹힌다. 세상에서 가장 강한 자는 누구인가? 바로 독일 민족이다. 그럼에도 악하고 교활한 유대인들이 세계를 쥐락펴락하고 있다. 세상은 당연히 독일 민족이 지배해야 할 테다. 『나의 투쟁』에는 논리가 없다. 오로지 반복 주장과 선동이 있을 뿐이다. 그럼에도 사람들은 홀딱 넘어갔다. 아쉽고 서러운 사람들은 혹하는 이야기에 잘 넘어간다. 우리도 그렇지 않은지 경계하고 또 경계할 일이다.

나치즘, 열광과 도취의 심리학

슈테판 마르크스 지음, 신종훈 옮김, 책세상

나치의 의식(儀式)은 밤에 이루어졌다. 단조롭게 거듭되는 단어와 몸짓들, 횃불과 북소리가 이어진다. 모두가 함께 엄숙하게 〈타올라라 불꽃이여〉 같은 노래를 불렀다. 사람들은 감동의 눈물을 흘렸다. 나치의 시대에는 모든 것이 달랐다. 이성적인 생각은 '유대인의 방법'일 뿐이다. 어떤 사람들은 나치 절정기를 '그 아름다웠던 시절'로 떠올린다. 당시의 '멋진 조각'과 '질서', 도보 여행 등등. 왜 사람들은 히틀러에 빠져들었을까? 슈테판 마르크스는 그 이유를 '퇴행 욕구'에서 찾는다. 사람에게는 누군가 나를 오롯하게 감싸 주었으면 하는 바람이 있다. 어릴 때 엄마에게 기대듯 말이다. 히틀러는 독일인들에게 강하고 힘센 아버지의 이미지로 다가왔다. 독재는 스스로 서려 하지 않는 시민들에게 어울리는 제도다.

Keyword 01 파시즘

스키너의 월든 투

B.F. 스키너 지음, 이장호 옮김, 현대문화센터

20세기 초, 사람들은 과학의 힘에 반했다. 과학은 세상의 모든 문제를 풀어 줄 수 있을 듯했다. B. F. 스키너같은 심리학자들도 그렇게 믿었다. '파블로프의 개' 실험은 심리학자들에게 희망을 주었다. 종을 치면서 개밥을 줘 보라. 얼마간 반복되고 나면, 개는 종소리만 듣고도 침을 흘릴 테다. 인간이라고 뭐 다를 게 있겠는가. 적절한 행동마다 보상을 하고 마뜩지 않은 짓은 일관되게 처벌하라. 사람들은 누구나 바람직하게 길들여질 테다. 『월든 투』는 그렇게 만들어진 이상 사회를 그리고 있다.

그 사회에서는 먹고사는 문제가 완벽하게 보장된다. 그리고 충분한 휴식도 있다. 사람들은 누구나 '바른 생활'만 하도록 길들여져 있다. 하지만 그들은 과연 자유로울까? 나아가, 그대라면 이런 사회에서 살고 싶을까? 판단은 독자의 몫이다.

탤런트 코드

대니얼 코일 지음, 윤미나 옮김, 웅진지식하우스

"어떤 분야에서건, 누구나 1만 시간을 투자하면 유능해질 수 있다." 이른바 '1만 시간의 법칙'이다. 이는 하루에 3시간씩 10년을 꾸준하게 쌓아야 하는 훈련량이다. 한때 천재는 타고난다고 믿던 시절이 있었다. 대니얼 코일은 이 믿음을 강하게 밀쳐 낸다. 천재였던 미켈란젤로도 이렇게 말했단다. "내가 거장의 경지에 이르기 위해 얼마나 열심히 노력했는지 안다면, 사람들은 나의 천재성을 별로 대단하게 여기지 않을 것이다." 대니얼 코일은 노력의 중요성을 두뇌생리학적으로 설명한다. 사람들이 많이 다니는 길목을 따라 반질반질하게 길이 나기 마련이다. 두뇌 회로도 마찬가지다. 거듭 반복 연습하다 보면, 훈련된 일을 다루는 두뇌의 세포들은 더욱 단단하게 연결된다. 『탤런트 코드』는 유능해지려면 어떻게 두뇌를 닦아야 하는지를 조목조목 일러 준다.

Keyword 02 유토피아니즘

아리스토텔레스, 경제를 말하다

홍기빈 지음, 책세상

아리스토텔레스는 인간 삶의 목적은 행복(eudaimonia)에 있다고
했다. 그러나 돈벌이에 빠지다 보면 앞과 뒤가 바뀌기 쉽다. 행복
해지려고 돈을 벌다가, 돈이 있어야만 행복해질 수 있다고 믿는 식
이다. 옛 그리스 사람들은 자신들이 사는 공동체, 폴리스를 중요
하게 여겼다. 그러나 활발해진 시장과 돈벌이는 폴리스를 무너뜨
렸다. 돈을 벌려면 시골보다 도시가 낫다. 당연히 사람들은 도시
로 몰려들었다. 당연히 먹을거리는 부족해진다. 그러면 사람들은
이웃 나라로 쳐들어간다. 그러곤 필요한 것들을 빼앗아 온다. 문
화국가 아테네가 제국주의로 빠져들 수밖에 없었던 이유다. 누군
가를 닦달하여 이익을 뽑지 않으면 공동체가 제대로 설 수 없는
지경에 이른 것이다. 경제성장이 모든 가치를 눌러 버린 시대, 아
리스토텔레스의 가르침은 많은 생각거리를 남긴다.

아리스토텔레스의 정치학, 행복의 조건을 묻다

유원기 지음, 사계절

아리스토텔레스의 『니코마코스 윤리학』은 행복은 무엇인지, 우리
가 행복하려면 어떻게 해야 하는지를 다룬다. 『정치학』은 거기서
더 나아가, 행복을 좇는 사람들이 모여 살아가는 공동체를 논한
다. 아리스토텔레스에 따르면, 행복하려면 '중용(中庸, mesotēs)'을
따라야 한다. 어느 한쪽에 치우치지 않고 적절하게 균형을 맞추라
는 말이다. 국가에서도 중용은 중요한 가치다. 그래서 아리스토텔
레스는 중산층을 높이 산다. 무엇이 내 삶을 훌륭하게 하는지, 국
가에 정말 좋은 것이 무엇인지를 가리려면 어느 정도 여유가 있어
야 한다. 제대로 생각하려면 이익에 휘둘려서는 안 되기 때문이다.
중산층이 지배하는 나라는 집단이기주의에 빠지기 쉬운 민주주
의와, 뛰어난 자들끼리만 따로 놀려는 귀족주의를 모두 넘어설 수
있다.

Keyword 03 경제 프렌들리

진보와 빈곤
김윤상·박창수 풀어씀, 헨리 조지 지음, 살림

지은이 헨리 조지는 남북전쟁이 일어나고 미국 대륙횡단철도가 깔리던 시기에 살았다. 격변기에는 벼락부자들이 넘쳐 나기 마련이다. 그 반면에, 변화에 치여 밑바닥으로 가라앉는 이들도 많다. 가난으로 벼랑 끝까지 몰렸던 헨리 조지는 고개를 갸웃거린다. 사회는 점점 발전하는데 왜 가난한 시민들은 더 많아질까? 우리 시대 사람들도 똑같이 물음표를 던진다. GNP가 늘고 경제는 성장한다는데 왜 중산층은 줄어들까?

이유는 '땅'에 있다. 땅을 가진 이들이 늘어나는 이익을 독차지하고 있는 탓이다. 땅에서 생기는 이익을 모두에게 나누어 주라. 세상의 모든 가난은 해결될 것이다. 톨스토이를 비롯한 많은 사상가들이 『진보와 빈곤』에 빠져들었다. 토지는 예나 지금이나 소유권의 고갱이를 이룬다. 이 문제를 어떻게 풀어 가야 할까?

소유의 종말
제레미 리프킨 지음, 이희재 옮김, 민음사

미래학자 제레미 리프킨은 이 책에서 '접속(Access)'을 내세운다. 자본주의 사회에서 '소유'는 신성불가침하다. 자본주의 사회에서 지위의 높고 낮음, 성공과 실패는 누가 무엇을 얼마나 가졌는지에 따라 갈린다.

그러나 이제 소유는 접속에 급하게 자리를 내주고 있다. 리스 산업과 아웃소싱은 점점 호황을 누리고 있다. 컴퓨터 소프트웨어 같은 경우는 더 분명하다. 클라우드 컴퓨팅은 '소유' 자체를 없애버렸다. '접속'해서 필요한 콘텐츠를 빌려 쓸 뿐이다. 소유는 확실히 '종말'을 맞고 있는 듯하다. 그러나 소유가 사라질수록 부의 집중은 더욱 심해진다. 빌려 쓰는 사람은 언제나 주눅 들기 마련이다. 소유의 종말은 소비자의 미래를 어떻게 바꾸어 놓을까?

Keyword 04 토지 공개념

프로테스탄티즘의 윤리와 자본주의 정신

막스 베버 지음, 박성수 옮김, 문예출판사

"시간은 돈이다. 신용이 돈이다." 벤저민 프랭클린의 말이다. 이를 막스 베버는 "양키의 신앙고백"이라고 말한다. 막스 베버의 말을 더 들어 보자. "속담 중에 '잘 먹든지 아니면 편히 자든지'라는 말이 있다. 프로테스탄트(개신교)는 매우 잘 먹기를 바라며, 가톨릭은 편히 자기를 바란다." 프로테스탄티즘은 열심히 일하는 쪽을 택했다. 근면하면 돈이 고이기 마련이다. 게다가, 기독교 신앙은 검소하게 살라고 외친다. 당연히 목돈이 쌓인다. 이는 산업을 굴리는 자본이 되었다. 이렇게 프로테스탄티즘은 자본주의를 일으켜 세웠다. 하지만 프로테스탄티즘이 지배하는 곳에서는 부자도 결코 한가할 수 없다. 재산이 쌓여도 기독교 윤리는 노동하라며 부자를 몰아세운다. 이런 사회에서 행복한 사람은 누구일까?

부유한 노예

로버트 라이시 지음, 오성호 옮김, 김영사

자동차의 왕 헨리 포드는 이렇게 말했다. "누구라도 원하는 색상의 차를 가질 수 있다. 그러나 그 차는 검정색이어야 한다." 포드사(社)의 'T 모델'은 인류 최초의 대중용 차였다. 모두가 살 수 있을 만큼 가격을 내리려면, 당연히 차는 대량생산에 걸맞아야 했다. T 모델의 색깔이 까만색 한 가지뿐이었던 이유다. 현대인의 선택도 이와 별로 다르지 않다. 우리는 누구나 싸고 좋은 물건을 사기를 원한다. 그렇다면 우리에게 남은 선택은 뻔하다. 우리의 임금은 더 낮아져야 한다. 그리고 더 많이 일해야 한다. 가격을 내리고도 좋은 상품을 만들려면 그 수밖에 없지 않겠는가. 우리는 덫 안의 바나나를 움켜쥔 원숭이와 같은 신세다. 바나나와 자유 모두를 차지할 수는 없다. 도망가려면 바나나를 놓아야 한다. 그럼에도 우리는 쉽사리 결정을 못 내리고 있다.

Keyword 05 자본주의 정신

강철군화
잭 런던 지음, 곽영미 옮김, 궁리

"다섯 명이 천 명분의 빵을 생산할 수 있습니다. 한 명이 250명분의 면직물, 300명분의 모직물, 천 명분의 부츠와 신발을 생산할 수 있습니다. 이 사실만 보면 사회를 유능하게 경영하면 현대의 문명화된 인간이 원시인보다 훨씬 더 잘살게 된다는 결론이 나옵니다. 그러나 과연 그럴까요? 오늘날(1906년) 미국에는 1,500만 명의 가난하게 사는 사람이 있습니다." 『강철군화』의 주인공인 혁명가 어니스트 에버하드의 말이다.

이 말에 숱한 반론이 쏟아진다. 그래도 어니스트는 주장을 굽히지 않는다. "여러분, 반박할 수 없는 '사실'을 대십시오!" 아무도 눈앞에 보이는 빈곤을 뒤엎지는 못한다. 아마도 그가 꿈꿨던 혁명은 오지 않을 것이다. 그러나 우리 눈앞의 곤궁도 아직 스러지지 않았다.

렉서스와 올리브 나무
토머스 L. 프리드먼 지음, 신동욱 옮김, 창해

토머스 프리드먼은 '렉서스'와 '올리브 나무'라는 두 개의 코드로 세계화를 꿰뚫어 설명한다. 렉서스는 도요타의 고급 자동차 브랜드다. 이는 글로벌 시장과 선진 금융, 첨단 컴퓨터 기술을 나타낸다. 반면에, 올리브 나무는 '가족, 지역사회, 민족과 종교' 등등, 세계화를 반대하는 세상을 뜻한다.

토머스 프리드먼은 이제 세상은 자본주의가 지배한다고 잘라 말한다. 우리에게 남은 선택은 '코카콜라'냐 '펩시콜라'냐를 고르는 정도의 수준에 지나지 않는다. 따라서, 살아남으려면 어떻게든 세계화된 자본주의에 적응해 살아남아야 한다. 읽다 보면, 1876년 닫힌 조선의 문을 기어이 열어젖힌 '강화도조약'이 떠오를지도 모르겠다. 하지만 어쩌겠는가. 세계화되는 시대, 선택의 폭은 그다지 넓어 보이지 않는다.

Keyword 06 자유주의

영구 평화론
임마누엘 칸트 지음, 이한구 옮김, 서광사

칸트는 중국을 마뜩잖게 여겼다. 중국에서는 자유나 인권이 꽃필 수가 없었다. 유럽에서는 전쟁이 끊이지 않았다. 그래서 왕들은 백성의 눈치를 보아야 했다. 전쟁에 필요한 군인과 돈은 시민들에게서 나왔던 까닭이다. 당연히 시민들의 권리도 커질 수밖에 없었다. 그러나 오랫동안 평화가 계속된 중국에서는, 황제가 굳이 여론을 따져 볼 필요가 없었다.

자유를 지키면서도 전쟁을 없애려면 어떻게 해야 할까? 칸트는 모든 나라가 '공화제'가 되어야 한다고 말한다. 전쟁에 목숨 걸어야 할 시민들은 당연히 평화를 원하기 때문이다. 그리고 다툼을 조정할 국제연합을 만들어야 한다. 칸트의 『영구평화론』은 유엔과 유럽연합의 뿌리가 되는 책이다. 우리 시대를 제대로 읽고 싶다면 이 책을 꼭 살펴볼 일이다.

유러피언 드림
제러미 리프킨 지음, 이원기 옮김, 민음사

미국의 국부(國父)로 꼽히는 벤저민 프랭클린은 이렇게 말했다. "제때 한 바느질 한 번이 아홉 땀을 절약해 준다." "사람은 한가해지면 딴 생각을 한다." 청교도가 세운 나라답게, 근면과 성실을 강조하는 말이다. '아메리칸 드림'에 따르면, 누구나 열심히 하면 성공할 수 있다. 하지만 지금 미국인들은 열심히 일만 해서는 성공할 수 없다고 믿는다. 투자, 상속, 행운. 미국인들이 성공을 위해 꼽는 세 가지 조건이다. 아메리칸 드림이 나타내는 근면과 인내는 아무 상관이 없다. 이제 아메리칸 드림은 허상(虛像)이 되어 저물고 있다. 그렇다면 젊은이들을 이끌 새로운 '드림'이 나타나야 하지 않을까? 제러미 리프킨은 '유러피언 드림'을 내세운다. 상생과 공동체는 유럽이 내세우는 가치다. 과연 유럽이 우리 시대의 모델이 될 만한지 지켜볼 일이다.

Keyword 07 유러피언 드림

신군주론
딕 모리스 지음, 홍대운 옮김, 아르케

"우리 정치에서 남성이 첫째, 여성이 그 다음, 그리고 아동 문제는 맨 마지막에야 다루어졌던 것과 달리 지금은 우선순위가 역전되었다. (중략) 아동 문제가 가장 파급력이 크고, 가족 문제에 대해 여성들이 갖는 사회적 관심이 그 뒤를 잇고 있다. (중략) (그럼에도) 정치인들은 정작 일반 유권자들에게는 그다지 피부에 와 닿지 않는 경제적 이해관계가 충돌하는 곳에서 하루 종일 지내게 된다. (중략) 로비스트들이 별 관심을 보이지 않는 이슈들에 대해 깊은 관심을 보이지 않는다면 점차 일반 유권자들의 시각과는 멀어지게 될 것이다." 지은이는 빌 클린턴 전(前) 미국 대통령의 대선 참모였다. 그가 쓴 『신군주론』은 '현실 정치인'으로서 살아남는 방법을 일러 준다. 실무진답게 구체적인 선거 전략을 조근조근 설명해 주는 요긴한 책이다.

군주론
마키아벨리 지음, 강정인·김경희 옮김, 까치글방

현실은 이상과 다르다. 살아남으려 발버둥치는 상황이라면 이 말이 절절하게 다가올 테다. 약한 나라 피렌체의 제2 서기관이었던 마키아벨리도 그랬다. 그에게는 도덕 윤리보다 생존이 더 중요했다. 군주라면 "사자의 힘과 여우의 간교함"을 갖추고 있어야 한다. 한 번의 단호한 폭력으로 더 많은 폭력과 혼란을 잠재울 수 있다면, 당연히 군주는 "짐승의 수단"을 택해야 한다. 일상에서 속임수를 쓰거나 폭력을 휘두르는 짓은 나쁘다. 하지만 군주는 국민들의 행복과 평화를 위해서는 마땅히 그래야 한다.
군주는 시민의 생존을 지키기 위해서라면 도덕 '따위'는 버려도 된단다. 과연 그래도 될까? 정치철학의 고전(古典) 『군주론』은 영원히 답을 얻지 못할 듯한 화두를 던진다.

Keyword 08 마키아벨리즘

자유론

J.S. 밀 지음, 서병훈 옮김, 책세상

공리주의자들은 '최대 다수의 최대 행복'을 내세운다. 그들에 따르면, 올바른 행동을 가늠하는 기준은 '쾌락'이다. 올바른 행동은 최대한 많은 이들에게 많은 쾌락을 안긴다. 반면에, 옳지 못한 행동은 고통을 얼마나 주는지에 따라 갈린다. 공리주의는 '급진주의'로 통했다. 모든 사람들을 차별 없이 '쾌락을 추구하고 고통을 멀리하는 존재'로 여겼던 탓이다. 이렇게 보면 왕과 귀족도 보통 사람과 별다를 게 없다.

밀의『자유론』은 공리주의가 꿈꾸는 자유를 잘 보여 준다. 사람들의 자유를 억눌러야 할 때도 있다. 하지만 그 이유는 '왕의 명령'이나 '종교의 권위' 때문이 아니다. 단지, 나의 자유로 다른 사람들이 피해를 받을 수 있기 때문이다. 오직 그때만 자유를 제한할 수 있다. 밀이 꿈꿨던 사유는 이제 우리에겐 '상식'으로 통한다.

관용

웬디 브라운 지음, 이승철 옮김, 갈무리

관용은 나와 다른 모습을 참고 인정해 주는 태도다. 하지만 관용에는 늘 '조건'이 따른다. 유럽의 무슬림을 예로 들어 보자. 유럽 사회에 녹아들어 '유럽인답게' 사는 한, 그들에게는 아무 문제가 없다. 하지만 그들이 진짜 이슬람 신사답게 살려고 하면 어떨까? 우리 사회에서도 별로 다르지 않다. 다문화 가정이 많은 요즘이다. 한국으로 이민 온 사람들이 파키스탄이나 방글라데시의 삶의 방식을 고집한다면 어떻게 될까?

"오늘날에도 개인은 예전 공동체에 대한 공적 애착과 충성을 버리고 새로운 공동체에 충성을 바칠 때에만, 즉 하나의 민족주의를 다른 민족주의로 대체할 때에만 관용의 대상이 될 수 있다." 지은이 웬디 브라운의 말은 우리를 아프게 꼬집는다. 그이가 말하는 관용의 문제는 우리 사회에서도 이제 엄연한 현실이 되었기 때문이다.

Keyword 09 똘레랑스

Chapter 2

선전, 선동, 그리고 진실

설득의 진화,
민주주의를 지키고 싶다면

남성용 변기 주변은 늘 지저분하다. "화장실을 깨끗이 씁시다", "한 발 더 앞으로" 등등의 문구가 곳곳에 붙어 있어도 별 소용 없다. 그런데 네덜란드 암스테르담의 공항에서는 이 문제를 간단하게 해결했다. 변기 한가운데에 파리를 그려 넣은 것이다. 소변은 자연스레 파리 쪽으로 향했고, 화장실은 그만큼 깨끗해졌다.

우리 주변에는 이런 아이디어들이 통하는 곳이 많다. 극장에서 팝콘은 왜 큰 봉지에 담아서 팔까? 그릇이 크면 사람들은 평소보다 더 많은 양을 먹기 때문이다. 식당 앞에 거울을 놓으면? 식사량이 자연스레 줄어든다. 투명하게 비친 늘어진 몸매는 다이어트 결심을 떠올리게 할 테니까.

'넛지(Nudge)'는 이렇듯 사람들을 자연스레 원하는 방향으로 이끄는 기술이다. 리처드 탈러와 캐스 선스타인은 각각 경제학과와 로스쿨의 교수이다. 『넛지』에서 두 사람은 넛지가 어떤 때 일어나며 어떻게 쓸 수 있는지를 세심하게 일러 준다.

사람들을 원하는 대로 움직이게 하려면 먼저 우리 마음을 꿰뚫고 있어야 한다. 인간에게는 손실 기피 경향이 있다. "전기를 절약하면 350달러를 아낄 수 있습니다"와 "전기를 낭비하면 350달러를 잃습니다"라는 두 문장을 비교해 보라. 어느 쪽이 더 분명하게 다가오는가? 손해 앞에서는 누구나 가슴이 떨린다. 절절하게 호소하려면 상대가 입을 손실을 분명하게 드러내야 한다.

생각의 틀을 다잡는 기술, 프레이밍(framing)도 중요하다. 의사가 수술을 권한다고 해 보자. "수술을 하면 100명 중 90명이 살아납니다"와 "수술을 하면 100명 중 10명이 죽습니다" 중에서, 어느 쪽으로 물어야 동의서에 사인할 확률이 높을지를 헤아려 보라. 신용카드로 값을 치를 때도 마찬가지다. 카드 결제 시 추가 수수료가 있다고 하기보다, 현금으로 내면 그만큼 할인을 해 준다고 해야 판매량이 늘어난다.

넛지를 하려면 집단동조도 꿰고 있어야 한다. "방과 후 학교를 신청한 학생이 99%를 넘습니다"라는 교내 방송을 들었다고 해 보자. 이럴 때 추가 수업을 안 듣는 1%에 속해 있으면 마음이 불안하다. 인간은 사람이 많이 모인 쪽에 붙어 있어야 마음이 편한 법이다.

현상 유지 편향(status quo bias)도 놓쳐서는 안 된다. 자리를 정해 놓지 않아도 사람들은 늘 앉던 자리를 고집한다. 물건을 살 때도 자잘한 옵션들을 일일이 고르는 경우는 많지 않다. 대부분은 권장 모델을 택하고 만다. 여기에는 많은 이들이 선택하는 것이 좋다는 막연한 믿음이 깔려 있다.

이른바 '선택 설계자'들은 이런 심리를 제대로 짚고 있다. 그러곤 넛지를 요긴하게 써서 원하는 쪽으로 결정을 틀어 놓는다. 그러나 지은이들이 생각하는 넛지는 자신이 원하는 대로 사람들이 따르도록 조종하는 기술이 아니다. 그들은 '자유주의적 개입주의(libertarian paternalism)'를 내세운다. 억지로 시키지 말고, 사람들이 스스로 원해서 자신에게 최선이 되게끔 선택하고 행동하게 하라는 뜻이다.

하긴, 민주주의 사회에서는 넛지가 요긴할뿐더러 꼭 필요한 기술인 듯도 싶다. 우리가 결정해야 할 일들이 어디 한두 가지인가. 게다가, 크고 중요한 문제일수록 결정 내리기가 어렵다. 예컨대, 집을 사고 학교를 고르는 일은 일생에 몇 번 되지 않는다. 경험이 적기에 실수하기도 쉽다. 만약 현명하고 똑똑한 전문가들이 나서서 넛지를 쓰면 어떨까? 평범한 시민들이 굳이 머리를 짜내지 않아도 최선의 결론을 내리도록 말이다. 실제로, 미국의 건강보험 등에서는 넛지 기술이 많이 쓰인다. 가장 모범이 될 만한 사항을 기본 옵션으로 하고, 굳이 반대할 경우에만 선택을 안 하도록 하는 '옵트아웃(opt-out)' 등의 방법으로 말이다.

하지만 넛지를 바라보는 세상의 시선은 곱지 않다. 넛지도 크게 보면 수사학(修辭學rhetoric) 가운데 하나다. 수사학이란 사람들을 잘 설득하는 기술이다. 민주주의가 자리 잡은 곳에서는 어디서나 수사학이 꽃을 피웠다. 그러나 대개 수사학은 궤변술이라고 비난받았다. 실제로 수사학이 절정에 다다르면 민주주의는 거꾸러지고 독재가 다시 나타나곤 했다. 수사학 교사들이던 소피스트가 판을 치던 옛 그리스의 아테네, 황제가 나타나기 전 키케로의 공화정 로마가 그랬다. 왜 그럴까?

J.S. 밀은 이 물음에 답을 준다. 밀은 현명한 자들이 결정을 대신해 주어서는 안 된다고 잘라 말한다. 우리의 생각은 선택과 결단을 숱하게 내리면서 자라난다. 만약 누군가가 대신 결정을 내리고 올곧은 방향으로 사람들을 몰고 가면 어떨까? 시민들의 판단하는 힘은 점점 약해질 테다. 쓰지 않은 근육이

오그라들듯 말이다. 사회는 점점 어리석어지고, 그럴수록 세상은 점점 독재자에게 어울리는 모양으로 바뀌어 간다.

또한, 밀은 아무리 어리석어 보이는 생각이라도 억눌러서는 안 된다고 외친다. "전체 인류가 다른 견해 하나를 억누르는 짓은, 한 명이 전체 인류를 짓밟는 것만큼이나 나쁘다." 남다른 생각과 행동에서 발전이 이루어지는 경우가 얼마나 많았던가.

넛지는 알게 모르게 사람들을 다른 뜻을 품지 못하도록 길들인다. 게다가, 수사학은 민주주의를 튼튼하게 만들지도 못했다. 소피스트들은 수사학을 가르치던 사람들이다. 과연 소피스트들은 시민들 위하는 마음으로 설득 기술을 펼쳤을까? 그랬다면 궤변술가라는 손가락질을 받았을 리가 없다. 소피스트가 많은 나라가 가장 훌륭했을 테니까.

넛지도 마찬가지다. 넛지는 지금도 공공 영역보다 정치와 상업광고에 많이 쓰인다. 이익을 낳는 기술은 발전을 멈추는 법이 없다. 하지만 넛지가 더욱 세련되면 우리의 경제와 정치 제도는 더욱 발전하게 될까? 소피스트들이 가장 활개를 칠 때 소크라테스는 죽임을 당했다. 현대 민주주의 사회는 설득과 대화의 기술들로 넘쳐 난다. 그런데도 민주주의의 위기를 걱정하는 이들이 늘어나는 까닭은 무엇일까?

뿌리가 되는 책들_ 91쪽 참조
• 존 스튜어트 밀 지음, 최명관 옮김, 『존 스튜어트 밀 자서전』, 창
• 리처드 탈러·캐스 선스타인 지음, 안진환 옮김, 『넛지』, 리더스북

프로파간다,
'유명함'을 '위대함'으로 만드는 기술

"높은 관세는 물가를 끌어올립니다. 관세를 낮출 저에게 한 표를 던지십시오!"

미국의 7대 대통령 앤드류 잭슨 시절, 라디오 선거 유세에서 흔히 쓰던 말투다. 그러나 이런 식으로는 사람들의 마음을 돌려놓지 못할 테다. 대부분의 시민들은 높은 관세 덕에 국내 산업이 보호받는다고 믿고 있었다. 이미 굳어진 여론을 돌리는 일은 계란으로 바위를 깨는 것만큼 어렵다.

재주 있는 선전가라면 다른 식으로 시민들을 설득할 테다. 먼저, 관세 탓에 피해 받는 사람들을 모아야 한다. 수입 양모 값이 올라 겨울 나기 어려운 서민들이라면 더욱 좋겠다. 이들을 모아 집회를 연다. 모임 장소에는 높은 관세에 반대하는 저명한 인물을 불러온다.

유명 인사가 오고 사람들이 모이는 곳에는 기자들도 몰려들게 되어 있다. 집회 상황은 언론으로 널리 알려진다. 곳곳에서 논란이 벌어지고 사람들의 관심이 달아오른다. 권위 있는 사람들이 높은 관세에 반대 목소리를 낼수록, 더 많은 청중들이 고개를 끄덕인다. 마침내는 관세를 낮추자는 주장이 우세해지는 상황이 벌어진다. 라디오 유세는 바로 이때 해야 한다. 사람들을 내편으로 만들려면 먼저 군중의 생각부터 돌려놓아야 하는 까닭이다. 프로파간다(propaganda), 선전은 이처럼 여론을 돌려놓는 기술을 말한다.

에드워드 버네이스는 '선전의 아버지'라 불릴 만한 사람이다. 그는 담배와 여성의 권리를 묘하게 연결시켜서 미국 여성들 사이에 담배 열풍을 불러일으켰다. 담배가 여성들에게 '자유의 횃불'이며 여권의 상징이라는 식으로 말이다. 『프로파간다』에는 버네이스의 선전 노하우와 철학이 오롯이 담겨 있다.

그는 "군대가 병사들의 몸을 통제하듯, 선전으로 여론을 조목조목 다스릴 수 있다"고 주장한다. 집단은 생각하지 않는다. 충동, 습관, 감정에 따라 휩쓸릴 뿐이다. 결정을 내릴 상황이 오면, 군중은 대개 뛰어난 지도자의 처신을 따른다. 널리 존경을 받는 인물 한둘이 여론을 쥐락펴락하는 이유다. 그럴 만한 사람이 없다면? 대중은 이미 사회에 퍼져 있는 편견에 따라 움직인다. 따라서, 여론 몰이를 할 때는 영향력 큰 인물이 무엇보다 중요하다.

버네이스는 베이컨을 아침 식탁에 올리고 싶어 하는 양돈업자를 예로 든다. 베이컨을 사라고 한 사람 한 사람에게 설득해 봐야 큰 효과가 없다. 베이컨 소비를 크게 늘리고 싶다면 유명한 의사에게 매달리는 쪽이 낫다. 그가 베이컨이 건강에 좋다는 주장을 펼치게 만들어야 한다. 베이컨에 대한 여론이 바뀌면 판매는 저절로 따라오게 되어 있다.

피아노를 팔 때도 마찬가지다. 피아노의 품질을 내세우기 전에, 잘나가는 건축 설계사들에게 '가정음악실'을 꾸릴 공간을 집 안에 배치하도록 설득해야 한다. 악기 놓기 딱 좋은 공간이 있으면 피아노에 대한 관심도 저절로 살아날 테다.

버네이스는 절대 '내가 ~을 했다'고 말하지 않는다. '~이 이루어졌다', '~하게 일이 벌어졌다'는 식으로 수동적인 표현을 쓸 뿐이다. 상황 전체를 바꾸어, 사람들 스스로 원하여 선택했다고 믿게 하기 위해서다. 이처럼 선전은 토끼몰이하듯 군중 스스로가 누군가의 의도대로 달려가게 만든다.

버네이스를 나쁘게 보는 쪽에서는 그를 '민주주의의 암살자'로 여긴다. 하지만 버네이스 자신은 선전을, 민주주의를 지키는 기술로 여겼다. 우리가 선택해야 하는 일은 하나둘이 아니다. 치약 하나를 고르는 데도 수많은 조건과 경우의 수를 따져 보아야 한다. 중대한 정치적 사안에 대해서는 더더욱 그렇다.

만약 선택을 대중에게 던져 놓으면 어떻게 될까? 과연 시민들은 머리를 맞대고 복잡한 조건들을 모두 따져 보며 최선의 결론을 내릴까? 오히려, 선택 결과는 최악이 되기 쉽다. 그렇다면 현명하고 양심적인 엘리트들이 여론을 조종하는 쪽이 낫다. "암거위 요리에 쓰는 양념은 수거위 요리에서도 통한다." 선전은 상품 판매에서뿐 아니라 여론을 건강한 방향으로 이끄는 데도 요긴하다. 실제로, 버네이스는 선전을 이용하는 엘리트들의 도덕성을 무척 강조했다. 담배가 해롭다는 사실을 알게 되자, 금연 광고에 열심히 매달리기도 했다.

그럼에도 선전에 대한 사람들의 인상은 점점 나빠지기만 한다. 다니엘 부어스틴은 『이미지와 환상』을 통해 선전의 한계를 더욱 분명하게 보여 준다. 선전 기술은 광고와 함께 점점 세련되어 갔다. 급기야 가짜가 진짜보다 훨씬 매력적으로 보이는 경지에까지 이르렀다. 지금의 선전은 가짜와 진짜를 묘하게 뒤섞어 놓는다. 예컨대, 얼굴을 정확하게 찍은 증명사진은 환영받지 못한다. 추한 부분을 컴퓨터 그래픽으로 '조작(?)'해 주어야 잘 나온 사진으로 대접받지 않는가. 대중을 사로잡는 이미지도 그렇다. 더 이상 선전은 진짜만을 이야기하지 않는다. 카메라 보고 열광하는 관중들 모습을 스타를 향한 환호로 편집한다 해도 항의하는 사람은 좀처럼 없다. 그만큼 조작은 이미 우리에게 '상식'처럼 자리 잡았다. 어느덧 선전은 설득보다 사기(詐欺)에 가까워진 느낌이다.

그러는 가운데, '유명함(fame)'과 '위대함(greatness)'의 경계도 점점 흐려져만 간다. 예전에는 위대한 영웅이 유명세를 누렸다. 지금은 오히려 유명하기에 위대하다고 여기는 세상이 되었다. 베스트셀러이기에 더 많이 팔리고, 아이돌 스타들은 인기 있기에 더 인기를 모으지 않던가.

민주주의는 상업과 손을 잡고 발전한다. 둘 다 사람들의 마음을 얻어야 성공하기 때문이다. 세상은 점점 더 위대함보다 유명함을 좇는 모양새로 바뀌고 있다. 그럴수록 판단력은 점점 흐려진다. 민주주의는 현명하게 깨어 있는 시민들에게 어울리는 제도다. 하지만 상업과 민주주의가 꽃핀 뒤에는 여지없이 강한 독재가 찾아들곤 했다. 선전은 생각이 좁고 감정에 휩쓸리는 사람들에게 더 잘 먹힌다. 선전 기법의 발달은 뜻하지 않게 민중을 우매하게 만든다. 화려한 선전이 우리를 어리석음과 독재로 이끌지는 않는지, 경계하고 또 경계할 일이다.

뿌리가 되는 책들_ 92쪽 참조

• 에드워드 버네이스 지음, 강미경 옮김, 『프로파간다』, 공존
• 다니엘 부어스틴 지음, 정태철 옮김, 『이미지와 환상』, 사계절

스토리텔링의 비밀,
아리스토텔레스가 영화를 찍는다면

"폭탄이 탁자 밑에서 갑자기 터지면 좋은 영화가 아니다." 영화감독 앨프리드 히치콕의 말이다. 그는 관객들을 스토리로 빨아들이는 방법을 일러 준다. 관객들이 탁자 밑에 폭탄이 있다는 사실을 미리 알도록 만들라. 그리고 등장인물들이 이 사실을 모르고 있다는 사실에서 조급함을 느끼도록 관중들을 이끌어라.

영화를 보는 사람들의 뇌는 두 갈래로 나눠진다. 하나는 영화 속 주인공과 하나가 되어 슬퍼하고 기뻐한다. 다른 하나는 내용 진행과 전혀 상관없는 사람인 듯 화면 밖에서 전체 틀을 바라보고 생각한다. 영화가 호소력이 있으려면 이 두 가지 방향을 모두 사로잡아야 한다. 그렇다면 어떻게 해야 할까?

아리스토텔레스의 『시학』은 이 물음에 답을 주는 고전이다. 그러나 50쪽

분량의 이 책을 따라가기란 여간 버겁지 않다. 내용이 어려워서가 아니다. 아리스토텔레스가 쉽게 설명한답시고 든 예를 종잡기 어려운 탓이다. 지금 시대에 『안티고네』나 『오이디푸스 왕』을 제대로 본 사람이 얼마나 있겠는가. 물론, 이 작품들은 아리스토텔레스가 살았을 적에는 누구나 떠올릴 만큼 아주 인기 있었을 테다. 지금의 〈타이타닉〉이나 〈괴물〉처럼 말이다. 2,500년의 세월은 이해를 도왔던 사례들을 책을 못 읽게 막는 장애물로 바꾸어 놓았다. 위대한 고전들에 해설서가 필요한 이유는 여기에 있다. 새겨들을 만하다면 현대인들이 알아듣게끔 '버전'을 바꾸어 주어야 하지 않겠는가.

시나리오 작가이자 영화감독인 마이클 티어노가 쓴 『스토리텔링의 비밀』은 현대 영화 제작자 관점에서 『시학』을 풀어준다. 티어노에 따르면, 아리스토텔레스가 극작품에서 가장 방점을 찍은 부분은 '플롯(plot)'이다. 플롯이란 작품의 얼개와 구성을 말한다.

시나리오 작가는 자신이 하고 싶은 말을 앞세워서는 안 된다. 오히려, "이야기가 원하는 것을 말해야 한다(Say what the story demands)", 일어난 일들이 앞뒤가 딱 맞아서 억지가 느껴지지 않게끔 해야 한다는 뜻이다. 아리스토텔레스는 여기에 한마디를 덧붙인다. "여러 사건은 어느 하나라도 옮기거나 바꾸면 전체가 일그러져 버릴 만큼 꽉 맞물려 있어야 한다."

볼거리가 많다고 해서 좋은 작품은 아니다. 주된 흐름과 상관없는 이야기들은 극의 흐름만 흩어 놓을 뿐이다. "이야기란 살아 있는 생물처럼 통일되게 움직여야 한다." 티아노는 노래를 예로 들어 이 말을 쉽게 풀어 준다. 악보가 복잡하다 해서 노래가 더 훌륭해지는 않는다. "내 사랑이 떠나가네"라는 식의 단순한 후렴구가 되레 더 큰 감동을 주지 않던가. 플롯은 군더더기 없이 강렬해야 한다.

나아가, 주인공의 운명이 우연에 휘둘려서는 안 된다. 주된 인물에게 왜 변화가 일어나는지가 논리적으로 설명되어야 한다. "가장 훌륭한 발견은 개연성 있는 사건을 통해 뜻밖의 일이 벌어질 때에 일어난다."

예를 들어 보자. 깜짝 파티가 가장 짜릿하게 다가오는 경우는 언제일까? 나를 위해 잔치를 준비하고 있다고 짐작은 가지만 확신하기는 어려울 때이다. 앞서 소개한 히치콕의 폭탄 이야기도 이와 맥을 같이한다. 관객은 있을 만하다고 고개를 끄덕이는 사건에만 깊이 빠져든다.

등장인물 또한 우리 주변에 있을 법해야 한다. 나아가, 주인공은 착한 사람이어야 한다. 아리스토텔레스에 따르면, 선한 사람이 자신의 실수 탓에 큰 불행에 빠질 때 사람들은 연민과 공포를 느낀단다. 왜 그럴까?

티어노는 그 말을 이렇게 풀어낸다. 터무니없는 악당이 망하는 모습은 후련함을 줄 수는 있다. 하지만 그 이상의 울림과 감동을 주지 못한다. 우리들 대부분은 착해지려고 노력한다. 하지만 꼭 착하게만 살지는 않는다. 삶에는 선과 악이 섞여 있으며, 우리는 그 가운데서 고민한다. 우리 자신과 같은 처지인 주인공은 자연스레 사람들의 관심을 끌기 마련이다. 우리는 주인공의 아픔에 공감하며 연민을 보낸다. 공포심 또한 똑같은 일이 나에게도 닥칠 수 있을 때 일어난다.

플롯이 튼튼하고 인물이 제대로 그려졌다면, 이제 화면으로 내용을 풀어낼 방법을 고민할 차례다. 중요한 것은 생각이 아니라 행동이다. 화면에서는 보이지 않는 마음은 그려 낼 방법은 없다. 따라서, '주인공이 자동차를 좋아한다' 보다, '주인공이 차를 너무 좋아해서 자동차를 훔치려 한다'고 써야 한다. 영화 〈록키〉에서 주인공은 아침에 달걀 4개를 풀어서 마신다. 주인공의 처지를 길게 설명할 때보다 이런 동작 하나가 더 많은 것을 설명해 준다. 이것이 아리스토텔레스가 이야기에서 사람 말고 행동을 다루라고 한 말의 뜻이다.

사실, 『시학』은 우리에게 그다지 별스러운 내용이 아니다. 아리스토텔레스의 주장은 이미 할리우드 영화의 '흥행 공식'에 녹아들어 있기 때문이다. 착한 주인공의 행복한 시절, 불현듯 찾아드는 불행, 찬찬히 밝혀지는 음모, 계속되는 위기일발의 상황과 통쾌한 해소에 이르기까지, 꼼꼼히 뜯어보면 영화 곳곳에 아리스토텔레스가 일러 준 충고가 담겨 있다. 아리스토텔레스의 주장은 영화에서 이미 '상식'이 된 셈이다.

그럼에도 우리는 왜 『시학』을 읽어야 할까? 무엇을 넘어서고자 한다면, 넘고 싶은 그것부터 확실하게 짚어 보아야 한다. 과학기술은 계속 발전하지만 인간 삶은 2,500년 전이나 지금이나 큰 차이가 없다. 여전히 사람들은 태어나서 사랑하고 갈등하면서 실패와 성공을 겪다가 죽는다.

가족, 사랑, 우정, 성공 등등의 주제는 인류에게 영원히 변하지 않는 주제다. 『시학』은 인간이면 누구나 겪는 일들을 가장 감동적으로 다루는 방법을 일러 준다. 2,500년의 세월로 검증받은 고전을 넘어서기는 쉽지 않다. 영화는 이제 자동차나 철강만큼이나 중요한 산업이 되었다. 호소력 있고 독창적인 아이디어는 튼실한 기본기 위에서 나온다. 『시학』을 새겨 읽어야 하는 까닭이 거기에 있다.

뿌리가 되는 책들_ 93쪽 참조
• 아리스토텔레스 지음, 이상섭 옮김, 『시학』, 문학과지성사
• 마이클 티어노 지음, 김윤철 옮김, 『스토리텔링의 비밀』, 아우라

논쟁에서 이기는 38가지 방법

칸트의 『순수이성비판』은 600쪽이 넘는다. 게다가, 정교한 논리로 짜여 있어 읽기도 버겁다. 유명한 학자들은 이 점을 요긴하게 이용했다. 그들은 칸트의 주장에 맞서려 하지 않았다. 그냥 "무슨 소리인지 도저히 못 알아듣겠다"고만 했을 뿐이다. 이 말은 그대로 '칸트에 대한 비판이 되었다. 가장 뛰어나다는 학자도 못 알아듣는 주장이라면 뭔가 문제가 있지 않겠는가. 보통 사람들은 이렇게 믿고 칸트의 책을 덮어 버렸다. 『순수이성비판』이 한동안 제대로 평가받지 못했던 이유다.

하지만 잘 알려진 전문가들이 자기 분야를 제대로 아는 경우는 드물다. '자기 일을 철저하게 연구하는 이들은 남을 가르칠 시간이 없는' 탓이다. 그럼에도 "사람들은 스스로 궁리하기보다 그냥 믿으려고만 하며 …… 생각하기보다 죽기가 더 쉬울 만큼" 남의 말을 넙죽 받아들인다. 설익은 전문가들이 설레발치는 이유다.

게다가, 사람들에게는 논리보다 이익을 앞세우는 말들이 더 잘 먹혀든다. 증기기관차에 열광하는 농장 주인한테는 이렇게 설득해 보라. "증기기관차가 많아지면 당신이 기르는 말들이 모두 쓸모없어질 거요." 주인의 태도는 언제 그랬냐는 듯 바뀌어 버릴 것이다. "근거를 들어 지성에 호소하지 말고 욕심이 뭔지 알아내어 의지에 호소하라"는 말의 숨은 뜻이다.

설득하다 보면 입심이 달릴 때도 있다. 그래도 폭포수처럼 말을 쏟아 내야 한다. 그러면 상대방은 물러서기 마련이다. 보통 사람들은 논리야 어떻든 그 속에 뭔가 의미가 담겨 있으리라 믿기 때문이다.

이마저도 통하지 않으면 상대를 화나게 하라. 인신공격, 모독, 무례 등등으로 말이다. 화가 나면 마음속 짐승이 날뛰기 시작한다. 판단은 흐려지고 논리는 흐트러진다. 이때를 놓치지 말고 끝까지 밀어붙여야 한다. 자살한 사람을 이해해 주려는 태도를 보이는 사람에게는, "그러면 왜 당신은 지금 당장 목을 매달지 않소?"라며 내질러 버리는 식으로 말이다. 강하게 말을 잘라 버리면 상대의 말문은 막히고 만다.

그래도 버거운 상태라면 아예 주제를 바꿔 버려라. 나에게 불리한 이야기가 나오지 않도록 이곳저곳을 들쑤시며 새로운 논쟁거리를 찾아보라. 철학자 쇼펜하우어가 일러 주는, 논쟁에서 이기는 방법들이다.

그는 자신의 방법을 '논쟁적 토론술(Eristic Dialectic)'이라 부른다. 논쟁에서 무엇이 옳고 그른지는 중요하지 않다. 검투사들이 싸울 때 누가 옳은지가 중요하던가. 겨루기에서는 칼로 찌르고 방패로 막는 기술이 필요할 뿐이다. 논쟁은 말로 하는 검투사 시합과 같다. 그러니 잘잘못을 가린다는 마음으로 토론에 나섰다가는 낭패 보기 일쑤다. 상대를 이기는 기술은 진리를 밝히는 방법과는 다르다.

하긴, 목소리 클수록 큰 몫을 챙기는 모습은 예나 지금이나 마찬가지다. 사람들은 대체로 꼼꼼하게 이치를 따져서 결론을 내리지 않는다. 가뜩이나 머리 복잡한 세상을 사는 우리로서는 더욱 그렇다. 우리의 판단은 좋은 게 좋다는 식으로 늘 여론에 떠밀려 다닌다. 쇼펜하우어의 억지 논리(?)를 뿌리치기 어려운 까닭이다.

그러면 쇼펜하우어의 방법을 가장 요긴하게 쓸 사람은 누구일까? 훨씬 전에 살았던 소크라테스가 쇼펜하우어의 기술을 알았다면 어땠을까? 소크라테스는 논리가 통하기 어려운 처지에서 재판을 받았다. 재판관은 무려 501명. 게다가, 재판소는 시장 옆에 있었다. 조근조근 논리를 펼친다 해도 재판관들에게 들릴 리가 없었다. 상황이 이렇다면 쇼펜하우어 식으로 권위를 앞세워 보면 어땠을까? 소크라테스의 친구 가운데는 부자도, 권력 주변에서 어슬렁거리는 자들도 있었다. 아니면, 고발한 사람들의 감정을 긁어서 말을 꼬이게 만드는 방법도 있었다. 웅성거리는 분위기에서 판단은 항상 막연한 느낌 이상이 되지 못한다. 고발자들이 당황하는 모습만 이끌어 내도 효과가 있었을 게다. 고발자들의 논리가 부족하다는 인상을 주기 때문이다.

하지만 소크라테스는 전혀 술수를 부리지 않았다. 그는 아예 처음부터 "재판관의 역할은 잘잘못을 가리는 것이고, 법정의 연설자는 진실을 말해야 한다"고 잘라 말했다. 그러곤 자신에게 익숙한 방법으로 고발자들에게 맞섰다.

그는 자신이 사형으로 몰린 이유를 당시에 잘나가던 정치가, 시인, 장인(匠人)들을 화나게 했다는 데서 찾았다. 소크라테스는 쇼펜하우어처럼 논쟁에서 이기려고 하지 않았다. 그냥 세상에서 가장 뛰어나다는 이들에게 무엇이 진짜 옳고 현명한지를 물었을 뿐이다. 사람들은 권위 있는 이들 앞에서는 알아서 기기 마련이다. 상대가 머뭇거리는 듯싶으면 눈치껏 질문을 그친다. 그러나 소크라테스는 어린아이처럼 꼬치꼬치 묻고 또 물었다.

이 점에서 소크라테스는 쇼펜하우어와 통한다. 알려진 사람들 중에도 자기 분야를 제대로 알고 있는 이는 드물다. 자신의 무식이 드러나는데도 침착하기란 쉽지 않은 법, 소크라테스는 금세 '공공의 적'이 되었다. 권력자에게는 이익에 신경 쓰지 않고 진실을 캐묻는 자들이 가장 위험하지 않던가.

법정에서도 그는 되레 재판관들에게 큰소리쳤다. 무엇이 옳고 그른지를 제대로 따져 보라고 말이다. 소크라테스는 '당연히' 사형을 당했다. 예나 지금이나 진실이 이익을 이기기는 어렵나 보다.

그럼에도 소크라테스는 늘 사람들에게 인기가 있었다. 주변은 늘 친구들로 북적였다. 반면에, 쇼펜하우어는 괴팍하기로 이름 높았다. 식당에 갈 때면 늘 두 자리를 예약했단다. 자기 앞자리에 아무도 못 앉도록 하기 위해서라나. 그렇게 논쟁의 달인은 외롭게 세상을 살았다.

무엇이 진리인지를 가리는 일과 논쟁에서 이기는 것은 다른 문제다. 논쟁에서의 승리와 인생의 행복도 다른 문제다. 세상에는 논쟁에서는 이기지만 인생에서는 지는 사람들이 너무 많다. 쇼펜하우어의 논쟁 기술과 소크라테스의 재판을 견주어 볼 일이다.

뿌리가 되는 책들_ 94쪽 참조
• 쇼펜하우어 지음, 김재혁 옮김, 『논쟁에서 이기는 38가지 방법』, 고려대학교출판부
• 안광복 풀어씀, 『소크라테스의 변명, 진리를 위해 죽다』, 사계절

나는 고발한다, 생각의 함정들을

1920년, 미얀마에 배치된 영국인 경찰 에일 블레어는 희한한 부탁을 받았다. 거리에 코끼리가 날뛰고 있으니 어떻게든 해 보라는 거였다. 블레어가 현장에 다다랐을 때, 코끼리는 이미 진정되어 한가로이 거닐고 있었다.

그럼에도 블레어는 총을 빼어 들었다. 주변에 몰려든 구경꾼은 무려 2,000여 명. 그들의 웅성거림은 자신을 겁쟁이라며 비웃는 소리처럼 들렸다. 대영제국의 관리가 웃음거리가 될 수는 없는 법, 블레어는 태연한 척 코끼리를 쏘았다. 코끼리는 아주 고통스럽게 죽어 갔다.

이 사건은 블레어에게 잊지 못할 상처가 되었다. 영국에 돌아간 그는 경찰을 그만두고 작가가 되었다. 블레어는 조지 오웰(George Owell)이라는 가짜 이름을 썼다. 『1984년』으로 유명한 소설가 조지 오웰이 바로 이 사람이다.

'노출 불안'이란 자신의 약한 모습이 드러날까 봐 안절부절못하는 모습을 일컫는 말이다. 주눅 든 남자들은 되레 자신이 '만능'인 양 뻐기며 거드름을 피운다. 여성도 마찬가지다. 자신감 없는 이들이 오히려 차갑고 강한 척하지 않던가.

이 점은 국가도 똑같다. 1870년, 프랑스는 독일과의 전쟁에서 크게 지고 말았다. 프랑스인들은 자존심에 큰 상처를 입었다. '드레퓌스 사건'은 이런 분위기에서 일어났다. 1894년, 드레퓌스 대위는 독일 스파이라는 죄목으로 체포되었다. 증거는 독일군에게 넘겨진 암호의 'D'가 드레퓌스의 이름 첫 자와 같다는 것 정도였다.

"드레퓌스는 여러 나라 말을 할 줄 압니다. 유죄. 그의 방에는 위험한 서류가 한 장도 없었습니다. 유죄. 그는 가끔 조상의 나라에 갑니다. 유죄. 그는 성실하고 모든 것을 알려고 합니다. 유죄. 그의 마음은 흔들리지 않습니다. 유죄. 그의 마음은 흔들립니다. 유죄. 이 얼마나 황당한 주장들인지요!"

『나는 고발한다』에서 프랑스의 지식인 에밀 졸라가 드레퓌스 재판을 바라보며 외치는 말이다. 당시 프랑스는 '노출 불안'에 제대로 빠져 있었다. 나라가 내린 판단이 틀렸다고 한다면 국가의 체면이 뭐가 되겠는가. 더구나, 드레퓌스는 사람들이 미워하던 유대인이었다. 드레퓌스 자신도 동료들에게 좋은 인상을 주지 못했다. 드레퓌스는 프랑스의 자존심을 세우기 위해 짓밟을 희생양이 될 만한 인물이었다.

고집부리는 이들은 '정보 집착'과 '정보 배제'에도 빠져들기 마련이다. 정보 집착이란 자기 잘못이 드러날까 두려워 정보를 감추는 모습을 말한다. 드레퓌스를 고발한 사람들은 '결정적 증거'를 '보안'이라는 이유로 드러내지 않았다. 게다가, 자신에게 불리한 정보는 감추거나 무시해 버렸다. 정보 배제란 이런 모습을 일컫는 말이다.

역사학자 자카리 쇼어는 판단을 제대로 내리려면 상상력과 공감 능력이 필요하다고 말한다. 주어진 틀에서 벗어나 생각하고 남의 입장에서 문제를 되짚어 보라는 말이다. 하지만 상처 받고 겁에 질린 사람들은 좀처럼 그렇게 하지 못한다. 왜 그럴까?

자카리 쇼어는 그 이유를 이렇게 설명한다. 사람들은 지도자들이 '사내답고' 당당하기를 바란다. 다치거나 슬프고 화가 나도 감정을 드러내서는 안 된다. '강해지기 위해' 씩씩하게 참고 견뎌 내라는 소리만 들을 뿐이다. 그 결과, 지도층은 '정서적인 해독 능력'을 잃어버린다. 자신의 감정이 어떻고 남들의 마음은 어떤지를 헤아리는 능력을 놓아 버린다는 뜻이다. 그럴수록 "사내란 원래 그런 법이야"라는 식으로 강하고 센 척한다. 사람들은 자신의 잘못과 부족함을 솔직히 드러낼 줄 아는 이들을 더 존경하는데도 말이다.

이 점에서 지금의 'V세대'들은 건강하고 바람직하다. V세대란 서울올림픽 이후에 태어나 글로벌 시대에 맞게 자란 세대, 용감하고(valiant) 다양하고(various) 발랄한(vivid) 특징을 가진 세대들을 일컫는 표현이다.

이들은 국가와 민족 같은 거대한 틀에 자신을 맞추려 하지 않는다. 치열한 경쟁 속에 살지만, 패배자가 될까 두려워 아등바등하지는 않는다. 경쟁을 즐기며 '쿨'하게 결과를 받아들이고 '엣지 있게' 처신할 줄 안다.

모두가 개성을 한껏 뽐내는 사회에서는 패배자가 있을 리 없다. 어느 부분에서는 뒤지더라도 다른 분야에서는 앞서 가기 때문이다. 다양성을 높이 사는 나라의 국민들이 자존감이 높은 이유다. 나아가, 자신을 자랑스럽게 여기는 이들은 외골수로 빠지지도 않는다. 남들의 생각을 배려하고 보듬을 만큼 여유가 있기 때문이다.

프랑스 국민들이 바로 그랬다. 드레퓌스 사건이 옳지 않다고 외친 사람들은 프랑스 지식인들이었다. "땅에 묻혀 버린 진실은 조금씩 자라나 엄청난 폭발력을 갖추게 될 것입니다. 그렇게 밝혀진 진실은 온 세상을 날려 버릴 것입니다." 드레퓌스 사건의 잘못을 지적하며 에밀 졸라가 한 말이다. 프랑스인들은 자유, 평등, 박애를 앞세운 혁명을 치러 본 시민들이다. 그들만큼 졸라의 주장에 잘 어울리는 사람들이 또 있을까?

독재자들은 시민들을 겁에 질리게 만든다. 짓눌린 사람들은 끊임없이 희생양을 찾기 마련이다. 독재자들은 '누구 탓에' 시민들이 이렇게 불행해졌는지를 끊임없이 설명해 주려 한다. 독재국가일수록 '나라의 적'들이 넘쳐 나는 이유다.

V세대에게도 '국가의 적'이 있을까? 어느 시대에나 나이 든 이들 눈에 젊은 세대는 마뜩지 않다. 수천 년 된 함무라비 법전에도 "요새 젊은이들은 버릇이 없다"는 말이 적혀 있을 정도다. 기성세대에게 젊은이들의 용감하고 다양하며 발랄한 모습이 좋게만 보이지는 않을 터이다. '안보의식'과 '사명감'이 없는 세대라며 걱정하는 사람들도 있을지 모르겠다. 하지만 다양한 꿈을 인정하는 세상에서는 좀처럼 편견이 생기지 않는다. 힘자랑을 해서 남들을 누르려고 하지도 않는다. V세대가 이끌어 갈 대한민국의 미래가 기대된다.

뿌리가 되는 책들_ 95쪽 참조
• 에밀 졸라 지음, 유기환 옮김, 『나는 고발한다』, 책세상
• 자카리 쇼어 지음, 임옥희 옮김, 『생각의 함정』, 에코의서재

Keyword 15

스 티 커 이 미 지

내 말을 두뇌에 딱 달라붙게 전하려면

"비벌리힐스 고등학교 케네스 교장은 오늘, 다음주 목요일 새크라멘토에서 열리는 전 교직원이 참석하는 워크숍에 참석할 것이라고 말했다."

훌륭한 기자라면 이 소식을 어떻게 학생들에게 전할까? 경영컨설턴트인 칩 히스와 댄 히스는 기사의 글머리인 리드(lead)를 이렇게 뽑으라고 충고한다. "목요일 학교 수업 없음."

텁텁한 내용도 포장하기에 따라 얼마든지 맛깔스럽게 바뀔 수 있다. 설득의 기술인 수사학(rhetoric)은 스티커처럼 두뇌에 내가 전하려는 바를 딱 달라붙게 만드는 기술이다.

자신이 뜻한 바를 분명하게 전달하려면 내용이 단순해야 한다. 법정에서 들이댄 근거 열 개가 모두 훌륭하다면, 이유를 하나만 들었을 때보다 설득력이 되레 떨어지기 쉽다. 재판관들은 그 가운데 하나도 기억해 내기 힘들기 때문이다. 초점이 흩어지면 그만큼 전달하는 힘은 약해진다.

다른 예를 들어 보자. 전쟁은 언제나 예상한 대로 흘러가지 않는다. 그럼에도 군대는 전투가 일어나면 10분 안에 쓸모없어질 계획을 세우는 데 시간을 낭비하고 있다. 따라서, 미국 군대에서는 계획보다 '지휘관의 의도'를 분명히 하는 데 힘을 쏟는단다. "오늘 밤까지 이 지역을 지켜 내라"라는 명령은 '몇 시 몇 분까지 어디로 이동해서 무슨 일을 해라'라는 지시보다 훨씬 더 효율적이다. 계획이 엉클어져도 목적이 무엇인지를 놓치지 않으면 작전의 맥은 끊기지 않는다. 모든 논리는 자신의 의도를 분명하게 하는 데서 출발해야 한다.

그 다음은 사람들이 내 의견에 귀 기울이도록 만드는 것이다. 관심을 끄는 데에서 "상식은 적이다". 호기심을 일깨우려면 사람들의 두뇌를 헛헛하게 만들어야 한다. 미국 50개 주(州)의 수도 가운데 17개를 알고 있는 사람이 있다. 다른 이는 50개 가운데 47개 주의 수도를 안다. 둘 가운데 누가 더 수도를 알아내는 데 관심이 있을까? 당연히 47개를 알고 있는 사람이다. 말십자풀이 게임도 마찬가지다. 알고 있는 지식에 '공백'이 있음을 느낄 때, 호기심은 불같이 일어난다. 마치 등 가운데가 가려운데도 긁지 못할 때처럼 말이다.

관심을 끄는 데 성공했다면, 이제 나의 주장을 받아들이게끔 설득할 차례다. 먼저, 상대가 화를 내지 않도록 신경 써야 한다. 사람들은 화가 나면 자기 생각이 옳다고 굳게 믿어 버린다. 가까운 친구와 심하게 다툴 때를 떠올려 보라. 화가 날수록 더욱 자기 의견을 내세우며 고집 피우게 되지 않던가.

상대가 차분한 마음 상태에 있다면, 본격적으로 논리를 펼쳐 보자. 루브르 궁에서 루이 15세를 지키던 스위스 용병들은 용감하게 싸우다 전원이 목숨을 잃었다. 그들이 남의 나라 왕을 위해 생명을 바친 까닭은 무엇이었을까? "왕을 위해 싸우면 엄청난 황금을 주겠다"는 제안을 받았기 때문이었을까? 하지만 정작 그들은 자존심 때문에 목숨을 던졌다. 그들은 '스위스 용병은 용맹한 진짜 군인'이라는 명예에 상처를 입는 일이 죽음보다 두려웠기 때문이다. 이처럼 상대방에게 뭐가 이익이 될지 내세우기보다는 '정체성의 욕구'에 호소하는 쪽이 낫다.

돈과 이익으로는 사람들의 마음을 사기 어렵다. 잇속이 달라지면 언제든 나를 버리고 갈 수 있다. 하지만 "너는 그런 사람 아니잖아!"라며 나의 기대를 절절하게 심어 놓은 사람은 절대로 나를 배신하지 못한다. 나를 버리기에 앞서 자기를 무너뜨려야 하기 때문이다.

상대가 내 주장에 고개를 주억거린다면, 마지막 단계는 바라는 바를 행동으로 옮기게 하는 것이다. 이때 스토리텔링(Storytelling)은 상대의 결심을 확실하게 만든다. 우리 두뇌는 상상과 실제를 잘 가려내지 못한다. 눈을 감고 에펠탑을 떠올려 보라. 눈동자는 어느새 탑의 높이를 좇아 위를 향하고 있다. 맛있는 음식을 생각하면 입안에 침이 고인다. 이야기를 들으면서 우리의 감각은 마치 현실을 느끼는 양 생생하게 살아난다.

상대가 무엇을 해야 할지를 구체적이고 생생한 이미지로 그려 주라. '정의', '평등' 같은 추상적인 소리들은 오해를 사기 쉽다. 듣는 사람마다 해석이 제각각인 탓이다. 반면에, 구체적인 이미지로 꾸려진 이야기에서는 딴소리가 나올 여지가 없다. 이솝 우화의 '신 포도 이야기'만 해도 그렇다. 신맛 나는 포도와 여우, 높은 덩굴 등등, 하나하나의 이미지가 눈에 생생하다. 구체적인 이미지는 전하려는 메시지를 흐트러뜨리지 않는다. 상대가 해야 할 일도 이렇듯 분명한 이미지로 이야기를 만들어 전해 주어야 한다. 그러면 상대방의 두뇌가 해야 할 일을 '시뮬레이션'하기 시작할 것이다.

상대를 설득하는 수사학은 오래된 기술이다. 수사학은 민주주의와 궁합이 잘 맞는다. 힘센 왕에게는 수사학이 필요없다. 힘으로 누르면 되는데 설득이 무슨 필요가 있겠는가. 하지만 민주주의에서는 절대 강자가 없다. 그러니 끊임없이 상대를 구슬리며 마음을 사야 한다.

황제가 다스리기 전, 로마에서 키케로는 최고의 수사학자였다. 그는 영향력 있는 원로원 의원이기도 했다. 로마의 원로원에서 제대로 행세하려면 최고의 수사학 실력도 필요했다. 그렇지 못하다면 숱한 의원들을 자기 편으로 만들지 못했을 것이다.

그런 키케로도 마지막에는 목과 손이 잘려 로마에 전시되는 끔찍한 일을 당하고 말았다. 수사학은 항상 민주주의가 무너지는 시기에 꽃을 피운다. 그리스가 몰락하기 직전, 소피스트들은 말장난의 달인들이었다. 당파끼리 논리 싸움이 치열했던 조선 말기의 현실은 어떤가? 수사학자들이 이끌어 가던 세상은 과연 아름다웠던가?

인간의 영혼은 말재주가 정신보다 화려해질 때 썩어 가기 시작한다. 우리 사회 곳곳에서 활약하는 논쟁가들의 화려한 혀놀림이 두렵기만 하다.

뿌리가 되는 책들_ 96쪽 참조

• 키케로 지음, 안재원 편역, 『수사학』, 길
• 칩 히스·댄 히스 지음, 안진환·박슬라 옮김, 『스틱』, 웅진윙스

정보 과잉의 시대,
우리에게 맞는 독서법은?

"사내라면 모름지기 다섯 수레의 책을 읽어야 한다." 두보(杜甫) 시인의 말이다. 다섯 수레라는 기준은 어디서 나왔을까? 장자(莊子)가 지혜롭다고 여긴 친구가 갖고 있던 책이 꼭 그만큼이었다. 사실, '다섯 수레의 책'은 많은 분량이 아니다. 당시의 책은 대나무(竹簡)로 되어 있어서 부피가 아주 컸다. 다섯 수레에 가득 채웠다고 해도, 내용만 따지면 종이 책 몇백 권 정도였을 테다.

그렇게 보면 현대인들은 평생 책을 오십 수레 넘게 읽는다. 학생 때 봤던 교과서만 쌓아도 수레 열 대는 가득 채울 듯싶다. 어디 그뿐인가. 정보는 늘 차고 넘친다. 인터넷 등으로 한 달에 읽게 되는 지식의 양만 해도 다섯 수레는 넘을 정도다.

반면에, 10년만 책을 읽으면 세상 모든 지식을 다 알게 된다고 믿던 시절도 있었다. 『허생전』의 허생이 10년을 작정하고 책을 읽으려 했던 이유다. 장자 시대만 해도, 세상에 나왔던 모든 책들을 다 모아도 다섯 수레를 넘지 못했 단다. 그렇다면 현대인들은 옛사람들보다 훨씬 더 현명하고 똑똑해졌다고 보 아야 할까?

이 질문에 선뜻 고개를 끄덕일 이들은 많지 않다. 왜 그럴까? 옛사람들이 책을 읽는 목적은 지금과 달랐기 때문이다. 선비들은 성현(聖賢)들의 책을 소 리 내어 읽곤 했다. 그것도 수백 번씩 되풀이해서 거듭 읽었다. 집집마다 읽 은 횟수를 재는 서산(書算)이 있을 정도였다. 옛 조상들은 현명한 분들의 말 씀을 소리 내어 읽어야 '내 것'이 된다고 믿었다. 깊은 가르침이 가슴에 오롯 이 새겨져 마음가짐이 바르게 된다는 뜻이다.

이 점에서는 서양 사람들도 다르지 않았다. 천 년 전까지만 해도, 수도원에 서는 리듬에 맞추어 책의 낱말 하나하나를 소리 내어 읽었다. 한마디로, 독서 의 목적은 인격을 다듬는 데 있었던 셈이다. 지금도 종교에는 불경, 성경 등 의 종교 경전을 소리 내어 거듭 읽는 전통이 남아 있다.

지금 우리들은 어떤가? 책을 많이 본 사람이 꼭 인간적으로 훌륭하다고 할 수 있을까? 독서량으로 치자면 수험생과 고시생을 넘어설 이들은 많지 않 다. 하지만 입시와 출세를 위한 공부에 찌든 영혼이 튼실하고 건강하다고 볼 수 있을까?

책은 많이 읽는 것보다는 제대로 읽는 것이 중요하다. 구슬이 서 말이면 뭐 하겠는가. 꿰지 못하는 보배는 집 안만 어지럽히는 쓰레기 신세일 테다. 정보 도 마찬가지다. 많은 정보보다 정말 필요하고 요긴한 정보를 제대로 잡아 내 는 능력이 더 필요한 시대다. 이 점에서 모티머 J. 애들러의 『독서의 기술』은 중요한 가르침을 준다.

애들러는 책을 제대로 읽는 법을 일러 준다. 그는 책장을 넘기기 전에 먼저

'점검 독서'부터 하라고 말한다. 점검 독서란 책의 큰 틀을 훑어보는 일이다. 제목은 무엇인가? 광고 문구에는 뭐라고 적혀 있는가? 무엇에 대해 말하고 있는 책인가? 이런 물음을 던지며 책을 가늠해 보라.

목차도 꼼꼼하게 읽어야 한다. 지은이들은 목차에 신경을 많이 쓴다. 책의 뼈대를 세우는 작업이기 때문이다. 목차만 확실하게 짚어도 책이 말하려는 바는 대충 들어올 테다. 다음은 마지막 2~3페이지를 읽어 볼 차례다. 결론에는 책의 핵심이 담겨 있기 마련이다. 빠뜨리지 말고 책의 끝부분을 챙겨 보아야 한다. 여기까지 훑었다면 다시 책의 주된 부분일 듯한 장(章) 몇 개를 추려 읽어 본다. 책장에 코를 묻기 전에 하는 '점검 독서'의 과정은 이처럼 철저해야 한다.

점검 독서를 마쳤으면 내용의 줄기를 4~5줄 정도의 문장으로 간단하게 정리해 본다. 혹시 "알고 있기는 하지만 말로는 할 수 없다"며 한숨이 절로 튀어나오지 않는가? 그러면 내용을 따라가지 못했다고 보아도 좋다. 제대로 이해를 했다면 자기 표현으로 정리해 말하게 되는 법이다.

본격적인 책 읽기는 '분석 독서'에서부터 시작된다. 읽기는 지은이와 나누는 대화와 같다. 왜 이런 주장을 펴는지, 말하고자 하는 핵심은 무엇인지, 곁다리 내용은 왜 소개하고 있는지를 끊임없이 따지며 읽어 보라. 책을 끝까지 따라갔다면 내용을 다음과 같이 정리할 수 있어야 한다.

"이 책은 크게 5개 부분으로 나누어져 있다. 첫째 부분은 이러저러한 것에 대하여, 둘째부분은 이러저러한 것에 대하여 논하고 있다. (중략) 또한, 각각의 주요 내용은 다음과 같이 나누어진다."

한마디로, 책의 전체를 철저하게 꿰뚫어야 한다. 하지만 지금의 독자들은 애들러의 가르침이 당혹스럽기만 할 테다. '쿼터리즘(Quarterism)'은 요새 독자들을 일컬을 때 쓰는 말이다. 무엇이건 읽는 시간이 15분을 넘지 못한다는 의미다. 세상에는 읽어야 할 것도 많고 재미있는 볼거리도 넘친다. 그러니 끈질기게 활자에 주의를 모으는 일이 쉽지 않다. 15분은 생각하고 이해하기에는 너무 짧은 시간이다. 독자는 호기심에 끌려 휘둘리기만 할 뿐이다.

애들러가 일러 주는 독서의 기술은 장황해 보인다. 하지만 그의 독서 기술은 세상을 제대로 바라보고 이해하는 방법이기도 하다. 지혜로운 사람이라면 세상을 먼저 큰 틀에서 바라보고, 알게 된 사실을 곱씹어 보며, 올바로 이해했는지를 끊임없이 되묻곤 한다. 이 정도의 '지적(知的) 지구력'은 애들러처럼 우직하게 책을 읽지 않고서는 기르기 어렵다.

공자는 책을 묶는 끈이 세 번이나 끊어질 정도로 『주역』을 거듭 읽었단다. 지혜는 지식의 양에서 나오지 않는다. 한 권의 책과 옹골차게 씨름해 본 경험이 지혜의 싹을 틔운다. 정보 과잉의 시대, 선현(先賢)들의 독서 충고를 소홀히 여기지 말아야 하는 이유다.

뿌리가 되는 책들_ 97쪽 참조

- 정민 지음, 『책읽는 소리』, 마음산책
- 모티머 J. 애들러 지음, 민병덕 옮김, 『독서의 기술』, 범우사

키 워 드
엮 어 읽 기

"언덕에서 소리를 치면 모두가 들을 수 있는 거리." 아리스토텔레스가 말하는 이상적인 국가의 크기다. '이심전심(以心傳心)'으로 서로의 마음이 통하려면 사회는 작아야 한다. 그래야 모두가 얼굴을 맞대며 의견을 나누지 않겠는가. 하지만 현대 사회는 너무 크다. 이럴수록 설득의 기술은 점점 중요해진다. 살아남으려면 짧은 만남으로도 깊은 인상을 주어야 한다. 그렇지 않으면 상대는 나에게 아예 관심도 안 가질 테다.

'넛지(nudge)', '스티커 이미지(sticker image)' 등 첨단 설득 기술들이 속속 출현하고 있는 요즘이다. 물론, 예전에도 설득의 기술은 중요했다. 키케로의 『수사학』은 조리 있게 말하는 법을 다룬 고전(古典)이다. 제1차 세계대전 이후 선전, 광고 기술인 프로파간다도 꽃피기 시작했다. 하지만 설득 기술이 발전하면 사회도 바람직해질까? 이 물음에 선뜻 고개를 끄덕이기는 쉽지 않다. 훌륭한 설득 기술과 좋은 삶(good life)을 이어 줄 방법은 없을까?

존 스튜어트 밀 자서전

존 스튜어트 밀 지음, 최명관 옮김, 창

J. S. 밀은 뛰어난 천재였다. 게다가 '영재교육'을 받기까지 했다. 아버지 제임스 밀 역시 훌륭한 경제학자였다. 세 살 때 이미 그리스어를 배웠고, 여덟 살 때 플라톤이나 디오게네스를 두루 읽었단다. 철학자이자 정치가인 제러미 벤담과 어린 시절부터 진지한 만남을 갖기도 했다. "나는 소년인 적이 없었다"고 할만큼 그는 조숙했다. 그에게도 조기교육의 부작용은 있었다. 스무 살 때 정신적 공황을 겪기도 했다. 하지만 해리엇 테일러와의 사랑을 통해 따뜻한 감성을 찾아 나간다. 정치적으로는 하원 의원에 출마하여 노동자 권리를 위해 싸우기도 했다. J. S. 밀은 민주주의의 기초를 놓은 철학자로 꼽힌다. 이 책에는 J. S. 밀의 삶과 철학이 잔잔하게 그려져 있다. 진정한 영재교육을 꿈꾸는 이들에게 권할 만한 책이다.

넛지

리처드 탈러·캐스 선스타인 지음, 안진환 옮김, 리더스북

우리의 결정은 대부분이 합리적이지 않다. 꼼꼼히 따지기보다 순간의 느낌을 따르는 경우가 훨씬 많다. 예를 들어 보자. 기부금을 1천 원, 5천 원, 1만 원씩 걷을 때와, 1만 원, 5만 원, 10만 원씩 걷을 때를 견주어 보라. 어느 때 사람들은 더 큰돈을 내놓을까? 단위가 커지면 배포도 덩달아 늘어난다. 밥그릇이 크면 양도 어느새 커지듯 말이다. 이처럼 우리의 판단은 늘 상황에 휘둘린다. 이러한 생각의 허점을 짚어 내어 결정을 원하는 쪽으로 이끄는 기술이 넛지(Nudge)다.

책에는 숱하게 많은 넛지 기술이 소개되어 있다. 재미있게 읽히지만, 내 생각을 누군가 넛지로 조종하고 있을지 모른다는 섬뜩함도 밀려든다. "눈 뜨고도 코 베이는 세상"이라는 속담이 빈말이 아니게 된 요즘이다.

Keyword 10 넛지_ Nudge

프로파간다
에드워드 버네이스 지음, 강미경 옮김, 공존

에드워드 버네이스에게는 '선전의 교황', '민주주의 암살자'라는 꼬리표가 따라붙는다. 그는 세 치 혀로 사람 마음을 휘두르는 방법을 알고 있었다. 버네이스는 "군대가 대중의 육체를 통제하듯 여론을 조목조목 통제할 수 있다"고 말한다. 예를 들어 보자. 제1차 세계대전 때, 영국과 미국은 전쟁을 서양 '문명권'과 프로이센 '야만인'의 싸움이라 선전해 댔다. 그럴수록 영국과 미국의 민심은 전쟁 지지 쪽으로 기울었다. 사람들이 스스로 정의의 편에 서서 악을 무찌른다고 여겼기 때문이다.

전쟁이 끝나자, 독일의 패전 이유로 '선전이 약했던 탓'이 꼽히기도 했다. 그 후로 선전 기술은 정치와 비즈니스에까지 널리 퍼졌다. 여론을 어떻게 이끌지에 관심 있다면, 공들여 읽어 볼 만한 책이다.

이미지와 환상
다니엘 부어스틴 지음, 정태철 옮김, 사계절

가짜는 나쁘고 진짜는 좋다. 미디어의 발달은 이런 당연한 사실을 뒤집어 버렸다. 증명사진을 찍을 때를 한번 떠올려 보라. 사람들은 사진이 실물보다 더 낫게 나오게 하기 위해 포토샵 작업 등, 온갖 '조작(?)'을 마다하지 않는다. '이미지'가 원본보다 훨씬 더 중요해졌기 때문이다.

게다가, 이제는 가짜들(이미지)이 사건을 일으키기까지 한다. 방송의 상당수는 '없던 사실'로 채워진다. 예컨대, 뜬소문은 흔히 특종을 낳고, 특종은 해명을 낳으며, 해명은 또 다른 사건을 일으킨다. 기사가 아니었으면 일도 아니었을 것을, 언론사를 통해 뉴스거리로 재생산되는 셈이다. 『이미지와 환상』은 1960년대에 나왔다. 스마트폰의 등장 등, 미디어 환경은 점점 더 복잡해진다. 가짜가 진짜보다 더 중요해지는 현상은 여전히 더욱 심해지고 있다.

Keyword 11 프로파간다

시학
아리스토텔레스 지음, 이상섭 옮김, 문학과지성사

『시학』의 원래 제목은 '시 쓰기(詩作)에 관하여'이다. 책에는 그리스 비극 작품의 창작 원리 분석 등, 깊고도 다양한 내용이 담겨 있다. '미메시스(mimesis: 모방)', '플롯', '카타르시스' 등, 예술을 이야기할 때 중요하게 다뤄지는 개념들도 『시학』에서 나왔다. 아리스토텔레스는 이렇게 말한다. "시는 역사보다 더 철학적이고 중요하다. 왜냐하면 시는 보편적인 것을 말하고, 역사는 개별적인 것을 말하기 때문이다." 이렇게 아리스토텔레스는 시를 철학과 역사만큼이나 중요한 분야로 여겼다. 『시학』에서는 소포클레스의 『오이디푸스 왕』 등을 분석하면서 극(劇)의 구성 원리, 플롯, 주인공의 성격, 표현 등을 세세하게 다루고 있다. 희곡이나 시를 다룰 때 생각해야 할 모든 요소들을 오롯하게 논의하고 있는 셈이다.

스토리텔링의 비밀
마이클 티어노 지음, 김윤철 옮김, 아우라

영화를 만들려면 먼저 작품의 줄거리를 한마디로 말할 수 있어야 한다. 〈조스〉라면 '식인 상어를 막는 일을 다룬 영화'라고 정리하는 식이다. 이를 '로그 라인(log line)'이라 한다. 로그 라인이 분명해졌다면, 이제 스토리를 드러낼 차례다. "차를 너무 좋아하는 남자 이야기다"라는 말로는 영화를 꾸리지 못한다. 화면으로 나타내려면 "그 남자는 차를 너무 좋아해서 차를 훔쳤다"고 해야 한다. '좋아한다'는 감정 자체를 화면으로 드러낼 방법은 없다.

반면에, '훔쳤다'는 얼마든지 장면에 담을 수 있다. 느낌 대신, 행동 (action)을 중심으로 한 '액션 아이디어(action idea)'로 스토리를 짜라는 뜻이다. 이처럼, 『스토리텔링의 비밀』은 한 편의 영화를 꾸리는 원리를 조목조목 일러 준다.

Keyword 12 스토리텔링

논쟁에서 이기는 38가지 방법
쇼펜하우어 지음, 김재혁 옮김, 고려대학교출판부

쇼펜하우어는 '논리학(Logik)'과 '토론술(Dialektik)'은 다르다고 말한다. 논리학은 진리를 밝히는 것을 목표로 삼는다. 토론술은 논쟁에서 이기기 위한 기술이다. 한마디로, 싸움을 할 때 진리는 별 상관이 없다는 뜻이다. 쇼펜하우어는 말싸움에서 이기는 기술을 무려 38가지나 일러 준다.

논쟁의 소재와 관련된(ad rem) 화법, 논쟁 상대방과 관련된(ad hominem) 화법, 혹은 상대방이 시인한 사실에 근거하는(ex concessis) 화법 등등. 읽다 보면 논쟁에서 써먹음직한 기술들을 여럿 건질지 모르겠다. 하지만 논쟁에서 이겼다 해서 상대의 마음을 얻게 되지는 않는다. 되레 반발만 살 수 있다. 『논쟁에서 이기는 38가지 방법』이 이렇게 논리를 펴면 안 되겠다는 '반면교사'로 다가오는 이유다.

소크라테스의 변명, 진리를 위해 죽다
안광복 풀어씀, 사계절

소크라테스는 나이 칠십에 법정에 섰다. 젊은이들을 버려놓았을뿐더러, 신을 욕되게 한다는 죄목으로였다. 이런 어마어마한 죄명에 당시 사람들은 코웃음을 쳤다. 소크라테스가 그런 큰 죄를 지을 리가 없었다. 힘센 자들은 아마도 소크라테스에게 겁을 좀 주자는 목적으로 그를 재판정에 세웠을 것이다. 그냥 미안하다고만 말했어도 그는 어렵잖게 무죄 판결을 받았을 테다. 하지만 소크라테스는 죽는 길을 택한다. 자신은 "아테네라는 훌륭한 말이 졸지 않게끔 하는 등에(godfly)"라고 하면서 말이다. 소크라테스의 재판은 당시 최대 화제 가운데 하나였다. 소크라테스의 재판을 다룬 작품이 무려 수백 편이나 떠돌았단다. 플라톤이 쓴 『소크라테스의 변명』도 그 가운데 하나다. 이 대화편은 소크라테스의 말본새를 가장 잘 보여주는 작품으로 꼽힌다.

Keyword 13 레토릭_ Rhetoric

나는 고발한다

에밀 졸라 지음, 유기환 옮김, 책세상

드레퓌스 대위는 매력적인 사람이 아니었다. 친구도 많지 않았고 정감 있게 말을 하지도 못했다. 게다가, 사람들이 싫어하던 유대인 이기까지 했다. '드레퓌스 사건'은 프랑스를 흔들어 놓은 큰 사건이 었다. 독일에 군사 정보를 넘겼다는 혐의를 받은 드레퓌스 대위를 변호하기 위해 유명 작가 에밀 졸라는 신문에 글을 쓴다. 그 글이 바로 〈나는 고발한다〉이다. 사회가 꼬여 갈 때 사람들은 희생양을 찾기 마련이다. '누구 때문에' 현실이 이렇게 되었다며 분풀이를 하고 싶기 때문이다. 드레퓌스 대위를 나서서 지키는 일은, 한·일 관계가 민감할 때 일본인 편을 드는 것만큼이나 어려운 일이었을 테다. 그럼에도 당시 프랑스 지식인들은 몸을 사리지 않았다. 프랑스가 지금도 민주주의 국가 가운데 으뜸으로 꼽히는 데는 그 나름의 이유가 있다.

생각의 함정

자카리 쇼어 지음, 임옥희 옮김, 에코의서재

지은이 자카리 쇼어는 미국 정책전략국에서 국제관계를 연구해 온 국가안보 전략가이다.

그는 의사 결정을 할 때 흔히 빠지게 되는 7가지 함정을 분석해서 들려준다. 약함이 드러날까 봐 두려워하는 '노출 불안', 사건의 원인을 혼동하는 '원인 혼란', 이분법적 사고로 몰아가는 '평면적 관점', 과거의 성공이 미래의 성공까지 이어진다고 착각하는 '만병통치주의', 정보의 통제가 좋다고 생각하는 '정보독점', 좋아하는 정보만을 들으려고 하는 '정보 회피', 변화하는 시대를 보지 않으려 고집 피우는 '정태적 집착' 등이다. 지은이는 국제관계 전문가답게 생각의 오류들을 여러 사례를 통해 풀어 준다. 굳은 생각은 많은 문제를 낳는다. 『생각의 함정』은 편견 없이 정확하게 '사실'만 바라보는 눈을 틔워 준다.

Keyword 14 인지 오류

수사학

키케로 지음, 안재원 편역, 길

키케로의 『수사학』은 그리스의 수사학 전통을 집대성한 고전으로 꼽힌다. 책에는 '말하기의 규칙과 체계'라는 딸림 제목이 붙어 있다. 한마디로, 『수사학』은 '무슨 말을 어떻게 하는가?'를 체계적으로 전달하는 책이라 하겠다. 키케로는 이 책에서 '이상적 연설가(orator perfectus)'의 모습이 어떤지를 보이려 노력한다. 이상적 연설가는 특정 분파의 지식이 아니라 모든 영역을 꿰뚫어 보는 지적 능력, 공동체에 대한 의무감, 주어진 상황과 주제를 파악하고 그에 따라 연설을 효율적으로 조절할 수 있는 능력이 있어야 한다. 도덕성과 인품이 담기지 않고서는 말이 진정한 설득력을 갖기가 어렵다. 그런데 키케로의 『수사학』에는 말하기 기술만 있고 인격을 닦아야 한다는 말은 없다. 말재주에 앞서 내면을 먼저 닦을 것을 강조하는 동양의 고전들과 비교되는 대목이다

스틱!

칩 히스·댄 히스 지음, 안진환·박슬라 옮김, 웅진윙스

말이 넘쳐 나는 시대다. 광고에서 정치 메시지까지, 곳곳에서 자기 말을 들어 달라고 난리다. 이 아우성을 뚫고 나의 주장을 효과적으로 전달하려면 어떻게 해야 할까? 『스틱』에서는 '스티커 이미지'를 꾸리라고 권한다. 스티커처럼 두뇌에 딱 달라붙게 메시지를 만들어 전달하라는 뜻이다.

스티커 이미지는 어떻게 만들어질까? 지은이들은 6가지 원칙을 들려준다. 첫째, 메시지는 단순해야 한다. 둘째, 의외성이 있어야 한다. 아울러, 구체적이고 신뢰할 수 있으며, 감동적일뿐더러, 스토리가 있어야 한다.

『스틱』을 읽고 성공한 광고 등을 분석해 보면, 이 여섯 가지 '공식'이 효과적임을 금방 깨달을 수 있을 테다. 효율적인 홍보 방안에 대해 고민하는 이들이 읽어 볼 만한 책이다.

Keyword 15 스티커 이미지

책읽는 소리
정민 지음, 마음산책

추사 김정희의 집 기둥에는 "반일정좌, 반일독서(半日靜坐, 半日讀書)"라는 말이 써 있었다고 한다. 하루의 절반은 고요히 앉아 자신과 만나고, 그 나머지 반은 책을 읽으며 옛 성현을 만난다는 뜻이다. 요새 학생들은 어떤가? 쉼 없이 읽고 또 읽는다. 지하철에서 나눠 주는 무가지를 읽으며 하루를 시작하고, 참고서로 일과를 보내다가 인터넷을 보며 잠든다. 이토록 많은 정보를 접하고 있지만 과연 지금 아이들이 우리 조상보다 더 현명해졌다고 할 수 있을까? 이 점에서 정민 교수의 『책읽는 소리』는 울림이 큰 책이다. 그는 선현들이 남긴 옛글을 통해 반성 없는 우리의 삶에 대해 많은 점을 생각하게 한다. 권장 도서, 필독서 등, '의무 독서'가 유행하는 요즘이다. 『책읽는 소리』는 마음을 닦는 독서의 가치를 일깨워 준다.

독서의 기술
모티머 J. 애들러 지음, 민병덕 옮김,범우사

『독서의 기술』은 독서법 관련 서적 중에서 가장 오래, 많이 팔린 책에 꼽힌다. 저자 모티머 J. 애들러는 미국철학협회를 만든 철학자이다. 철학자답게 애들러는 책을 꼼꼼하고 치밀하게 읽는 기술을 일러 준다. 운동처럼 독서도 몸에 익어야 제대로 할 수 있다. 1단계 독서는 '책 읽는 몸'을 만드는 작업이다. 활자를 눈이 자연스럽게 좇아가도록 하는 훈련이라 보면 되겠다.

이어서, 독서 수준은 점검 독서(골라 읽기 혹은 예비 독서), 분석 독서, 신토피칼(syn-topical) 독서 수준으로 높아진다. 신토피칼 독서는 다양한 분야를 넘나들며 사색하는 '주제 통합적 독서'라 하면 될 듯싶다. 잘못된 자세로 거듭하여 운동하면 되레 몸만 상한다. 독서도 마찬가지다. 책 읽기의 기술도 제대로 배울 필요가 있다.

Keyword 16 쿼터리즘_ Quariterism

Chapter 3

의·식·주
생활의 뿌리

패션, 혁명을 이끌다

영국 빅토리아 여왕 시절, 여인들은 T. P.O.에 따라 옷을 입었다. 시간(Time), 장소(Place), 상황(Occasion)에 따라 옷차림을 맞추어야 했다는 뜻이다. 아침 7시에 몸단장을 시작으로 아침에는 가운을, 점심에는 산책용 옷을, 오후에는 애프터눈 드레스를 입었다. 저녁에 나들이를 할 때는 이브닝드레스가 따로 있었다. 하루에도 여성들은 예닐곱 번씩 옷을 갈아입어야 했다.

이 정도까지는 아니지만, 우리에게도 '드레스 코드'는 중요하다. 회사에 추리닝 차림으로 가기는 난감할 테다. 운동장에서 넥타이를 맨 채 공을 차기도 어색하다. 영국의 작가 토머스 칼라일에 따르면, 인간 세상은 옷에 뿌리를 두고 있다.

왕과 높은 사람들이 모인 자리, 마술사가 나타나 옷을 전부 없애 버린다면 어떻게 될까? 위엄과 체통은 순식간에 사라져 버린다. 옷은 한 사람의 지위와 성격을 보여 주는 신호들로 가득하다. "모든 가치는 호크와 단추 안에 담기며 복장으로 유지된다." 칼라일의 말이다.

심지어, '패션 리더'들은 옷으로 권력을 휘두르기도 한다. 패션 큐레이터인 김홍기는 프랑스 궁정을 예로 들어 설명한다. 루이 14세는 화려한 차림새로 유명했다. 왕의 입성은 귀족들이 따라야 할 모범이었다. 그러나 왕의 옷이 좀 화려하고 비싸겠는가. 귀족들은 가랑이가 찢어질 지경이었다. 수준 맞추느라 형편이 궁해질수록, '돈줄'인 왕의 눈치를 더더욱 볼 수밖에 없었다.

나아가, 루이 14세는 패션으로 다른 나라의 귀족들마저도 길들였다. 베르사유 궁의 디자이너들은 인형에 유행하는 옷을 입혀서 세상 곳곳에 보냈다. 프랑스 궁전의 옷차림이 바뀌면 유행은 금세 달라졌다. 사람들은 시대에 뒤떨어져 보일까 봐 전전긍긍했다. 그럴수록 프랑스의 직물과 패션 상품은 날개 돋친 듯 팔려 나갔다.

반면에, 마리 앙투아네트는 옷을 잘못 입어 권력을 놓친 경우다. 궁정의 답답함이 싫었던 젊은 왕비는 시골 아낙네들이 입던 하늘하늘한 모슬린 드레스를 좋아했다. 패션 리더 격이었던 프랑스 왕비의 차림새가 바뀌자, 유럽의 궁정은 얇은 천으로 된 흰색 원피스로 가득 찼다. 이는 프랑스의 경제를 흔들어 놓았다. 나라 살림살이를 떠받치던 직물과 레이스가 팔리지 않았던 탓이다. 이 무렵부터 기업가들은 왕비를 대놓고 미워하기 시작했다. 이렇게 보면, 프랑스혁명은 패션의 변화와도 맞닿아 있는 듯싶다.

패션은 신분을 나타내는 방법이기도 했다. 아무리 돈이 많아도 평민들은 하이힐을 신지 못했다. 네덜란드에서는 장사치들 사이에서도 옷차림에 제한이 있었다. 연 수입 5만 길더 이상의 상인들만 입는 옷 등등, 버는 수준에 따라 복장 단속이 철저했다. 그런데도 화가 렘브란트는 대사업가들만 입는 옷을 걸친 자신의 모습을 버젓이 그렸다. 패션으로 평등을 부르짖은 셈이었다.

유행은 민주주의를 퍼뜨리는 수단이 되곤 한다. 새로운 패션은 눈에 거슬리기 쉽다. 그래서 도발적인 옷은 고급 창부들로부터 번져 나갔다. 그네들은 사람들의 눈길을 끌기 위해서라면 무엇이건 할 터이다. 어차피 눈 밖에 난 사람들이기에 잃을 게 없겠다. 처음에는 눈살 찌푸리던 사람들도 그네들 옷에 관심을 갖기 시작했다. 하나둘씩 따라하다 보면, 어느덧 무시당한 이들의 옷차림은 사회의 주된 흐름이 되곤 했다.

줄무늬인 스트라이프도 비슷한 과정을 밟아 가며 세상에 퍼졌다. 수백 년 전 사람들은 스트라이프를 '악마의 무늬'라 불렀다. 감옥에 갇힌 사람, 문둥이, 어릿광대 등 사회 밖으로 내몰린 사람들만 스트라이프가 그려진 옷을 입었다. 그러나 지금은 스트라이프는 젊음과 활기를 나타내는 디자인으로 여겨진다. 유행은 끊임없이 새로운 것을 쫓는다. 그 와중에 관심 받지 못했던 이들의 특징이 '참신함'으로 사람들에게 받아들여지곤 한다.

그러나 너무 낯선 것은 받아들여지기 어려운 법이다. 패션은 하루아침에 만들어지지 않는다. 우리가 입고 있는 복장 곳곳에는 패션의 오랜 역사가 스며 있다. 남성들이 입는 정장만 해도 그렇다.

정장 재킷의 깃에는 단추구멍이 나 있다. 학생이나 회사원들은 보통 여기에 배지를 달곤 한다. 원래 이 구멍은 군복인 튜닉의 깃에 있던 것이란다. 또한, 재킷의 옆구리 부분은 트여서 벌어져 있다. 이 또한 군복의 흔적이다. 말을 탈 때 편하려고 옷 옆이 벌어지게 했던 것이다. 정장만 입으면 행동이 굳어지는 데에는 조상격인 군복의 영향도 있다고 하겠다. 여성복에도 여전히 코르셋의 흔적이 남아있다. 현대인들은 여전히 44사이즈에 집착하지 않던가.

옷차림의 역사를 연구하는 엘리자베스 루스는 이렇게 말한다. "패션은 그저 '보기 좋은 것'의 문제가 아니다. '올바르게 보이는 것'이 중요하다."

패션은 사람들을 정해진 방향으로 이끄는 힘이 있다. 망나니들이라도 제복을 입으면 움직임이 조신해진다. 반면에, 멀쩡한 사람들도 예비군복만 입으면 금세 껄렁해진다. 복장이 사람들을 얼마나 달라지게 하는지 깨닫게 하는 대목이다.

원시인들도 단지 추위를 막기 위해서만 옷을 입지 않았다. 맨몸에도 무늬를 그리고 문신을 하지 않던가. 칼라일에 따르면, "정신은 꾸미고 싶은 욕심에서부터 자라난다". 어떤 옷차림새를 좋아하는지를 보면 그가 어떤 사람인지를 짐작할 수 있다. 옷과 함께 개성이 자라난다는 뜻이다.

그런가 하면, 칼라일은 "옷은 이제 사람들을 옷걸이로 만들려고 위협하고 있다"는 불평도 한다. 유행에 묻어 가면 남의 눈에 띌 일도 적다. 이럴 때 패션은 내가 누구인지를 감추는 데 쓰인다.

패션 산업은 날로 커 나가고 있다. 패션은 사람들의 개성을 싹틔우기도, 잠재우기도 한다. 깨인 정신으로 내 옷매무새를 되돌아봐야 하는 이유다.

뿌리가 되는 책들_ 129쪽 참조
• 토머스 칼라일 지음, 박상익 옮김, 『의상철학』, 한길사
• 김홍기 지음, 『샤넬, 미술관에 가다』, 미술문화

먹거리에 담긴 인문 정신

1872년, 메이지(明治) 일황은 앞장서서 쇠고기를 먹었다. 일본인들은 어쩔 줄 몰라 했다. 그때까지 일본 사람들에게 고기는 치기 어린 불한당들이나 먹던 음식이었다. 육식을 못 하게 하는 불교가 뿌리내린 지 이미 천 년, 일본인들에게 고기는 먹어서는 안 되는 것으로 굳어져 있었다. 그럼에도 왜 메이지 일황은 쇠고기를 먹었을까?

서양인들의 큰 키, 그들의 앞선 기술과 과학에 견주면 동양의 것들은 모두 하찮아 보였다. 일본의 지식인들은 서양만큼 강해지려면 머리부터 발끝까지 모두 바꿔야 한다고 외쳤다. 먼저 먹거리부터 서양식으로 바꾸어야 한다. 그래야 허우대도 커지고 힘도 세지지 않겠는가. 바야흐로 육식은 '문명개화의 상징'처럼 여겨졌다. "쇠고기야말로 개화(開化)의 약국이며 문명의 양약(良藥)이다!"

하지만 입맛을 바꾸기가 어디 쉽던가. 사람들은 좀처럼 고기에 입을 대지 못했다. 그래서 나온 음식이 샤브샤브이다. 일본의 전골 요리에 생선 대신 고기를 넣었다. 그러곤 된장과 간장으로 양념을 한다. 서양인들의 음식 재료로 일본 요리를 만든 셈이다.

'돈가스'는 원래 커틀릿이란 영국 요리에서 왔다. 돈가스는 돼지고기[豚]로 만든 커틀릿을 뜻한다. 돈가스로 바뀐 커틀릿은 밥에 어울리는 반찬이 되었다. 나이프와 포크를 쓸 필요가 없이 젓가락질하게 좋게끔 썰어져 나올뿐더러, 무스타스 소스로 간까지 배어 있다.

이처럼 서양 요리는 일본에서 양식(洋食)으로 다시 태어났다. 양식은 서양의 음식이나 정작 서구에는 없는 일본식 요리이다. 이처럼 한 나라의 음식은 온전한 모습 그대로 다른 나라에 뿌리내리는 법이 없다.

우리의 식탁도 마찬가지다. 우리네 집과 입성은 유럽이나 미국인들의 것과 별 차이가 없다. 하지만 먹거리만큼은 여전히 '조선식'이다. 많은 사람들은 여전히 김치에 밥이 있어야 제대로 끼니를 챙겨 먹었다고 여긴다.

철학자 포이어바흐는 "한 사람이 무엇을 먹는지를 알면, 그가 누구인지를 알 수 있다"고 했다. 몸에 밴 입맛은 좀처럼 바뀌지 않는다는 점을 볼 때, 이말은 옳다. 그렇다면 음식을 살펴보면 우리가 누구인지 알 수 있지 않을까?

밥상을 찬찬히 살펴보자. 상차림에는 우리 자신을 살펴보게 하는 정보들이 가득 담겨 있다. 우리는 배가 고플 때만 먹지 않는다. 끼니때가 되면 무엇인가를 먹어야 한다고 여긴다. 그래서 없는 입맛을 돋우는 맛있는 음식을 찾는다.

조금만 생각해 보면 이상하기 짝이 없다. 먹기 싫은데 왜 먹으려 할까? 디저트도 마찬가지다. 디저트는 식사가 끝나고 나오는 음식이다. 이미 배가 부른데 왜 또 먹으려 하는가? 허기야말로 최고의 반찬이다. 배고플 때만 먹고 텅 빈 속을 채우는 정도로 식사를 그친다면 탈이 날 까닭이 없다. 채식주의자 헬렌 니어링의 말이다.

우리의 괴상한 식습관은 여기서 그치지 않는다. 모든 먹거리는 자연 그대로일 때 가장 신선하고 영양분도 많다. 그럼에도 사람들은 '조리'한답시고 음식 재료들을 망쳐 놓는다. 예컨대, 우리는 비타민이 가득 든 벼의 겨를 벗겨 버린다. 그러곤 흰쌀 위에 부족한 비타민을 '첨가'한다.

음식 먹는 장소도 이상하기는 마찬가지다. 분위기 있는 레스토랑에서는 어두컴컴하게 커튼을 치고 흐릿한 불을 켜 놓는다. 바람이 통하지 않아 공기는 탁하다. 그 속에서 오래 전 죽어서 얼려 놓았던 고기로 만든 음식을 먹는다. 방부제가 잔뜩 든 통조림 속에 든 소스를 뿌려 가면서 말이다. 탁 트인 벌판에서 밭에서 난 채소로 배를 채우는 식사보다 훨씬 못하게 끼니를 때우는 셈이다.

우리네 삶이 왜 신산스러운지는 식탁을 살펴보면 알 수 있다. 넓은 집과 자동차, 사치스러운 취미 등등, 가슴을 답답하게 하는 욕망 가운데 삶에 꼭 필요한 것은 얼마나 될까? 허기 채우기를 넘어 식탐을 부리는 순간, 건강은 망가진다. 생활도 마찬가지다. "필요를 만족시키는 데는 끝이 있지만 욕망을 채우는 데는 끝이 없다." 톨스토이의 말이다.

헬렌 니어링은 이렇게 충고한다. 자연이 주는 재료 그대로, 조리는 적게 해서 먹을 것. 그녀는 아예 "가로 세로 15×9 센티미터 카드에 적지 못할 조리법이라면 다 잊어버리라"고 분명하게 선을 긋는다. 우리의 생활도 그래야 하지 않을까? 욕심이 작고 소박하다면 복잡한 문제들을 대부분 스러져 버릴 테다.

한국 음식을 세계화해야 한다는 목소리가 높다. 하지만 음식은 문화와 함께 간다는 사실을 잊어서는 안 된다. 프랑스 요리는 궁정의 우아함과 기품을 느끼게 한다. 햄버거 같은 미국 음식을 먹을 때는 젊음과 자유분방함이 떠오른다. 그렇다면 한국 음식은 어떤 감정을 불러일으킬까?

명성황후는 약고추장을 좋아했다. 약고추장을 만들려면 한 사람이 하루

종일 아궁이 옆에 붙어 있어야 한다. 은은하게 달아오르는 고추장에 꿀과 다진 쇠고기를 넣고, 고기가 녹아 모양이 완전히 사라질 때까지 천천히 저어야 하기 때문이다. 예전에는 노비들이 이런 일을 했다. 하지만 현대 사회에서 이러고 있을 사람이 누가 있겠는가?

요리를 연구하는 학자들에 따르면, 서울의 양반집 음식은 거의 사라졌다고 한다. 약고추장이 드물어진 것과 마찬가지 이유에서다. 정교하고 손품 많이 가는 음식, 이를 만들던 노비들이 사라지자 음식도 같이 스러져 버렸다. 맛깔스러운 음식 안에 힘겨운 노동과 고통이 숨어 있었던 셈이다.

우리의 먹거리 가운데 소박하고 건강한 삶을 가꾸어 주는 것은 무엇일까? 인권과 평등, 조화로운 삶을 나타내는 음식에는 어떤 것이 있을까? 이 물음에 대한 분명한 답을 찾을 때, 한국 음식은 세계의 사랑을 받는 요리로 거듭날 것이다.

뿌리가 되는 책들_ 130쪽 참조
- 헬렌 니어링 지음, 공경희 옮김, 『헬렌 니어링의 소박한 밥상』, 디자인하우스
- 오카다 데쓰 지음, 정순분 옮김, 『돈가스의 탄생』, 뿌리와이파리

공짜는 없다! 값싼 음식의 비밀

    기독교 성경에 따르면, 옛 제사장들은 가축을 죽이는 일을 한 사람이 도맡아 하지 않았다. 누가 짐승을 잡을지는 그때그때 제비를 뽑아 정했단다. 하지만 도축(屠畜)은 꽤 기술이 필요한 일이다. 솜씨 좋은 이가 가축을 잡도록 맡기는 편이 낫지 않을까?

    하지만 저널리스트 마이클 폴란의 생각은 다르다. 뭐든 익숙해지면 고민은 사라지는 법이다. 죽이는 일이 손에 익으면 짐승이 불쌍하다는 생각도 옅어진다. 도축장에서 작업하는 사람들은 잔인해지기 쉽다. 성경에서 한 사람이 계속 살생(殺生)을 하지 못하게 한 까닭이다.

    하지만 우리는 잔인한 일에 너무 익숙해져 있다. 슈퍼마켓에서 파는 닭고기들 대부분은 불행한 닭이었다. 날개를 못 펼 만큼 비좁은 곳에서 햇볕도 쬐지 못하면서 70일을 살 뿐이다. 돼지의 경우는 더하다. 공장식 농장(factory farm)에서는 어린 돼지가 일찍 젖을 떼게 한다. 사료를 먹어야 몸무게가 빨리 불어나기 때문이다. 젖을 충분히 빨지 못한 돼지들은 평생 물고 빨고 싶은 욕구를 품게 된다. 그래서 앞에 있는 돼지의 꼬리를 물어뜯으려고 덤빈다.

더럽고 좁은 곳에 갇힌 돼지들은 꼬리를 물려도 그냥 그대로 있을 뿐이다. 우울증에 빠진 나머지 아예 맞설 생각도 안 하는 탓이다. 그래서 공장식 농장에서는 돼지의 꼬리를 잘라 버린다. 그러나 완전히 밑동까지 자르지는 않는다. 물리면 지독하게 아플 만큼은 남겨 놓는단다. 꼬리에 상처가 나면 병에 걸리기 쉽다. 그러니 아픔을 제대로 느끼도록 만들어 놓는 것이다.

우리는 역사상 식탁이 가장 풍성한 시대에 산다. 하지만 사람은 먹거리의 가격에만 신경을 쓸 뿐, 공장식 농장의 잔인함에는 좀처럼 눈길을 돌리지 않는다. 이렇게 우리는 값싼 먹거리를 통해 잔혹함에 익숙해진다.

잔인하기로는 논과 밭에서 나는 먹거리들의 처지도 다르지 않다. 자연에서는 한 식물이 너른 벌판 전체를 뒤덮는 경우는 좀처럼 없다. 초원에는 여러 풀과 나무가 어우러져 있다. 하지만 인간은 이삭을 내는 식물로 초원을 가득 메웠다. 자연에 어긋나게 땅을 이용하면 늘 탈이 나기 마련이다. 병충해는 그래서 무섭다.

벼에 생기는 잎도열병을 예로 들어 보자. 자연 상태에서는 잎도열병이 넓게 퍼지기 어렵다. 벼들이 드문드문 있기 때문이다. 그러나 논만 끝없이 펼쳐진 곳이라면 어떨까? 병은 논 전체로 순식간에 번져 버린다. 그러면 병을 막기 위해 온갖 농약이 등장할 테다.

가축을 키우는 농장도 마찬가지다. 규모가 큰 닭 농장의 직원들은 반도체 공장에서 일하는 사람처럼 보인다. 흰옷으로 온몸을 감싸고 장갑에 입마개까지 한다. 바깥에서 옮겨 온 병균이 닭에게 옮겨 갈까 두려워서다. 자연 상태의 닭들이 과연 이토록 병에 약한 짐승이었던가?

대규모 농업은 땅과 가축을 점점 황폐하게 만든다. 그러나 '산업 농업'은 자연과 동떨어진 또 하나의 생태계를 이룬다. 큰 농장에는 농약과 사료를 대어 이익을 내는 회사들이 붙어 있다. 그 뒤에는 농약과 사료 회사에 장비를 파는 기업이 있다. 산업 농업의 생태계는 페르시아 만에서 공장을 돌릴 석유를 퍼 올리는 회사들에까지 나아간다.

농산물 판매에서도 운송업자와 보관업자, 대규모 마켓들이 그들 나름의 생태계를 이룬다. 양상추 1파운드는 80칼로리 정도의 에너지를 담고 있다. 이것을 기르고 냉장고에 보관하고 도시까지 옮겨 오는 데는 4,600칼로리의 석유를 쓴다. 배보다 배꼽이 훨씬 큰 셈이다.

대규모 농장 대신, '지역 농업'을 키우면 어떨까? 대규모 농장은 석유를 태워야만 굴러갈 수 있다. 멀리 떨어진 시장까지 농산물을 나르고, 비료 등 필요한 물건을 구해 와야 하기 때문이다. 하지만 근처 시장에만 물건을 파는 지역 농장은 덩치가 커야 할 필요가 없다. 널찍한 땅에 하나의 작물이나 가축만 길렀다가는 되레 망해 버릴 터이다. 많은 생산물을 팔 곳이 마땅찮기 때문이다.

지역 농장에서는 시장에 맞추어 좁은 땅에 여러 작물과 가축을 옹기종기 가꿔야 한다. 원래 농사란 지혜가 필요한 일이다. 농부는 경험을 통해 자기 땅에 무엇이 잘 자라는지, 어떤 가축이 어울리는지를 알아 간다. 그럴수록 그 땅에 어울리는 작물과 가축도 늘어난다. 이렇게 농업은 자연 생태계와 균형을 잡아 간다.

그러나 지역 농장이 자리를 잡기란 쉽지 않다. 자연 생태계가 뿌리를 내릴수록 '산업 농업의 생태계'는 무너지기 때문이다. 땅이 튼튼해져서 농부가 농약과 비료를 많이 쓰지 않는다면 이를 대던 회사들은 어떻게 될까? 농산품을 파는 상인들도 마찬가지다. 그들로서는 100에이커의 농장 열 개보다 1,000에이커의 농장 하나와 거래하는 편이 낫다. 사고파는 데 드는 비용과 노력이 줄어들기 때문이다. '산업 생태계'를 이루는 큰 농장과 기업들로서는 지역 농업이 달가울 리 없다.

코알라 같은 채식 동물은 무엇을 먹을지 고민할 필요가 없다. 유칼립투스 잎처럼 생긴 것만 먹기 때문이다. 육식동물들도 사냥한 짐승을 먹으면 된다. 하지만 인간 같은 잡식동물은 다르다. 먹을 수 있는 것이 많으면 무엇을 먹어야 할지에 대한 고민도 늘어난다. 이른바 '잡식동물의 딜레마'다.

우리가 무엇을 먹을지를 선택할 때마다 농촌의 풍경은 달라질 테다. 지금처럼 싼 가격만 좇아 대규모 농장에서 나는 먹거리를 고르면 어떻게 될까? 우리는 언젠가 비싼 대가를 치르게 될 것이다. 값싼 가격은 언제나 그보다 중요한 것들을 감추고 있다.

뿌리가 되는 책들_ 131쪽 참조
• 마이클 폴란 지음, 조윤정 옮김, 『잡식동물의 딜레마』, 다른세상
• 에릭 슐로서 지음, 김은령 옮김, 『패스트푸드의 제국』, 에코리브르

성장과 균형, 도시계획의 이중주

"어떤 의자가 가장 마음에 드십니까?" 근대 건축의 대가인 르코르뷔지에에게 기자가 물었다. 그는 주저 없이 대답했다. "비행기 조종석 의자입니다."

비행기 조종석에는 군더더기가 없다. 무게를 줄이기 위해서다. 비행기 자체도 그렇다. 중량과 씨름하는 가운데 비행기는 가장 꾸밈없고 효율적인 장비로 거듭났다.

르코르뷔지에는 건축도 그래야 한다고 믿었다. 그는 건물이란 '생활하기 위한 기계'라고 잘라 말한다. 20세기 초반까지만 해도, 유럽의 거리는 장식이 화려한 석조 건물로 가득했다. 하지만 뭐하러 그래야 한단 말인가? 집은 추위와 더위를 막고 사람들을 지켜 주기만 하면 된다.

따라서, 르코르뷔지에는 엄청난 제안을 내놓는다. 이제 건물은 높이 200미터, 폭 150~200미터로 거대하게 지어야 한다. 왜 이렇게 해야 할까? 효율을 위해서다. 좁은 공간에 많은 사람들이 모여 살면 이동 거리가 짧아진다. 필요한 시설들이 서로 붙어 있기에 낭비가 줄고 일을 보기도 편하다. 환경을 생각해 보아도, 건물은 크고 높게 짓는 편이 훨씬 낫다. 그래야 도시가 넓게 퍼지지 못해 숲과 들을 잡아먹지 않을 테니까.

실제로 르코르뷔지에는 프랑스 파리의 절반 정도를 고층 건물로 뒤덮는 안을 내놓기도 했다. 1922년, '부아쟁 계획'에 따르면 파리에는 60층짜리 십자형 빌딩 18개 동이 들어설 예정이었다. 몽마르트르 언덕 등, 오래된 동네를 밀어 내고 말이다. 르코르뷔지에는 자신의 계획이 국가 경쟁력을 위해서도 꼭 필요하다고 믿었다.

"경제는 아주 빠르게 움직이는 사람들의 손안에 있습니다. 수도(首都)를 잘 갖춘 나라가 성공할 것입니다."

르코르뷔지에의 주장은 우리에게도 낯설지 않다. 우리나라에도 서울 중심부 빌딩 높이를 더 올리고 여러 기관을 한곳에 모아 놓아야 경제가 더 효율적으로 움직인다고 주장하는 사람들이 꽤 많다. 하지만 과연 그럴까? 르코르뷔지에의 주장처럼 고층 건물들이 파리를 뒤덮었으면 프랑스의 경쟁력이 훨씬 좋아졌을까?

작가 알랭 드 보통은 고개를 가로젓는다. 르코르뷔지에가 만들 빌딩 한 동에는 2,699명의 사람들이 살 터이다. 그런데 누군가 한 층에서 떠들썩한 파티를 벌인다면 무슨 일이 벌어질까? 정신 이상한 사람이 총을 손에 넣게 된다면? 엘리베이터에 불이 났을 때 44층에 사는 이들에게는 어떤 상황이 벌어질까? 위대한 건축가들은 일상의 소소한 문제를 놓치기 쉽다.

르코르뷔지에가 설계한 도시에서는 누구나 원하는 곳에 쉽게 다다를 수 있다. 그러나 효율적인 생활이 꼭 좋은 삶은 아니다. 예를 들어 보자. 도서관에 책 한 권을 빌리러 갈 때도 르코르뷔지에의 도시에서는 낭비가 없다. 원하는 곳에 가장 빨리 다다르도록 도로가 놓일 테니까. 그러나 전통적인 도시에서는 다르다. 무엇을 하러 나가건, 사람들은 거리에서 여러 가지를 겪고 경험한다. 생선 가게에서 물고기를 늘어놓는 모습을 보기도 하고, 소녀가 버스 정류장에서 책을 읽는 광경에 왠지 모를 감동을 느끼기도 한다.

지금도 파리는 마차가 다니던 시절 모습 그대로 남아 있다. 이런 파리를 보며 비효율성에 땅을 치는 사람들이 얼마나 될까? 오히려, 르코르뷔지에의 꿈이 담긴 파리 근처의 아파트 단지는 가장 범죄가 많고 살기에 좋지 않은 곳으로 여겨지고 있다.

나아가, 알랭 드 보통에 따르면, 건축은 한 시대의 소망을 담기 마련이다. 어지럽고 불안한 사회에서는 질서 있고 안정된 기하학적인 건물을 좋아한다. 반면에, 행정이 자리 잡히고 경제가 궤도에 오른 시대에는 자유롭고 창의적인 건축물이 대접받는다. 우리네 건물들을 떠올리면 알랭 드 보통의 말이 금방 이해될 듯싶다. 붕어빵 같았던 1970~1980년대 건축과 독창성을 강조하는 지금의 건물들은 시대 차이만큼이나 모양새가 다르다.

그렇다면 한때 논란이 되었던 행정중심도시를 어떻게 보아야 할까? 르코르뷔지에라면 신도시 계획에 펄쩍 뛸지 모르겠다. 차라리 서울 한복판 건물들을 더 높게 짓는 편이 낫다고 말이다. 경쟁 시대에 살아남으려면 기능을 여러 곳으로 나누면 안 된다. 오히려, 이미 있는 도시의 효율성을 최대로 끌어올리는 편이 낫다. 그동안 대한민국의 경쟁력은 모든 기능이 한곳에 집중된 서울의 힘이었지 않은가. 사람과 차가 다니는 동선을 효율적으로 꾸린다면, 이런 생각이 잘못되었다고 하기는 어려울 듯싶다.

하지만 알랭 드 보통의 논리를 따라가다 보면 판단은 또 달라진다. 방 한가운데 푹신한 의자가 놓여 있다. 벽을 따라서는 딱딱한 나무 벤치가 자리 잡았다. 사람들은 어디에 앉으려 할까? 대부분은 불편한 벽면의 의자를 택한다. 이처럼 인간의 마음에는 효율성만으로 따지기 힘든 섬세한 면들이 많다.

21세기에는 '삶의 질'도 경쟁력의 중요한 부분이다. 카타르의 수도 도하나 아랍에미리트의 두바이에는 최신식 건물들이 즐비하다. 그 반면에, 파리는 여전히 오래된 건물과 퀴퀴한 도로로 이루어진 도시다. 그럼에도 왜 사람들은 파리를 고급한 문화의 상징처럼 여길까?

건축은 시대의 소망을 닮는다. 1968년에 세워진 서울의 세운상가는 르코르뷔지에의 정신을 오롯이 새긴 건물이다. 인구를 가득 담은 주상복합에 건물 1층으로 도로까지 흡수한 구조였다. 그러나 세운상가가 과연 좋은 건물이었는지에 대한 논란은 한동안 계속되었다. 결론은 삶의 질을 위해 이곳을 공원으로 꾸미는 쪽으로 흘렀다. 세운상가가 했던 전자상가의 역할은 서울 바깥으로 옮기고 말이다.

행정복합도시를 둘러싼 고민은 세운상가와 닮은꼴이다. 모든 기능이 집중된 서울은 '성장'의 상징이다. 반면에, 지방에 건설되는 행정복합도시는 '균형'이 핵심이다. 행정복합도시의 앞날은 21세기 대한민국의 중심이 성장에 있는지, 균형에 있는지를 나타내는 잣대가 될 테다. 후손들은 우리 시대 건축에서 둘 가운데 무엇을 읽어 낼까?

뿌리가 되는 책들_ 132쪽 참조

- 르코르뷔지에 지음, 정진국·이관석 옮김, 『프레시지옹』, 동녘
- 알랭 드 보통 지음, 정영목 옮김, 『행복의 건축』, 이레

'알파걸'이 우리 미래를 지켜 준다고?

1846년 11월, 미국의 돈너 계곡. 수십 명의 사람들이 눈보라에 갇혔다. 긴 겨울, 무려 6개월 동안이나 이들은 오도 가도 못 했다. 사람들은 하나둘 죽어 갔다. 무리 중에는 건장한 젊은 남자 15명과 노인과 아이들이 섞인 여러 가족들이 있었다. 이들 가운데 누가 살아남았을까?

가장 먼저 죽은 사람들은 가족 없는 근육질 남자들이었다. 식구들과 함께한 노인과 아이들은 끝까지 버텨 내었다. 1971년, 놀이시설 섬머랜드에서 불이났을 때도 결과는 비슷했다. 가족끼리 함께한 사람들이 구조된 확률은 혼자 있던 이들보다 훨씬 높았다. 가족끼리 온 사람들은 훨씬 침착하게 움직였다. 어떤 경우에도 가족이 자기를 버리지 않으리라는 확신이 있었기 때문이다.

가족은 나를 지켜 주는 가장 확실한 보호막이다. 좀처럼 연락 안 하고 지내도, 가족끼리는 서로 어디에 살고 있는지는 안다. 언제든 무슨 일이 생기면 서로 돕기 위해서다.

하지만 가까운 관계는 언제나 질척거리기 마련이다. 가족끼리는 무엇을 하건 좀처럼 맺고 끊어지는 게 없다. 돈 문제까지 얽히면 상황은 최악이다. 상대에게 무한책임을 기대하는 탓이다. 형제들끼리의 질투와 경쟁, 시기와 다툼은 또 어떤가. 섭섭함과 애증 등, 숱한 '감정노동'이 가족 때문에 생긴다.

그래서 가족을 굴레로 여기는 사람들도 많다. 형편만 되면 혼자 떨어져 나와 '쿨하고 엣지 있게' 살았으면 좋겠다. 행복하게도, 선진국들은 가족이 별 필요 없는 환경을 만들어 주었다. 세금 잘 내고 연금만 제때 부으면 가족에게 군이 기댈 필요가 없다. 내가 어렵거나 늙었을 때 국가가 알아서 챙겨 줄 테니까. 복지국가는 "요람에서 무덤까지" 모든 것을 챙겨 준다.

그러나 프랑크 쉬르마허는 이런 믿음은 착각일 뿐이라고 못을 박는다. 1970년대부터 1990년대에 이르기까지, 잘사는 나라들에서는 돈이 남아돌았다. 일단, 돌보아야 할 노인 수가 적었다. 게다가, 태어나는 자녀들도 점점 줄어들었다. 그래서 학교를 짓고 아이들을 돌보는 데 드는 비용도 절약됐다. 그래서 국민들의 생활을 살찌우는 데 돈을 넉넉하게 풀 수 있었다.

하지만 지금은 어떤가? 나이 든 이들은 점점 많아진다. 이들을 살펴야 할 젊은 세대는 날로 줄어든다. 쓸 곳은 많은데 이를 감당할 사람은 많지 않다. 마침내는 국가가 두 손 들 날이 올지 모른다. 이제 나라가 여러분을 챙겨 줄 수 없으니 알아서 살길을 찾으라고 말이다. 지금도 국민연금이 바닥날지 모른다는 걱정은 끊이지 않는다. 그렇다면 사람들이 다시 가족에게 기대야 하는 상황이 오지 않을까?

안타깝게도, 우리에게는 돌아갈 가족이 사라지고 있다. 외둥이로 크는 아이들도 적지 않은 요즘이다. 이들은 형제자매를 경험할 기회가 없다. 이 아이들의 자손들에게는 사촌도 없다. 가족이 뭔지 겪어 볼 기회가 아예 없는 셈이다. 자원이 사라지고 후손의 맥이 가늘어져 가는 시대, 앞으로 인류는 돈너 계곡에 떨어진 사람들과 똑같은 처지가 될지 모른다. 대부분은 의지하고 도울 가족도 없는 상태로 말이다. 그러면 우리 사회는 어떻게 바뀔까?

프랑크 쉬르마허는 '알파걸'들의 활약이 두드러지는 미래를 그린다. 집단이 커 나갈 때는 남성들이 힘을 쓴다. 적들을 물리치고 격렬한 경쟁에서 이기는 데는 남성이 더 낫다. 그러나 사회가 어려워질 때는 여자들의 능력이 도드라진다. 상대를 배려하고 마음을 읽어 주며, 부족한 자원을 아끼며 나눠 쓰는 재주가 뛰어난 까닭이다.

또한, 할머니들의 역할도 커진다. 일손이 부족하니 젊은 여성들도 대부분 직업을 가져야 할 테다. 그럴 때 아이를 돌보고 집안을 챙기는 일은 할머니들이 맡게 마련이다. 게다가, 사회가 고령화하면 여성의 수가 점차 많아진다. 생물학적으로 봤을 때 남자들이 더 빨리 죽는 탓이다. 여성이 앞장서서 사회 전체를 가족처럼 만드는 셈이다.

프랑크 쉬르마허의 말을 듣다 보면 묘하게 플라톤의 『국가』가 떠오른다. 플라톤은 전혀 다른 지점에서 출발하여 쉬르마허와 비슷한 결론에 다다랐다. 그의 주장은 현대인들도 펄쩍 뛸 만큼 색다르다. 나라가 제대로 돌아가려면 가정부터 깨부숴야 한단다. 그러려면 아내를 '공유(?)'해야 한다. 누가 누구의 부모이고 자식인지를 모르게 하기 위해서다. 사회의 숱한 잘못된 점들은 자기 가족부터 챙기려는 마음에서 비롯한 경우가 많다. 적어도 지도자들만큼은 자기 가정이 없어야 제대로 된 생각을 하겠다.

게다가, 플라톤은 남녀평등을 소리 높여 외친다. 여자도 남자와 똑같은 일을 해야 한다. 구두 만드는 사람이 대머리인지 아닌지는 신발의 질과 상관이 없다. 마찬가지로, 일에서 남자 몫과 여자 몫을 가릴 이유는 전혀 없다. 그의 말은 지금의 알파걸들의 생각과 별로 다르지 않다.

플라톤의 주장이 꼭 해괴한 소리인 것만은 아니다. 가정이 사라지고 있다면 가족이 했던 역할을 사회가 떠맡아야 한다. 그러나 모르는 사람을 내 가족처럼 돌보고 보듬는 마음은 좀처럼 기르기 어렵다. 플라톤의 바람은 국가를 가족처럼 끈끈하게 만드는 데 있었다. 쉬르마허의 주장도 비슷하다. 여성의 능력으로 사회를 가족의 헌신과 사랑으로 돌아가게 만들라는 것 아니던가.

안타깝게도, 쉬르마허의 외침은 플라톤만큼이나 우리를 당황하게 한다. 과연 우리 다음 세대가 '가족의 사랑'이 뭔지 알까? 20대들에게는 이미 대가족이 낯설다. 할머니 할아버지와 사촌들이 함께 사는 경우가 드문 탓이다. 그 밑 세대는 아예 형제자매가 없는 이들이 대세처럼 되었다. 자신이 겪어 보지 못한 '가족'의 역할을 어떻게 사회에 자리 잡게 하겠는가?

바닥을 드러내는 것은 지하자원만이 아니다. 대가를 바라지 않는 희생과 사랑, 끝없는 돌봄과 배려라는 가족의 가치 또한 점점 사라지고 있다. 날로 떨어지는 출산율과 높아지는 이혼율이 더욱 두렵게 느껴진다.

뿌리가 되는 책들_ 133쪽 참조
• 프랑크 쉬르마허 지음, 장혜경 옮김, 『가족 부활이냐 몰락이냐』, 나무생각
• 플라톤 지음, 장영란 풀어씀, 『플라톤의 국가, 정의를 꿈꾸다』, 사계절

Keyword 22

소 셜 네 트 워 크

우리가 외롭지 않으려면

나와 대화를 할 때 그 친구는 늘 딴짓을 한다. 나를 무시한 채 내가 모르는 사람과 한참 수다를 떨기도 한다. 다른 일이 생기면 말을 걸어도 한참 동안이나 대꾸를 하지 않는다. 급한 일이 있으면 인사도 없이 자리를 박차고 나가 버리기까지 한다. 이런 식으로 구는 친구와 과연 우정을 계속 이어 갈 수 있을까?

하지만 우리는 이미 이런 식으로 우정을 나누고 있다. 인터넷 메신저만 해도 그렇다. 사람들은 자기 일을 하며 대화창을 열어 놓는다. 한 사람과 메신저로 이야기를 나누며, 다른 친구와 동시에 대화를 나누는 경우도 흔하다. 피곤해서 대답하기 싫으면 대화창이 깜박여도 그냥 무시해 버린다. 나중에 바빴다고 핑계 대면 그만일 테니까.

인터넷은 인간관계를 넓게 벌려 놓았다. 인터넷 동호회, 블로그 등등, 사람들과 만나는 자리는 넘치도록 많다. 그럼에도 여전히 세상은 외로움에 한숨

쉬는 사람들로 넘친다. 관계 맺는 이들이 늘어나는데도 마음은 점점 더 헛헛해져만 간다. 왜 이럴까?

"예쁜 꽃을 본다고 저절로 그림이 그려지지는 않는다." 심리학자 에리히 프롬의 말이다. 우정도 마찬가지다. 멋진 사람을 만났다 해서 가슴 든든한 우정이 절로 만들어지지는 않는다. 인간관계도 연습해야 느는 법이다. 인터넷 공간은 언제든 대꾸 안 하고 관계를 끊어 버려도 무리가 없는 곳이다. 반면에, 일상생활에서는 상대가 밉고 싫어도 우정을 쉽게 내려놓지 못한다. 매일 얼굴을 봐야 하는 친구 사이라면 더더욱 그렇다. 애정은 둘 사이에 숱한 감정이 쌓이면서 무르익어 간다. 오프라인 친구가 진짜처럼 느껴지는 이유다.

프롬에 따르면, 현대사회에는 '가짜 애정'이 넘쳐 난다. 어떤 사람들은 마조히스트(masochist)처럼 애정을 느낀다. 마조히스트들은 자신에게 고통을 주는 자들에게 완전히 기대어 버린다. 나의 기쁨과 슬픔은 오롯이 그대에게 달렸다는 식이다. 히틀러에게 열광했던 사람들도 그랬다. 그들은 자신의 삶이 전쟁으로 헝클어지는데도 개의치 않았다. '그분'이 잘되면 나의 고통도 감미롭다는 식이었다. 그들은 남들이 하는 짓을 무작정 따라 하며, '모두가 하나 된 상태'에서 편안함을 얻는다.

대중 스타나 인기 많은 자들을 무조건 따르는 모습은 마조히스트들과 얼마나 다를까? 유행에 뒤처질까 전전긍긍하는 자들도 마조히스트 같은 상태가 아닐까? 자신이 기댈 '영웅'이 사라진 순간, 그들은 또다시 사무치는 외로움에 빠져들 뿐이다.

그 반면에, 사디스트(sadist)같이 애정을 느끼는 이들도 있다. 이들은 남에게 고통을 주면서 즐거움을 얻는다. 이들은 상대방의 겁에 질린 눈동자를 보면서 자신이 얼마나 위대한지를 확인하곤 한다. 하지만 자신을 주눅 든 눈망울로 바라보는 사람들이 사라지면, 이들 역시 외로움에서 헤어나지 못할 터이다.

에리히 프롬은 외로움에서 벗어나려면 "일단 홀로 설 수 있어야 한다"고 힘주어 말한다. 자신의 남자 친구가 백마 탄 왕자님 같기를 바라서는 결코 행복할 수 없다. 그렇건 그렇지 않건, 자신의 행복이 남자 친구에게 달려 있기 때문이다. 자기의 욕구에 휘둘려서는 절대 제대로 된 우정을 쌓지 못한다. "홀로 서는 능력이 사랑의 능력이다."

자기 스스로 서는 사람은 사랑을 주고도 버림받을까 봐 움츠리지 않는다. 그래서 항상 다른 이들에게 듬뿍 사랑을 퍼 준다. 사랑이 샘솟는 이들 주변에는 우정이 끊이지 않는다. 진정한 우정을 쌓으려면 나 자신부터 다잡아야 한다.

어떻게 해야 나를 강하고 튼튼하게 만들 수 있을까? 프롬은 무엇보다 '정신 집중'을 강조한다. 인간관계에서도 집중하는 능력은 아주 중요하다. 상대방에게 마음을 모으지 못하면 관계는 절대 깊어질 수 없다. 한때의 즐거움이 사라지면 애정 역시 스러져 버리기 때문이다. 그런데 인터넷은 집중력을 흩어지게 만든다. 조금만 지겨워도 손가락은 여지없이 '클릭질'을 시작하지 않던가. 사랑은 집중하는 능력이 있는 사람만이 키울 수 있다. 이를 위해서는 물론 끊임없는 훈련과 노력이 필요하다.

여기서 논의를 한발 더 앞으로 내밀어 보자. 튼실한 관계를 만들려면 우정이 과연 무엇인지부터 제대로 알아야 하지 않을까? 목표가 뭔지도 모르는 채 노력만 해서는 안 되는 법이다. 에리히 프롬의 『사랑의 기술』을 읽다 보면 플라톤의 『뤼시스』에 저절로 눈이 가게 되는 까닭이다.

『뤼시스』에서 플라톤은 '우정이란 무엇인가?'를 섬세하게 파헤친다. 악한 자들끼리는 우정을 쌓지 못한다. 서로 해를 끼치기 때문이다. 그러나 훌륭한 자들끼리도 우정을 나누지 못한다. 서로 아쉬울 게 없기에 굳이 마음을 열 까닭이 없는 탓이다. 그렇다면 훌륭한 자와 악한 자는 서로 우정을 나눌 수 있을까? 책에서는 눈이 팽팽 돌아갈 정도의 복잡한 논의가 이어지지만 답은 쉽게 얻어지지 않는다.

마침내, 작품 속에서 소크라테스는 '친구'인 뤼시스에게 솔직하게 털어놓고 만다. 우리는 서로를 친구라고 생각하지만, 정작 친구가 무엇인지는 모르고 있다고 말이다.

인터넷의 발달로 인간관계는 나날이 넓어지고 있다. 하지만 더 많은 사람들과 얼굴을 트고 말을 섞으면 내 삶은 더 안전하고 튼실해질까? 우정의 폭이 넓어지면 깊이는 그만큼 얕아진다. 그럼에도 '폭넓은 관계 네트워크' 없이는 세상살이가 녹록지 않은 요즘이다. 과연 넓고 깊게 우정을 이어 갈 방법은 없을까?

우정을 다루는 『뤼시스』는 플라톤의 책 가운데 가장 어려운 작품으로 꼽힌다. 하지만 제대로 된 우정을 쌓기는 플라톤 작품보다 훨씬 어렵다. 이론을 잘 알아도 실습을 안 하면 기술을 익히지 못한다. 상대방의 얼굴을 직접 보는 일이 점점 줄어드는 세상이다. 우정을 '실습'할 기회도 그만큼 적어진다. 이런 세상에서 진정한 우정은 무엇일까? 어떻게 해야 제대로 된 우정을 쌓을 수 있을까? 『뤼시스』와 『사랑의 기술』의 물음은 여전히 현재 진행형이다.

뿌리가 되는 책들_ 134쪽 참조

- 플라톤 지음, 강철웅 옮김, 『뤼시스』, 이제이북스
- 에리히 프롬 지음, 황문수 옮김, 『사랑의 기술』, 문예출판사

대한민국 '리모델링'은
'아파트 허물기'부터

아파트에서는 끊임없이 신발을 신고 벗는다. 집 안에 들어서면 먼지 묻은 신발을 벗는다. 그러곤 양말 차림으로, 또는 실내화를 신고 거실로 향한다. 베란다와 화장실을 갈 때면 플라스틱 슬리퍼로 갈아 신는다. 방 안에서는 맨 발이나 양말 신은 채로 지낸다. 그래서 집 안 문턱마다 신발들이 굴러다니기 마련이다.

이는 한옥에서 흔히 보는 모습이기도 하다. 방 안에서는 맨발로 있다가 화장실, 부엌으로 갈 때면 신을 신어야 한다. 안마당을 거쳐야 하기 때문이다. 대문 밖으로 나갈 때는 슬리퍼 대신에 외출용 신발로 갈아 신는다.

이처럼 우리의 아파트는 서양의 주택보다는 한옥에 더 가깝다. 안마당은 거실로, 뒷마당은 베란다로, 다락은 다용도실로 바뀌어 아파트 안에 자리를 잡았다. 마당 구석에 있던 장독대와 자잘한 물건들도 아파트 복도에 자리를 잡았다. 난방도 온돌을 흉내 낸 바닥에 깔린 온수 파이프로 이루어지곤 한다.

이쯤 되면 아파트가 왜 우리나라에서 인기인지 짐작이 갈 만하다. 우리네 아파트는 서양의 아파트먼트(apartment)와 다르다. 아파트는 우리네 생활 습관에 많이 익숙해진 모양새를 하고 있다. 어디 그뿐인가. 아파트 단지 또한 전통적인 마을과 닮은꼴이다. 예전 동네 어귀에는 커다란 정자나무가 서 있곤 했다. 그 아래에서 노인들이 평상에 앉아 바둑을 두었다. 이들은 자연스레 마을 지킴이 역할을 했다. 마을 어귀를 나다니던 사람들은 노인의 눈길을 피하기 어려웠을 테니까.

아파트 단지 입구도 이런 구조로 되어 있다. 평상이 '관리 사무소'로, 마을 노인이 '경비 아저씨'로 바뀌었을 뿐이다. 마을은 산과 강을 경계로 옹기종기 자리 잡는다. 아파트 단지는 차가 다니는 넓은 도로로 다른 동네와 나뉜다. 단지는 대개 근린주구 개념(neighborhood unit)에 따라 설계되었다. 큰 도로를 건너지 않고서도 같은 블록 안에서 초등학교를 다니고 쇼핑을 하는 등, 대부분의 생활을 해결하는 구도라는 뜻이다. 우물가에서 아낙네들의 모임이 이루어졌듯, 지금의 주부들은 단지 내 스포츠센터 등에서 만난다. 상가의 보습학원은 마을에 있던 서당도 대신하고 있는 셈이다. 이처럼 아파트는 우리의 전통적인 삶과 묘하게 닮은꼴이다.

프랑스의 지리학자 발레리 줄레조(Valérie Gelézeau)는 아파트 단지를 "가장 한국적인 풍경"으로 꼽는다. 끝없이 이어지는 아파트 단지는 세계 어디서도 보기 힘든 풍경이다. 너무 익숙한 것은 당연하게 여겨지기 마련이다. 하지만 아파트의 인기는 전혀 당연하지 않다. 오히려, 몹시 신기한 현상이다. 서양에서 아파트는 인기 없는 빈민층 거주 지역으로 여겨질 뿐이다. 하지만 우리에게만 유독 아파트는 중산층의 상징처럼 여겨진다. 왜 아파트는 한국인들에게 이토록 인기를 끌까? 아파트가 한국적인 생활 방식에 잘 적응한 덕택일까?

발레리 줄레조는 우리에게는 너무나 친숙하기에 되레 잘 보이지 않았던 진실을 일러 준다. 우리에게 아파트는 더 이상 '집'이 아니다. 오히려, 유목민의 텐트에 가깝다. 유목민은 한곳에 머무르지 않으며 끊임없이 옮겨 다닌다. 도시인의 삶도 별로 다를 바 없다. 직장에 따라, 학교에 따라 거처는 언제든 바뀔 수 있다. 매매 거래가 많아서 쉽게 사고 팔리는 아파트는 이동이 많은 삶에 알맞은 주거 형태다.

또한, 아파트는 생활하는 공간이라기보다는 '상품'이라는 측면이 더 강하다. 아파트의 이름부터도 그렇다. 우리나라 최초의 아파트에는 동네 이름이 붙었다. 종암 아파트, 마포 아파트 등등. 그러나 어느 순간 아파트 이름에는 건설 회사명이 쓰였다. 현대 아파트, 한양 아파트처럼 말이다. 지금은 아파트 이름에 래미안, e-편한세상 등 '브랜드'가 붙는다. 이제 아파트는 여느 상품들처럼 브랜드로 통한다.

이 지점부터 아파트는 우리의 악습과 맞닿기 시작한다. 끼리끼리 무리 짓고 차별하는 습관 말이다. 조선 시대 한양에서는 신분마다 사는 지역이 달랐다. 여기에는 교통수단이 좋지 않아서 직장과 집이 널리 떨어질 수 없었다는 사정도 작용을 했다. 예컨대, 광교에서 효경교(종묘 앞에 있던 다리)에 이르는 중촌에는 역관과 화원(畫員), 의관(醫官) 등 기술직 공무원들이 모여 살았다. 중촌 밑 아랫대(지금의 광장시장 주변)에는 군인들이 많이 살았다. 동대문운동장 부근에 어영청, 동별영, 훈련원 등 군사 기지가 있었기 때문이다.

역사학자 전우용 박사에 따르면, 신분을 나타내는 중인(中人)이라는 말은 '중촌에 사는 사람들'이라는 뜻에서 왔을 가능성이 크다고 한다. 살던 지역이 신분까지 이어지던 구도다. 그뿐 아니다. 조선 시대 정당인 붕당(朋黨)도 동네를 따라 자리 잡았다. 혜화동 낙산 언저리 동촌에 김효원이 살았기에 그쪽

무리를 동인이라 했고, 인왕산 밑 서소문 부근에 심의겸이 살아서 그쪽 사람들을 서인이라고 불렀다. 동인은 다시 남산 기슭인 남촌에 살던 남인과, 백악산 아래에 모여 지내던 북인으로 갈라졌다.

마을에 모인 정파에 따라 아낙네들이 머리를 틀고 옷고름을 매는 방법도 달랐다. 사대부들은 다른 붕당이 모여 있는 동네로 이사 가기를 꺼렸다. 누가 어느 마을에 사는지는 자연스레 그 사람의 신분과 정치색을 드러내는 꼬리표처럼 여겨졌다.

지금의 아파트도 비슷한 역할을 한다. 어떤 동네에 사는지, 그것도 어떤 브랜드의 아파트에 거주하는지에 따라 그 사람을 보는 눈이 달라진다. 심지어, 평수에 따라서도 '신분'을 칼같이 나누려고 한다. 평수 작은 아파트에 사는 이들과 마주치지 않으려고 단지 안에 담을 쌓는 모습은 코미디 속의 장면이 아닌 엄연한 현실이다. 그러니 사람들은 더더욱 좋은 동네의 아파트, 넓은 평수에 집착할 수밖에 없겠다. 아파트를 옮기는 것은 '신분'을 바꾸는 일처럼 되어 버렸다.

아파트로 가득 찬 서울을 가리켜 발레리 줄레조는 "하루살이 도시"라고 부른다. 잘 지은 아파트의 내구연한은 50년 남짓일 뿐이다. 재개발이라는 이름 아래 아파트들은 흔적도 없이 헐리고 새로 지어진다. 세월에 따라 쌓이는 정(情)과 추억은 아파트에 자리할 곳이 없다. 아파트는 한국인의 정서와 욕망, 그리고 허점을 오롯이 담고 있다. 아파트 문화에 대한 반성이 대한민국을 '리모델링'하는 출발점이 될 수 있는 이유다.

뿌리가 되는 책들_ 135쪽 참조
• 발레리 줄레조 지음, 길혜연 옮김, 『아파트 공화국』, 후마니타스
• 전우용 지음, 『서울은 깊다』, 돌베개

우리는 인류 역사상 가장 풍요로운 시대에 산다. 100여 년 전만 해도, 대갓집에서도 반찬이 다섯 가지가 넘는 밥상을 마주하기는 쉽지 않았다. 우리에게 1식 5찬 정도는 평범한 식탁일 뿐이다. 어디 그뿐인가. 우리 대부분은 자기 방이 있는 너른 집에서 산다. 30년 선만 해노, 17평 아파트가 고급 주택이었다는 사실조차 까맣게 잊어버렸을 정도다.

그러나 풍요로움이 꼭 행복을 의미하지는 않는다. 여전히 많은 이들은 자신이 가난하다며 한숨을 쉰다. 외롭다는 한탄도 곳곳에서 들려온다. 그럼에도 우리는 더 풍요로워지려고 난리다. 하지만 돈이 많아지고 얼굴에 기름기가 더 돌면, 우리의 헛헛한 가슴도 채워질까?

풍요로움이 삶을 저절로 튼실하게 해 주지는 못한다. 무엇이 제대로 된 삶인지에 대한 인문학적인 고민을 놓지 말아야 할 이유다. 이 장(章)에서는 입고[衣], 먹고[食], 자는[住] 문제를 다루었다. 삶의 진정한 변화는 생활에서 온다. 의식주가 인문학적인 탐구의 주된 테마가 되는 이유다.

의상철학

토머스 칼라일 지음, 박상익 옮김, 한길사

"우리의 육체는 영혼이 입은 하나의 의상이며, 자연은 신이 의상을 갈아입는 일이며, 죽음은 영혼이 자신의 의상을 벗어 버리는 일이다."『의상철학』에 나오는 구절이다. 이 책은 의상에 대한 서적이라기보다는 '철학 책'이다. 자연과 우주 만물의 본질에 대한 연구를 담고 있다는 뜻이다.

칼라일은 육체·자연 등 눈에 보이는 것을 모두 영혼·신 등 눈에 보이지 않는 것의 '의상'으로 여긴다. 눈에 보이는 자연은 신과 영혼을 나타내고 있는 셈이다. 이것이 '의상철학'이 뜻하는 바다. 책의 제2부는 한 젊은이의 정신적 방황을 담은 자서전이다. 기계적·유물적 세계관(영원의 부정)에서 자아의 초월(무관심의 중심)을 지나, 자유와 동포애의 경지(영원의 긍정)에 이르는 성장 과정을 담았다.

샤넬, 미술관에 가다

김홍기 지음, 미술문화

"패션의 유행은 민주주의를 부른다." 사회학자 질 리포베츠키의 말이다. 프랑스혁명 때 유행한 모슬린 드레스가 그랬다. 모슬린 드레스는 살갗이 비치는 하늘하늘한 천으로 되어 있다. 이 옷의 핵심은 잘 입는 데 있기보다는 '잘 벗는 데' 있다. 필요없는 장식과 꾸밈을 없앨수록 단순한 아름다움이 빛나는 드레스다. 귀족들은 비단과 직물 옷을 입었다. 꾸밈이 없는 모슬린 드레스는 그 자체만으로도 '평등'의 가치를 일깨울 만했다. 황제가 된 나폴레옹은 겨울에 건물 굴뚝을 막기까지 했다. 추워서 모슬린을 못 입도록 하기 위해서다. 그럼에도 모슬린의 인기는 계속 이어졌다.

『샤넬, 미술관에 가다』는 이 밖에도 패션에 얽힌 재미있고 다양한 이야기를 들려준다. 패션을 뿌리로 삼아 세상과 역사를 읽는 눈을 길러 주는 책이다.

Keyword 17 옷의 철학

헬렌 니어링의 소박한 밥상

헬렌 니어링 지음, 공경희 옮김, 디자인하우스

소금과 후추 등의 향료는 원래 방부제로 쓰였다. 재료를 오래 보관하기 힘든 시절, 사람들은 소금을 뿌려 고기를 재우고 후추를 뿌려 누린내를 감췄다. 지금같이 재료가 신선한 시대에도 과연 양념이 필요할까? 양념을 쓴다고 영양가가 눈에 띄게 높아지지는 않으며, 되레 입맛만 속일 뿐이다. 우리 입맛은 정직하게 몸이 원하는 만큼만 원하게 되어 있다.

헬렌 니어링은 자연이 주는 재료 그대로, 조리를 적게 해서 먹으라고 충고한다. 되도록 낮은 온도에서 짧게 조리하고, 가능한 한 양념을 적게 하고 요리 기구도 많이 쓰지 않는 게 좋겠다. "식사의 일부나 전체를 날것으로 먹으면 주부의 집안일은 절반으로 줄어든다." 간단한 조리법은 시간을 좀 더 가치 있고 훌륭한 일에 쓰도록 이끌 테다. 헬렌 니어링의 요리는 단순했다. 그래서 건강했다.

돈가스의 탄생

오카다 데쓰 지음, 정순분 옮김, 뿌리와이파리

"일본의 정신을 살리되 서양의 재주는 이용하자." '화혼양재(和魂洋才)'는 20세기 초 문명국가로 발돋움하던 일본인들이 소리 높여 외치던 말이다. 커틀릿을 일본화한 돈가스와 떡처럼 쪄서 만든 빵인 단팥빵은 화혼양재를 이룬 음식이라 할 만하다. 이제 돈가스를 서양 음식으로 생각하는 사람은 없다. 단팥빵도 그렇다. 심지어, 외국 생활을 오래 한 일본인들은 가장 먹고 싶은 '일본 음식'으로 돈가스를 꼽는단다.

남의 장점을 받아들여 자기 것으로 키워 내는 능력은 일본이 세계 최고이다. 오리지널이 최고라는 법은 없다. 옛것에 매달리지도, 남의 것을 밀어내지도 않으며 좋은 점만 취해 자기 것으로 만드는 능력은 세계화 시대에 없어서는 안 될 능력이기도 하다. 우리도 '돈가스의 지혜'에서 한 수 배워야 하지 않을까.

Keyword 18 한식의 세계화

잡식동물의 딜레마
마이클 폴란 지음, 조윤정 옮김, 다른세상

프랑스인들은 치즈와 와인을 함께 먹는다. 둘 다 심장에 좋을 리가 없는 음식이다. 그럼에도 프랑스에서 심장병은 오히려 적다. 뚱뚱한 사람도 많지 않다. 영양학에서는 이를 '프랑스인의 역설'이라 부른다. 전통 음식은 대개 '건강식'이다. 프랑스인들은 음식을 대화를 해 가며 오래 먹는다. 당연히 많이 먹지도 않는다. 그러니 치즈와 와인의 높은 열량도 문제 될 것이 없다. 문화는 음식이 해롭지 않도록 길들이는 역할을 한다.

바야흐로 '글로벌 식탁'의 시대다. 치즈와 와인은 세계인이 즐기는 음식이 되었다. 하지만 이에 맞게 프랑스의 음식 문화까지 퍼지지는 않았다. 서구화된 식탁이 곳곳에서 비만과 심장병을 낳고 있는 이유다. 건강한 식사는 건강한 문화와 함께 온다. 『잡식동물의 딜레마』는 이 점을 일깨워 준다.

패스트푸드의 제국
에릭 슐로서 지음, 김은령 옮김, 에코리브르

패스트푸드는 배고프고 가난한 이들에게는 '축복'과 같은 음식이다. 값싸고 양 많은 데다 먹을 만하기까지 하다. 그러나 "싼 게 비지떡"이라는 말은 자본주의의 영원한 진리이다. 값이 싸면서 양질의 음식이라는 말은 어디에선가 착취와 불합리가 이루어지고 있다는 사실을 숨기고 있다.

패스트푸드 이윤의 열쇠는 음식을 '공학'에 맡겼다는 데에 있다. 음식은 '공장'에서 공학적인 '공정'에 따라 만들어진다. 주방에서는 공장에서 만들어진 재료를 '조립'할 뿐이다. 따라서, 더 이상 주방장 같은 숙련된 노동자는 필요하지 않다. 나아가, 패스트푸드 체인들은 농수산물을 많이 사는 큰손들이다. 단가를 낮추기 위해 농장들이 커지도록 압력을 넣는다. 그럴수록 자영 농가는 무너져 간다. 세상에 공짜는 없다. 값싼 음식을 경계하고 또 경계할 일이다.

Keyword 19 공장식 농장

프레시지옹
르코르뷔지에 지음, 정진국·이관석 옮김, 동녘

르코르뷔지에는 현대 건축의 아버지라고 불린다. 『프레시지옹』은 그가 부에노스아이레스에서 했던 강연 내용들을 담은 책이다. 코르뷔지에 건축은 '필로트'와 '공중정원'에서 잘 드러난다. 건물 1층을 기둥만 세운 채 비워 둔다. 이것이 필로트다. 빈자리는 도로로 쓰인다. 그리고 뾰족한 지붕 대신 편평한 옥상을 만들고, 그곳을 정원으로 꾸몄다. 편평한 건물 지붕은 지금 우리에게는 '상식'이 되었다. 필로트와 건물 안으로 들어온 도로는 여전히 '실험 중'이다. 서울의 낙원상가와 세운상가 등은 코르뷔지에의 의도를 담은 건물이다. 『프레시지옹』을 읽고 시내를 거닐다 보면, 코르뷔지에의 영향이 살아 있는 건물들이 많이 눈에 띌 터이다. 코르뷔지에 스타일은 20세기 초중반을 지배했다. 『프레시지옹』은 시대의 건축을 읽는 눈을 틔워 준다.

행복의 건축
알랭 드 보통 지음, 정영목 옮김, 이레

독재자들은 크고 높으며 웅장한 건물을 짓는 데 매달린다. 히틀러는 거대한 돔이 도시 한복판에 자리 잡고 있는 베를린을 꿈꾸었다. 평양에는 유경호텔같이 높다란 건물과 온갖 기념물들이 가득하다. '좋은 건축'이란 무엇일까? 이 물음에 알랭 드 보통은 이렇게 답한다. 건축물이 '바람직한 삶'을 담고 있을 때, 우리는 그 건물이 '좋다'고 느낀다. 사치에 질색하는 시대라면, 온갖 장식으로 화려한 프랑스 베르사유 같은 궁전은 징그럽게 다가올 테다. 반면에, 메마르고 기계적인 도시생활에 지쳐 있다면, 따뜻하고 부드러운 시골풍의 집들이 뭉클하게 다가온다. 우리 시대의 대표적인 건물은 무엇일까? 왜 그 건축물은 아름답게 느껴질까? 이 물음에 대한 답 속에는 우리가 행복해지려면 어떻게 해야 하는지에 대한 해답도 들어 있다.

Keyword 20 행정복합도시

가족 부활이냐 몰락이냐
프랑크 쉬르마허 지음, 장혜경 옮김, 나무생각

독일의 출산율이 인구 유지가 어려울 만큼 떨어졌을 때 이야기다. 그때부터 TV에서는 가족을 다룬 시트콤들이 인기를 끌었다. 우리 사회도 별로 다르지 않다. 출산율이 낮아지자, 가족의 알콩달콩 살아가는 모습을 담은 시트콤이나 다큐멘터리가 인기를 끈다. 프랑크 쉬르마허는 "TV가 가족 시리즈물을 통해 인공적으로 사회망을 생산해 내기 시작한 셈"이라 말한다.

그러나 TV는 내게 아직도 가족과 친구가 있다는 푸근한 '착각'만 줄 뿐이다. 정작 위급하고 도움이 필요할 때 사람들은 철저하게 혼자가 된다. 한때는 복지국가가 가족을 대신해 주리라 믿던 시대도 있었다. 이제 세금을 낼 젊은이는 줄어들고 연금도 흔들리고 있다. 가족이 사라지고 복지국가도 흔들리는 시대, 우리를 지켜 줄 사회안전망은 무엇일까?

플라톤의 국가, 정의를 꿈꾸다
플라톤 지음, 장영란 풀어씀, 사계절

플라톤이 꿈꾸는 이상적인 국가는 지혜, 용기, 절제가 이루어진 '정의로운 나라'다. 사회는 생산자, 수호자(군인), 지도자로 나뉜다. 생산자들은 자기의 욕구를 잘 다스릴 줄 알아야 한다. 그들에게는 '절제'가 중요하다. 수호자에게는 '용기'가 가장 필요한 미덕이다. 지도자는 오랜 세월을 훈련한 끝에 수호자 계급 가운데서 나온다. 그에게는 '지혜'가 있어야 한다. 또한, 그는 세상의 진짜 모습을 꿰뚫어 아는 철학자여야 한다.

플라톤의 국가에서는 누가 누구를 차별하고 억누르지 않는다. 모든 것은 법칙에 따라 움직인다. 지도자는 자기 재산을 갖지 못한다. 게다가, 가족마저 없다. 홀홀단신에 사치가 금지된 사람이 비리를 저지를 까닭은 없다. 『국가』는 플라톤이 정치를 놓고 벌이는 '사유 실험'이다. 많은 생각거리를 안기는 고전(古典)이다.

Keyword 21 가족 해체

뤼시스
플라톤 지음, 강철웅 옮김, 이제이북스

『뤼시스』는 '사랑받는 자'와 '사랑하는 자', '친구'와 '우정', '사랑'을 다룬다. 내용은 이렇다. 히포탈레스는 뤼시스라는 미소년을 짝사랑한다. 마음이 달아오른 그는 어떻게 해야 친구 간에 사랑을 이룰 수 있는지를 묻는다. 그에 대해 소크라테스는 뤼시스의 친구 메넥세노스와 우정과 사랑의 조건에 관해 이야기를 나눈다. 논의가 계속될수록, 결론은 진정한 우정이 뭔지 알 수 없다는 쪽으로 흐른다. 경건, 용기 등의 주제를 다룬 플라톤의 다른 대화편들도 결론은 비슷하다. 사람들은 경건함과 용기, 사랑과 우정을 알고 있다고 큰소리친다. 그러나 캐물으면 우리는 소중하게 보듬는 가치의 진정한 의미를 모르는 경우가 많다. 사랑을 이루기 위해서는 무엇보다 지혜가 필요하다. 『뤼시스』를 읽어야 하는 이유다.

사랑의 기술
에리히 프롬 지음, 황문수 옮김, 문예출판사

사랑에도 훈련이 필요하다. 멋진 대상을 만났다고 해서 좋은 그림이 저절로 그려지지는 않는다. 멋진 작품을 그리려면 부단한 연습이 필요하다. 사랑도 그렇다. 꽃을 아낀다면서도 정작 물을 주지 않는 사람이 과연 꽃을 사랑한다 할 수 있을까? 상대의 성장에 대한 끊임없는 관심과 애정이야말로 사랑의 충분조건이다.

곤충을 좋아하는 아이는 벌레를 더 잘 알고 싶어서 팔다리를 뜯고 내장을 해부한다. 이런 애정은 상대를 파괴할 뿐이다. 반면, 진정한 사랑은 "……(사랑하는) 사람과 우주의 비밀을 결코 '파악'할 수는 없지만, 사랑을 통해 알 수 있다." 프롬은 "사랑으로 나 자신과 상대방을 성장시킬 수 있다는 믿음"은 서로의 인생을 완성으로 이끈다고 말한다. 진정한 사랑을 알고 싶다면 『사랑의 기술』을 읽어 볼 일이다.

Keyword 22 소셜 네트워크

아파트 공화국
발레리 줄레조 지음, 길혜연 옮김, 후마니타스

줄레조는 가장 한국적인 풍경으로 '아파트'를 꼽는다. 거대한 아파
트 단지가 도시를 뒤덮은 모습은 세상 어디에도 없다. 아파트는 오
직 한국에서만 인기다. 줄레조는 그 이유를 조목조목 분석해 낸다.
한국의 아파트는 거대한 병영을 닮았다. 군대는 한국 사회에서 '산
업 일꾼을 기르는 학교' 같은 역할을 했다. 회사 생활에 필요한 일
사분란함과 복종하는 자세를 군대에서 익혔다는 뜻이다.

아파트에서는 '안전'을 이유로 각종 통제와 감시가 판을 친다. 정문
에서의 검문, CC-TV 등은 우리의 아파트에서는 일반적인 모습이 되
었다. 그럼에도 사람들은 통제와 감시를 이제 당연한 듯 받아들인
다. 『아파트 공화국』을 읽다 보면, 우리에겐 일상이 되어 버린 아파
트가 새롭게 다가온다. 우리는 아파트라는 감옥에서 살고 있는 것
이 아닐까?

서울은 깊다
전우용 지음, 돌베개

우리말에 '똥개'와 '똥돼지'라는 말은 있다. 그러나 '똥말', '똥소'는 없
다. 왜 그럴까? 예전에 실제로 개와 돼지는 인분(人糞)을 먹었기 때
문이다. 인구가 넘쳐 나던 조선 말기, 집집마다 변소는 그득했다. 개
는 차고 넘치는 '그것'을 먹으며 거리를 떠돌았다. 복날 등 때가 되
면, 개는 훌륭한 서민의 보양식이 되었다. 불과 100년 전의 서울 모
습이다.

『서울은 깊다』는 서울 토박이가 쓴 서울 역사 이야기이다. 땅거지, 소
매치기 등등의 말에도 서울의 역사가 묻어 있다. 과거 양반님들은
소매에 엽전 꾸러미를 감췄다. 소매치기는 이를 채 가던 사람들이었
다. 땅거지는 청개천을 파낸 흙더미에 살던 거지들이었다. 읽다 보면
일상의 말과 거리의 풍경이 다르게 다가온다. 아는 만큼 세상은 더
깊게 보인다. 인문학의 매력을 한껏 느끼게 하는 책이다.

Keyword 23 아파트

Chapter 4

과학, 종교, 교육

인류를 떠받치는 세 기둥

다윈은 '경쟁'도, '진보'도 말하지 않았다

어린아이들은 어림규칙(rules of thumb)을 따른다. 뭘 해야 할지 모르는 상황에서는 어른의 말을 무조건 믿고 따른다는 말이다. "뜨거운 불에 뛰어들지 마라", "뱀을 손으로 만지지 마라" 등등의 말에 일일이 "왜요?"라고 묻는다 해 보자. 그러면 아이는 머리가 트이기도 전에 목숨을 잃고 말 터이다.

일일이 이유를 캐물어야 속이 풀렸던 아이들은 어린 나이에 목숨을 잃었을 가능성이 크다. 어른들이 시킨 대로 무조건 따르던 아이들은 자식을 남길 나이까지 살아남았을 것이다. 그들이 낳은 아이들의 유전자에는 '무조건 순종'이라는 코드가 담겨 있을 것이다. 이런 아이들은 세월이 흐를수록 더 많이 살아남게 되어 있다. 이런 과정을 거쳐 어느덧 어린이들에게는 '어림규칙'이 본능처럼 자리 잡았다. 유전학자인 리처드 도킨스의 설명이다.

그렇다면 어림규칙이 나쁜 것일까? 꼭 그렇지만은 않다. 앞가림할 나이가 될 때까지는 어른 말에 따르는 쪽이 안전하다. 하지만 어림규칙은 엄청난 재앙을 불러오기도 한다. 도킨스에 따르면, 종교는 어림규칙을 속이는 바이러스와 같다. 아무 명령이나 무조건 받아들이는 컴퓨터 프로그램은 바이러스에 걸리기 쉽다. 마찬가지로, 어림규칙에 길들여진 사람들은 권위 있는 목소리에 무조건 고개를 조아린다. 종교는 착한 영혼들을 조종하여 온갖 나쁜 일을 저지른다. 종교가 없었다면 9·11 테러 같은 끔찍한 일들이 일어나겠는가? 종교가 사라진다면, 사람들은 현실적으로 현명하게 살아갈 것이다. 『만들어진 신』에서 도킨스가 펼치는 주장이다.

종교를 내쳐야 한다는 도킨스의 외침은 엄청난 논란을 불러일으켰다. 그러나 1859년, 다윈의 『종의 기원』이 나왔을 때의 충격은 이보다 훨씬 컸다. 다윈의 생각을 따라가다 보면, 인간도 오랜 세월에 걸쳐 만들어진 '동물'에 지나지 않는다.

다윈은 가축을 예로 든다. 농부들은 가축들을 접붙여서 원하는 모양새로 만들곤 한다. 병에 안 걸리는 젖소를 만들고 싶다면 그런 소들만 모아 짝을 지어 주는 식으로 말이다. 가축들은 짧은 세월 동안에도 모양이 바뀐다. 야생 상태에서도 생명체들은 오랜 세월이 흐르면서 달라지지 않았을까? 신이 굳이 끼어들지 않아도, 우수한 놈들은 살아남아 자식을 남겼을 터이다. 살고자 하는 다툼이 치열한 자연 속에서는 강한 놈들만 '선택'되기 때문이다.

다윈은 인간이 어떻게 생겨났는지에 대해서는 별로 입을 열지 않았다. 그럼에도 『종의 기원』을 따라가다 보면, 결론을 짐작하기란 어렵지 않다. 인간은 신이 특별하게 신경 써서 만들어 낸 존재가 아니다. 생존경쟁에서 살아남은 동물 가운데 하나일 뿐이다. 기독교 신앙이 굳게 뿌리내렸던 유럽에서 다윈의 주장이 통하기란 정말 어려웠다.

그럼에도 다윈의 주장은 점점 널리 퍼졌다. 과학의 역사를 연구하는 학자들은, 『종의 기원』은 당시의 영국 사회에서나 나올 수 있었던 책이라고 말한다. 빅토리아 여왕 시대, 영국은 세계 곳곳에 힘을 떨치던 힘센 나라였다. 강한 자들은 힘이 곧 정의라고 주장하기 마련이다. 거친 세상과 당당하게 맞서 싸워 이겼다는데 뭐가 문제란 말인가.

게다가, 힘센 자들은 자유롭게 경쟁하게 하는 쪽이 올바르다고 외친다. 자연에서도 '생존경쟁'은 부족한 무리들은 없애 버리고 튼실한 부류들만 남게 하지 않던가. 자연은 강하고 튼실한 자들만 남는 쪽으로 '진화'하기 마련이다. 인류도 발전하려면 자연의 법칙대로 따라야 한다.

다윈의 이론은 나아가, 히틀러가 유대인들을 쫓아내고 죽였던 근거로도 쓰이곤 했다. 강한 자가 살아남는 자연의 법칙에 따라 우수한 독일 민족이 열등한 유대인들을 없애 버리는 것일 뿐이라고 말이다.

하지만 이들의 생각은 다윈의 원래 뜻과는 차이가 있다. 다윈은 생존 '경쟁'이라 말한 적이 없다. 살아 있는 것들은 모두 생존 '투쟁(Struggle)'을 하고 있다고 했을 뿐이다. 투쟁에는 꼭 남을 누르고 이겨야 한다는 뜻은 없다. 사막에 홀로 서 있는 나무 한 그루도 살기 위해 애를 쓴다. 이 나무는 누구와 경쟁하지 않는다. 게다가, 치열하게 경쟁한다 해서 꼭 상대가 사라져야만 내가 잘 산다는 법도 없다. 같이 숲을 이루던 나무들이 사라지면, 남은 나무들도 버티기 어려워지기 마련이다.

게다가, 다윈은 자연의 진화가 '진보'라고 말하지도 않았다. 다윈이라면 과연 원숭이가 촌충보다 더 낫다고 말했을까? 진화는 살아 있는 것들이 제각각 처한 현실에 맞추어 가는 과정일 뿐이다.

그럼에도 과학 이론들은 현실에 부딪히면 비틀어지기 마련이다. 침략과 전쟁을 좋아하는 정치가들은 다윈의 원래 뜻을 뒤틀어서 '경쟁'과 '진보'를 세상을 지배하는 법칙처럼 만들어 버렸다.

도킨스의 주장은 어떨까? 도킨스는 진화의 법칙을 유전자의 눈높이에서 설명하는 학자이다. 그는 문화에도 진화의 법칙이 통한다고 주장한다. 그러나 도킨스는 『이기적인 유전자』에서 "인간만이 유전자의 독재에 맞설 수 있다"고 외친다. 인간에게는 자연법칙에 따라서만 움직이지 않는 자유로운 영혼이 있다는 뜻이 되겠다.

반면에, DNA를 발견한 제임스 왓슨은 이렇게 말했다. "우리는 한때 우리의 운명이 별들 속에 있다고 생각했던 적이 있었다. 그러나 이제 운명은 우리의 유전자 안에 있음을 안다."

삶에 대한 열정이나 포부보다, 그동안의 업적 평가와 통계자료를 더 중요하게 여기는 시대다. 과학은 언젠가는 우리 삶을 모두 설명할 수 있으리라는 자신감에 차 있다. 도킨스의 생각도 언젠가는, 다윈이 그랬듯, 일그러진 채 세상에 통하게 되지 않을까? 다윈의 진화론이 오해되어 히틀러라는 괴물을 낳았음을 잊어서는 안 된다. 과학자가 아닌 평범한 사람들도 과학의 발전을 제대로 이해하기 위해 노력해야 하는 이유다.

뿌리가 되는 책들_ 171쪽 참조

- 윤소영 풀어씀, 『종의 기원, 자연선택의 신비를 밝히다』, 사계절
- 리처드 도킨스 지음, 이한음 옮김, 『만들어진 신』, 김영사

통 섭

주관적인 과학과
객관적인 예술은 가능할까?

마르쿠스 아우렐리우스는 스토아 철학자이자 로마의 황제였다. 사랑하는 아들이 죽었을 때, 그는 소리 지르며 슬퍼하지 않았다. 아우렐리우스는 이렇게 자신을 다독였을 뿐이다. "사랑하는 아들이 죽었는가? 그러면 신에게 '죽은 아이를 되살리려면 어떻게 해야 합니까?'라고 물어서는 안 된다. 오직, '아이를 잃은 슬픔을 어떻게 이겨 낼 수 있습니까?'라고만 물어야 한다."

스토아 철학자 에픽테토스는 노예였다. 하지만 그는 자신의 처지를 탓하지 않았다. 에픽테토스는 인생이란 연극과 같다고 했다. 연극에서는 왕 역할을 하는 배우도, 노예 역을 맡은 배우도 있다. 노예 역이 마음에 안 든다고 대충 연기해도 될까? 사람들은 단지 왕의 역할을 맡았다는 사실만으로 배우를 우러러보지 않는다. 노예를 연기해도 최선을 다하면 박수가 쏟아지는 법이다.

이처럼 스토아 철학자들은 삶의 어려움에 당당히 맞서라고 말한다. 그러면서도 무리 없는 삶을 살라고 충고한다. 어떻게 그럴 수 있을까? 그들은 우주가 어떻게 움직이는지를 끊임없이 살피고 연구했다. 인간은 우주의 일부분이다. 따라서, 우주의 섭리(攝理, Logos)를 먼저 알아야 우리가 어떻게 살아야 할지에 대한 답도 얻을 수 있겠다. 나아가, 우리는 우주가 이루어지는 대로 삶이 흘러가도록 최선을 다해 살아야 한다. "네가 바라는 대로 세상이 되어 가기를 원하기보다, 마땅히 그렇게 되어야 하는 모습대로 세상이 흘러가기를 바라라."

이들에게 자연 탐구는 인생의 정답을 알아내는 작업과 다르지 않았다. 유럽을 지배하던 기독교인들도 마찬가지였다. 그들은 세상에는 신의 뜻을 담은 책 두 권이 있다고 믿었다. 하나는 성경(Book of Bible)이고, 다른 한 권은 '자연이라는 책(Book of Nature)'이다. 그들은 성직자들이 성경에서 신의 섭리를 깨우치려 하듯, 과학자들은 자연을 연구함으로써 똑같은 목적을 이루려 한다고 생각했다. 우주의 움직임을 살피던 코페르니쿠스도, 만유인력을 발견한 뉴턴도 신의 뜻을 깨우치려고 노력했던 셈이다.

하지만 '자연이라는 책'은 성경과는 다른 이야기를 들려주곤 했다. 심지어, 다윈은 인간은 좀 더 나은 원숭이에 지나지 않는다는 충격적인 암시를 내놓기도 했다. 세월이 갈수록 과학과 도덕 윤리, 신앙은 곳곳에서 부딪치며 갈등을 낳았다.

마침내 세상은 인문학과 자연과학을 서로 다른 분야로 여기게 되었다. 도덕 윤리, 신, 종교 등을 살피는 연구는 물리나 화학 같은 과학 탐구와는 완전히 다른 일처럼 되었다는 뜻이다.

그러나 최근 들어, 인문학과 자연과학을 다시 연결짓는 작업이 이루어지고 있다. 생물학자인 에드워드 윌슨은 인문학과 자연과학의 '통섭(consilience)'을 내세운다. 그가 말하는 통섭은 정치, 경제, 사회 등 삶의 여러 문제를 자연과학으로도 얼마든지 설명하고 해결할 수 있다는 의미이다.

예를 들어 보자. 경제학은 살림살이를 가꾸는 방법을 일러 준다. 하지만 이것만으로는 온전치 못하다. 경제 흐름을 제대로 짚으려면 인간의 마음도 알아야 한다. 살림살이를 움직이는 것은 결국 사람이기 때문이다. 감정과 생각이 어떻게 움직이는지 연구하는 학문은 무엇일까? 심리학이다.

심리학은 생물학 없이는 완전하지 않다. 예전에는 정신이 이상한 자들을 대화로 고치려 했다. 지금은 두뇌 MRI 사진을 보며 감기약 짓듯 정신과 약을 처방하곤 한다. 경제학의 뿌리가 두뇌를 연구하는 생물학까지 이어지는 셈이다.

또한, 심리학이 제대로 되려면 진화생물학의 연구도 필요하다. 사람에게는 유전적으로 갖추어진 특징이 있기 마련이다. 이를 잘 알고 있으면 마음을 읽고 세상을 이해하는 데 도움이 될 터다. 또한, 진화생물학은 분자를 다루는 화학을 통해 한층 깊어진다. 동식물이 살아가는 원리를 화학 구조를 통해 보다 상세히 알 수 있기 때문이다.

윌슨의 『통섭』에 따르면 예술도 객관적일 수 있을 듯하다. 두뇌가 아름다움을 느끼는 원리를 '객관적으로' 밝힌다면, '예술 창작 공식(?)'도 만들 수 있지 않을까? 실제로, 광고 홍보 등의 연구물에는 두뇌생리학의 연구 결과들이 심심치 않게 등장한다. 과학은 이제 인문학이 해결해 준다고 믿었던 과제들에까지 해답을 주려 한다.

옛날에는 인문학이 자연과학이 풀어야 할 영역까지 달려들어 문제가 되곤 했다. 조선의 선비들은 "예(禮)에 맞지 않는다"는 이유로 거미를 보는 족족 죽였단다. 어미 거미는 자기 뱃속에 알을 낳고, 깨어난 새끼들은 어미의 속살을 갉아먹고 세상에 나온다. 효도를 중요하게 여겼던 조선 선비들에게 거미는 세상의 몹쓸 곤충이었을 터이다. 그러나 거미에 대한 이런 '인문학' 평가가 과연 올바르다 할 수 있을까?

한편, 자연과학이 인문학의 문제를 해결하려고 할 때도 비슷한 문제가 생기기 쉽다. 나치주의자들은 우생학(優生學)을 내세워 유대인과 집시들을 닥치는 대로 죽였다. 자연에서는 강한 자가 살아남고 약한자는 사라진다. 마찬가지로, 나치는 인간 세계에서도 열등한 민족은 '인류의 발전'을 위해 빨리 사라져야 한다는 논리를 폈다. '과학적'인 연구에 뿌리를 두었다는 말 앞에 양심적인 논리들은 꼬리를 내렸다.

물론, 나치가 앞세웠던 우생학은 제대로 된 과학이 아니었다. 그러나 과학은 생각만큼 객관적이지 않다. 동물성 지방이 몸에 좋은지 나쁜지, 영어 조기 교육이 이로운지 해로운지 등등, 우리 삶에 큰 영향을 주는 '과학적' 연구 결과들도 시시때때로 뒤집어지지 않던가.

생활 속에서 '과학적'이라는 말은 어느덧 '옳고 이롭다'는 의미로 받아들여진다. 하지만 과학의 단순하고도 명쾌한 설명은 되레 위험하다. 세상은 결코 단순하지도, 명쾌하지도 않기 때문이다. 그래서 윌슨의 『통섭』은 인문학자들에게 결코 편안하게 다가오지 않는 책이다.

뿌리가 되는 책들_ 172쪽 참조
• 마르쿠스 아우렐리우스 지음, 유동범 옮김, 『명상록』, 인디아이
• 에드워드 윌슨 지음, 최재천·장대익 옮김, 『통섭』, 사이언스북스

Keyword 26

시 민 종 교

붉은 악마는 종교가 될 수 있을까?

"거룩한 시간, 거룩한 공간, 거룩한 인물." 종교학자 엘리아데에 따르면 이 셋은 종교가 꼭 갖추어야 하는 조건이다. 예컨대, 기독교인들에게 일요일 예배는 성스러운 시간이다. 예배가 이루어지는 장소는 성스러운 공간이고, 존경받는 성직자가 예언자와 성인(聖人)을 기린다. 이 셋이 갖추어진 속에서 사람들은 일상을 뛰어넘는 성스러운 감동을 느끼곤 한다.

이렇게 본다면, 붉은 악마의 길거리 응원도 '종교 체험'이라 할 수 있지 않을까? 월드컵 경기 90분은 '성스러운 시간'이다. 일상과는 다른 특별한 상황이라는 뜻이다. 걸어서 들어갈 수 없었던 차도(車道)가 열리고 거리는 시민들로 가득 찬다. 응원이 이루어지는 광장도 금기가 풀린 '성스러운 공간'으로 바뀐다. 나아가, 축구 선수들은 사람들의 존경과 기대를 한 몸에 받는 '성스러운 인물'로 거듭난다. 모두가 붉은색 옷을 입고 "대~한민국!"을 외치며 하나 된 순간, 가슴 속 뭔가가 울컥하고 올라온다. 일상에서 느끼기 힘든 이 감정은

'종교적 감동'이라 해도 손색이 없을 듯싶다.

우리의 모습은 생각보다 훨씬 종교적이다. 종교학자 로버트 벨라는 '시민종교(Civil Religion)'라는 말로 이런 현상을 풀어 준다. 그는 미국 사회를 예로 든다. 미국에는 국교(國敎)가 없다. 특정 종교를 믿으라고 시민들을 몰아붙이지 않는다는 뜻이다. 그럼에도 미국의 뿌리에는 깊은 신앙심이 자리 잡고 있다.

미국을 세운 청교도들은 자신의 믿음을 지키려 유럽에서 건너온 사람들이다. 당연히 그들 마음에는 '신에게 선택받은 자'라는 자부심이 있을 수밖에 없다. 아울러, 벨라는 미국인들이 '소명(召命)'을 품고 있다고 말한다. 자신들이 신이 고른 사람들이라면 세상을 책임지고 이끌어야 하지 않겠는가. 미국인들에게는 새로운 땅을 개척하는 청교도들의 절박함이 아직도 살아 있는 셈이다.

조지 워싱턴은 그들에게 이스라엘 백성들을 이끌고 이집트를 빠져나온 모세와 같은 인물이다. 조지 워싱턴도 모세처럼 영국의 손아귀에서 미국인들을 빼내지 않았던가. 벤저민 프랭클린이나 링컨 같은 인물들의 어린 시절 이야기에서도 성인들이나 갖고 있을 법한 신성함이 풍긴다.

미국의 가장 큰 명절인 추수감사절이나 크리스마스는 기독교에서 중요하게 여기는 날들이다. 심지어 미국 지폐에도 "우리는 하나님을 믿는다(In God We Trust)"는 문구가 새겨져 있다. 대통령이 취임을 할 때도 기독교 성경에 손을 얹고 맹세를 한다.

미국은 스스로 기독교 국가라고 부르지 않는다. 그럼에도 기독교는 미국인들 삶의 밑바닥까지 영향을 미친다. 기독교에 맞서는 주장을 폈다가는 미국에서 제대로 살아가기 어려울 정도다. 시민종교란 이처럼 사회의 기초를 이루는 종교적인 열정을 말한다.

우리 사회에도 시민종교라고 할 만한 것이 있을까? 종교학자 차성환은 유교 전통에서 우리 사회의 시민종교를 찾는다. 추석이나 설은 우리에게 가장 큰 명절이다. 기독교를 따르건 불교를 믿건, 누구나 명절에는 부모가 계신 곳으로 간다. 부모를 중심으로 가족관계가 맺어지는 유교 문화가 오롯이 살아 있는 셈이다. 논리보다 의리가 앞서곤 하는 우리의 도덕 윤리도 마찬가지다. 이 또한 사람의 도리를 중요하게 여기는 유교의 영향이라고 하겠다.

이제 붉은 악마의 길거리 응원을 다시 살펴보자. 축제는 무의식에 숨어 있던 시민종교가 드러나는 순간이다. 일본과 미국, 유럽과 우리나라의 관중석 분위기는 제각각이다. 문화의 뿌리가 서로 다르기 때문이다.

중동(中東)에 있는 나라에서 붉은 악마처럼 자발적인 응원이 일어날 수 있을까? 남미 특유의 원주민 문화가 없다면 삼바 축제가 지금처럼 떠들썩할까? 마찬가지로, 유교적인 분위기가 없다면, 길거리 응원에서 벌어지는 '대동단결'의 끈끈함은 이루어지기 힘들 듯하다. 그러나 우리의 길거리 응원에서 보이는 모습은 유교 문화를 뛰어넘는다. 일본도 우리와 같은 유교 문화권에 있는 나라다. 하지만 일본에서 우리나라 같은 길거리 응원이 펼쳐질 것 같지 않다. 길거리 응원은 대한민국만의 모습이다. 그렇다면 여기서 드러나는 우리의 시민종교는 어떤 모습일까?

권력자들은 자기가 원하는 방향으로 축제를 끌고 가려 한다. 제5 공화국의 권력자들은 '국풍 81'이라는 잔치판을 벌였다. 하지만 국풍(國風)은 우리 문화 속에 자리 잡지 못했다. 프랑스혁명 당시에도 권력자들은 마라, 샬리에 등의 혁명가들을 기리는 축제를 열었다. 심지어, 혁명의 정신을 기리기 위해 '이성의 축제', '최고 존재의 축제' 같은 기념일을 만들기까지 했다. 그러나 억지로 만든 축제치고 성공하는 경우는 별로 없다. 축제는 시민들의 심성과 걸맞을 때 제대로 흥이 나고 살아나는 법이다.

'시민종교'는 루소가 『사회계약론』에서 처음 썼던 말이다. 그는 국가와 법이 오롯하게 서려면 사회 밑바탕에 모두가 기꺼이 받아들이는 시민종교가 있어야 한다고 믿었다. 길거리 응원은 때마다 되살아난다. 거기서 우리는 대한민국을 떠받치는 시민종교의 본모습을 보곤 한다. 뜨겁지만 난잡하지 않으며 열정 넘치면서도 질서가 있다. 모두가 하나로 아우러지면서도 제각각 개성을 뽐낸다.

　독일인들은 나치의 뉘른베르크 전당대회를 보며 뜨거운 눈물을 쏟았다. 그곳에도 열정과 질서가 있었다. 하지만 그때의 열정은 결국 그릇된 결과를 낳았다. 올곧은 시민종교를 잃어버린 열정은 위험하다. 그렇다면 "대~한민국!"을 외치기 전에, 우리는 먼저 스스로 물어야 한다. 대한민국은 무엇으로 자랑스러운 나라가 되어야 할까? 건전한 국가관을 잃은 열정은 광기(狂氣)일 뿐이다. '대한민국스러움'에 대해 깊이 고민해야 할 때이다.

뿌리가 되는 책들_ 173쪽 참조
- 루소 지음, 정성환 옮김, 『사회계약론』, 홍신문화사
- 차성환 지음, 『글로벌 시대 한국의 시민종교』, 삼영사

세상이 감옥이 된다면

    기원후 29세기. 세상은 완벽해졌다. 사람들은 모두 '시간 율법표'에 따라 움직인다. 수백만 명이 하나인 듯 일을 시작하고 동시에 일을 끝낸다. 생활은 질서로 꽉 짜여 있다. 모든 사람들은 가슴에 황금색 번호가 적힌 푸른 제복을 입고 있다. 이제 사람들은 자기를 '번호'라고 부른다. 사람들은 자신을 '개인'이 아닌 '전체를 이루는 벽돌 한 조각'으로 여길 뿐이다.

    건물의 벽은 모두 투명한 유리로 되어 있다. 모두가 똑같은데 굳이 감출 필요가 뭐 있겠는가. 사생활이란 머리가 덜 깬 시대에나 필요했던 것이다. 세상은 수학 공식처럼 명쾌하고 깨끗하게 돌아간다. 심지어 씹는 횟수까지도 '한 숟가락당 50번'으로 정해져 있다.

    도덕 윤리는 덧셈, 뺄셈, 곱셈, 나눗셈, 이 네 가지로 만들어진다. 무엇이 옳고 그른지를 고민할 필요가 없다. 수학처럼 계산해 버리면 되기 때문이다. 인류를 그동안 괴롭혔던 문제는 두 가지였다. 하나는 먹고사는 문제였다. 29

세기 인류는 '석유 식량'을 만들어 내어 굶주리는 일은 해결해 버렸다. 다른 하나는 '사랑' 문제였다. 그들은 사랑을 위대한 '성(性)법전'으로 해소해 버린다. "모든 번호(사람)들은 어떤 번호(사람)라도 성적으로 이용할 수 있다." 성법전의 내용이다. 평소에 마음에 드는 사람을 점찍어 놓았다가 '자유 시간'에 일을 치르면 된다. 욕구가 생기면 손쉽게 풀어 버리는 구조다. 그러니 세상에 고민거리가 뭐 있겠는가.

물론, 완벽한 세상에 적응하지 못한 자들은 제멋대로 살려 할지 모른다. 그래도 걱정 없다. 세상을 지배하는 '은혜로운 분'과 보안 요원들이 알아서 '처리'해 줄 테니까. "(망가진) 소수를 재빨리 없애 버리는 편이 다수에게 자신을 파멸시킬 기회를 주는 것보다 낫다." 29세기 사람들은 이렇게 생각한다.

세상은 온통 장밋빛이다. 주인공인 D-503은 자신이 사는 세상을 늘 뿌듯해 한다. 자유란 범죄를 낳을 뿐이다. 이는 비행기와 속력의 관계와 같다. 속도가 0이라면 비행기는 날지 않는다. 마찬가지로, 자유가 0이 되면 범죄는 사라져 버린다. 2×2는 4다. 세상이 어떻게 바뀌건 구구셈의 법칙은 변하지 않는다. 이처럼 29세기 세상에서는 모든 것이 질서 정연하게 돌아간다. 미래가 불안할 까닭은 전혀 없다. 일상은 규칙에 따라 반복되며, 모든 것은 거울처럼 투명하게 드러나기 때문이다.

러시아 작가 자먀찐이 『우리들』에서 그리는 미래 세계의 모습이다. 이 광경을 보며 '정말 멋진 세상이구나!' 하고 감탄할 사람이 있을까? 오히려, 독자들 대부분은 가슴 답답해할 듯싶다. 꽉 막히고 자유 없는 세상에서 어떻게 살 수 있단 말인가?

하지만 우리는 생각과는 전혀 다른 모습으로 살아간다. 우리는 늘 자유를 그리워한다. 그러면서도 주어진 자유는 버거워한다. 은퇴한 사람들을 예로 들어 보자. 그들의 하루는 자유로 가득 차 있다. 하루 24시간이 오롯이 자신의 몫이다. 살림살이가 여유롭다면, 그들은 자유를 빼앗는 노동을 하지 않으려 해야 옳다. 그럼에도 많은 사람들은 여전히 일자리에 매달린다.

『우리들』에 나오는 '세 명의 해방된 노예' 이야기는 우리 모습을 비추고 있는 듯하다. 이야기 속의 세 명의 '번호'들은 한 달 간 휴가를 받았다. 하지만 '시간 율법표'에서 벗어난 그들은 결코 행복하지 못했다. 작업장 근처를 기웃거리다가, 손에 익은 망치질 흉내를 되풀이할 뿐이었다. 그러다 10일째 되는 날, 절망한 그들은 손을 맞잡고 강물에 몸을 던진다.

우리 시대 은퇴자들도 크게 다르지 않다. 삶의 자유가 주어졌을 때 우리는 자유를 되레 버거워한다. 왜 그럴까? 자유를 누릴 '능력'을 기르지 못한 탓이다.

에리히 프롬은 『자유로부터의 도피』에서 우리의 모습을 정확하게 짚어 낸다. 왜 독일인들은 히틀러의 나치즘에 달떠 버렸을까? 강한 자의 그늘에 들어가면 마음 편한 법이다. 보잘것없었던 나의 가슴은 훌륭한 이들과 위대한 역사를 꾸려 간다는 자부심으로 벅차오를 테다. 어디 그뿐인가. 생활이 괴로워져도 내 탓은 아니다. 힘세고 못된 독재자가 나를 짓누르고 있을 뿐이니까. 못된 권력자를 좇으면서도 마음은 되레 편해지는 까닭이다. 자유는 독재만큼이나 우리를 두렵게 한다.

『우리들』에서 D-503도 마찬가지다. 그는 자신이 '영혼이 생긴 병'에 걸렸다며 병원을 찾아간다. 모두가 하나로 움직이는 세상에서 감정은 질병에 지나지 않는다. 기계처럼 돌아가는 일상을 뭉그러뜨릴 뿐이다. 하지만 주인공은 병에서 낫고 싶어 하지 않는다. 자유와 감정을 오롯이 즐기고 싶은 우리의 마음이 보이는 듯하다. 결국, 주인공은 '두뇌 소독'을 받는다. 그러곤 '가시가 뽑힌 듯' 사라진 감정과 자유에 후련해한다.

D-503과 우리는 얼마나 다를까? 우리 주변에는 숱한 폐쇄 회로 카메라들이 널려 있다. 누군가 작정하고 전산망을 살펴보면 우리가 무엇을 했는지 속

속들이 드러날 테다. 독재자들이 이런 짓을 했을까? 아니다. 지금도 곳곳에서 시민들이 나서서 폐쇄 회로 카메라를 설치해 달라고 난리다. '통합 전산망'을 만들어 금융 거래와 신상 자료를 한 번에 처리해 달라는 요구들도 많다. 감시당할 수 있지만 손에 쥐는 편리함이 훨씬 더 크기 때문이다. 세상은 이렇게 점점 감옥이 되어 간다. 편리하고 쾌적한 감옥 말이다. 『우리들』에서 그리는 29세기의 세계와 우리가 꿈꾸는 세상은 과연 얼마나 다를까?

  뛸 능력 없으면서 뛰게 해 달라고 요구하면 뭐하겠는가? 학교에서는 자유는 절대 포기해서는 안 될 가치라고 가르친다. 그러나 우리에게는 과연 '자유를 누릴 능력'이 있을까? 사회와 학교는 우리에게 노동에 필요한 도덕과 능력을 알려 준다. 하지만 우리는 과연 '자유에 어울리는 능력'을 배운 적이 있던가? 『우리들』의 디스토피아가 현실이 되지 않게 하려면 우리에게 진정 무엇이 필요한지 깊이 고민해 볼 일이다.

뿌리가 되는 책들_ 174쪽 참조

- 예브게니 이바노비치 자먀찐 지음, 석영중 옮김, 『우리들』, 열린책들
- 에리히 프롬 지음, 원창화 옮김, 『자유로부터의 도피』, 홍신문화사

훌륭한 교사는 '희망'을, 평범한 교사는 '규칙'을 말한다

옛사람들은 대부분이 집에서 태어났다. 집 근처의 일터에서 땀 흘리며 살다가 늙으면 집에서 죽었다. 하지만 지금 사람들은 대부분 병원에서 태어난다. 집을 떠나 학교에서 교육을 받고, 멀리 떨어진 직장에서 일을 한다. 나아가, 많은 사람들은 죽음을 병원 중환자실에서 맞는다. 이처럼 현대인의 삶은 조각나 버렸다.

우리는 모든 생활이 집에서 이루어지던 때보다 더 나은 삶을 살고 있을까? 논의를 교육으로만 좁혀 보자. 과연 학교교육은 가정에서의 가르침보다 나을까? 학교는 가정보다 체계 있게 아이들을 가르친다. 일과 시간도 분명하고 잘 정리된 규칙도 있다. 우리는 학교교육으로 더 나은 시민이 되는 듯싶다. 그렇지 않다면 사람들이 학교 졸업장에 목을 맬 까닭이 없지 않겠는가.

하지만 이반 일리히는 고개를 가로젓는다. 학교를 다니면서 아이들은 도리어 망가질 뿐이다. 점수에 신경 쓰지 않고 하루하루를 즐겁게 지내는 아이를 학교에서는 어떻게 볼까? 선생님들에게 이들은 개념 없는 열등생에 가깝다. 모범생이란 성적에 아득바득하며 성공을 꿈꾸는 학생이어야 한다. "학교는 경쟁에 뛰어들지 않는 자를 세상에서 가장 나쁜 사람이라고 가르친다."

어디 그뿐인가. 학교는 학생들을 제대로 절망하도록 이끌기까지 한다. 인생이 공정한 게임이 아니라는 사실은 더 이상 비밀이 아니다. 부자 부모를 둔 학생과 지지리 궁상인 집안에서 자라나는 아이의 처지가 같을 리 없다. 어려운 형편의 아이가 부유한 가정의 아이에 맞서 제대로 된 '경쟁'을 펼칠 수 있을까?

그럼에도 학교 문을 나서는 사람들에게 사회는 선언하듯 외친다. "인생은 공정한 게임"이라고. 그대들이 대접받지 못하는 것은 학교에서 공부를 못했기 때문이란다. 신세 한탄을 하면, 그러기에 열심히 공부하지 그랬느냐며 손가락질을 해 댈 뿐이다. 학교는 성적이라는 잣대를 들이대며 가정 형편에 따른 차이를 흐릿하게 만든다.

게다가, 학교는 배움의 기회를 빼앗기까지 한다. 전설적인 의사 화타(華陀)가 다시 살아나 병을 고친다고 해 보자. 하지만 화타는 환자를 치료해서는 안 된다. 의대 졸업장과 의사 자격증이 없기 때문이다. 게다가, 이 사람에게 의술을 배워서도 안 된다. '자격 없는 교사'인 탓이다. 과연 교사 신분증과 전문가 자격증을 갖춘 이들만 가르칠 능력이 있을까?

그런 사람들이 도리어 일에서는 젬병일 때도 많다. 건축 현장에서 몸으로 재주를 익힌 사람과 책으로만 기술을 배운 사람을 비교해 보라. 정식으로 조리사 자격증 코스를 밟은 요리사와 맛집 부엌에서 손맛을 다진 사람을 견주어 보라. 이반 일리히의 주장이 억지만은 아니라는 사실을 알 수 있을 테다.

그럼에도 사회는 교실에서 밀려나면 제대로 배울 곳이 없게 만들어 버렸다. 옛 조상들은 일터에서 몸으로 부대끼며 지혜를 쌓았다. 기업들은 학교에서 필요한 인재를 길러 내지 못한다고 볼멘소리를 한다. 그렇다면 왜 그들은 필요한 기술자들을 직접 교육하지 않을까? 일터와 학교가 꼭 따로 떨어져 있어야 할 까닭이 있을까? 이반 일리히가 학교를 없애야 한다고 주장하는 이유다.

그는 학교를 없애고 "네트워크 기회의 망(Opportunity web)"을 만들자고 주장한다. 네트워크 기회의 망이란 모든 사람들이 필요한 배움과 가르침을 주고받는 관계를 말한다. 인터넷 공간은 네트워크 기회의 망 같은 역할을 하고 있다. 물음을 던지면 댓글로 도움을 주는 네티즌들이 숱하게 몰려들지 않는가. 일리히가 꿈꾸던, 대가 없이 가르침과 배움을 주고받는 관계는 이처럼 현실이 되었다.

그렇다면 과연 학교는 필요없을까? 학교는 온갖 차별을 받아들이도록 아이들을 길들일 뿐일까? 이 물음에 마음 흔들린다면 토트 휘태커의 『훌륭한 교사는 무엇이 다른가』를 읽어 보는 것도 좋겠다.

우주선을 만든다고 해 보자. 그렇다면 미국항공우주국(NASA)과 가정집, 어디를 가야 할까? 가정집에서 아무리 제대로 배운다 해도 우주선을 만들지는 못할 테다. 원하는 바를 이루려면 제대로 된 전문가가 있는 곳으로 가야 한다. 교육 전문가가 모여 있는 곳은 어디일까? 이번에는 '학교'라는 대답이 절로 튀어나올 것이다.

문제는 학교가 과연 제대로 된 교육 전문가를 거느리고 있느냐는 데 있다. 토트 휘태커는 모든 교육의 문제는 교사의 문제라고 말한다. 제도가 아무리 훌륭해도 교사가 엉망이라면 어찌할 방법이 없다. 반면에, 제도가 엉망이어도 교사가 훌륭하다면 학교는 제구실을 해낸다.

가정과 일터에서의 교육은 삐뚤어지기 쉽다. 하루 종일 같이 있다 보면 상대방의 단점에도 익숙해지기 마련이다. 배배 꼬인 부모나 직장 동료의 문제를 제대로 보기 어려운 이유이다. 교사가 제대로 된 인격자라면 문제를 제대로 짚어 내어 바로잡아 줄 수 있을 것이다.

"교사와 학생의 관계에서 적어도 한 사람은 어른이어야 한다. 그리고 그 어른은 교사이어야 한다." 하지만 우리 사회는 '어른이 될 만한 교사'를 길러 내고 있을까? "훌륭한 교사는 '희망'에 초점을 맞춘다. 평범한 교사는 '규칙'에 매달린다. 가장 무능한 교사는 규칙을 어겼을 때 어떤 '벌칙'을 줄지에만 신경을 쓴다." 토트 휘태커의 말이다.

학업 성취도에 목매는 분위기는 세계적인 추세가 되었다. 교육 시스템을 고치면 더 나은 결과를 얻을 수 있다는 주장이 설득력 있게 다가오는 요즘이다. 하지만 제대로 된 교육 매뉴얼과 확실한 성과 관리는 '가장 무능한 교사'의 방법에 가깝다. 사람이 하는 일의 핵심 문제는 결국 '사람'이다. 인간소외란 사람을 잊어버린 채 성과에만 집중하는 모습을 가리키는 말이다. 이반 일리히의 주장이 '삐딱한 소리'로 들리는 세상이 되었으면 좋겠다.

뿌리가 되는 책들_ 175쪽 참조
• 이반 일리히 지음, 심성보 옮김, 『학교 없는 사회』, 미토
• 토트 휘태커 지음, 송형호 옮김, 『훌륭한 교사는 무엇이 다른가』, 지식의날개

학교, 군대, 교도소는 왜 닮은꼴일까?

일본인들에게 쇠고기는 '혐오 식품'이었다. 불교의 전통이 살생과 육식을 막았기 때문이다. 그러나 메이지유신 이후, 쇠고기는 '문명개화의 음식'으로 화려하게 떠올랐다. 서양인처럼 큰 키와 몸을 갖추려면 '문명개화의 맛'을 알아야 한다나.

우리에게는 체조가 문명개화의 상징이었다. 조선의 선비들은 운동을 '상놈들이나 하는 짓'으로 여겼다. 그래서 영어, 러시아어, 독일어 학교에 다니던 학생들이 고종 앞에서 '어설픈 춤'을 추었을 때, 관료들은 무척 당혹스러워했다. 하지만 고종은 아주 만족스러워했다. 더 열심히 배우라며 학생들에게 부채까지 선물했단다. 이 춤이 바로 체조였다.

세계를 향해 문을 막 연 조선은 서양의 힘센 나라들과 경쟁해야 했다. "체력은 곧 국력"이라는 말은 잘나가던 나라들이 하나같이 외치던 모토였다. 몸을 튼튼하게 하는 체조가 고종에게 남다르게 다가갔던 이유다.

세상 보는 눈이 날카롭다면, 이 지점에서 의문이 떠오를 테다. 운동에는 여러 가지가 있다. 축구, 농구, 배구 등등. 왜 하필 고종은 체조에 감동했을까? 먼저, 체조를 중요하게 다루는 기관이 어디인지 떠올려 보라. 군대, 감옥, 학교. 철학자 미셸 푸코는 이런 조직 안에서 근대 문명의 특징을 찾아낸다.

예전에 전쟁의 승패는 용맹하고 뛰어난 기사들에게 달려 있었다. 동양에서도 관우, 장비 같은 뛰어난 장수가 전장(戰場)을 쥐락펴락했다. 그러나 근대 이후의 전쟁은 달랐다. 제아무리 관우, 장비라도 신병 훈련소부터 들어가야 할 테다. 그들은 동작 하나하나까지 세심하게 길들여질 것이다. 앉고 서는 법, 바라보고 경례하는 법, 총을 쥐는 법 등등. 모든 일에는 표준이 정해져 있고, 군인들은 거기에 맞추어 행동해야 한다. 옛날 기사들처럼 뛰어나다고 제멋대로 하다가는 엄하게 벌을 받는다.

체조할 때는 동작을 하나하나 나누어 각각을 세세하게 고쳐 나간다. 군대의 훈련도 똑같다. 길들여서 표준화시키는 것은 근대 문명의 특징이다. 그렇게 섬세하게 길들여진 사람들은 표준화된 부속품처럼 효과적으로 일터에 적응해 나갔다.

감옥도 마찬가지다. 예전에는 국가가 벌을 주는 목적이 '복수'에 있었다. 나라가 나서서 잘못한 사람들을 호되게 패거나 죽여 버리는 식이었다. 한마디로, 잘못을 했으니 죗값을 치르라는 논리였다. 그러나 벌을 주는 목적은 차츰 보복에서 죄수들을 착하고 좋은 사람으로 고쳐 나가는 쪽으로 변해 갔다. 사람들을 길들이려 한다는 점에서 감옥은 군대와 비슷해진 셈이다. 왜 이렇게 변했을까?

푸코는 그 이유를 예리하게 파헤친다. 만약 시위를 한 사람들을 '국가 반역자'로 공개 처형하면 어떨까? 시민들은 화를 내며 정부에 더 강하게 맞서려 할지도 모른다. 3·1운동 때도 사람들을 죽일수록 만세를 부르는 군중이 늘

어나지 않았던가. 반면에, 그들을 '도로교통법' 위반으로 가둔다면? 법이 섬세
해질수록 이에 맞서려는 힘은 약해지기 마련이다. "넌 정말 나쁜 놈이야"라
는 말에는 화를 벌컥 내지만, "넌 지각을 많이 해"라는 지적에는 금방 고개
를 숙인다. 세세한 법 규칙과 교정 노력은 사람들을 말 잘 듣게 하는 좋은 수
단이다.

학교는 감옥과 군대를 합쳐 놓은 모양새다. 학교는 생긴 것부터 묘하게 감
옥을 닮았다. 그것도 삼중 감옥과 비슷하다. 감옥으로 치자면, 학교의 담벼락
은 첫 번째 울타리인 셈이다. 학교 건물은 두 번째 장벽, 마지막으로 교실은
감방이 되겠다. 물론, 교실에는 간수가 아닌 교사가 지키고 서 있다. 죄수를
관리한다는 감옥의 목적이, 학교에서는 학생들을 보호하고 지킨다는 것으로
바뀐다. 잘못을 고쳐서 더 훌륭하고 바람직한 사람으로 만든다는 점에서도
감옥과 학교는 닮았다.

학교는 군대와도 닮은꼴이다. 학교나 군대나, 모든 일과는 시간표에 따라
엄격하게 진행된다. 그 속의 사람들도 복장과 두발 규정 등, 규칙에 정해진
대로 자기 몸을 관리해야 한다. 훈련소에서는 군인들이 갖추어야 할 자세와
능력을 정해 놓는다. 이에 이르지 못하면 이루어 낼 때까지 거듭 훈련해야 한
다. 학교에도 학업 성취 목표가 있다. 이를 채우지 못한 아이들은 학습 부진
아로 특별 교육을 받아야 한다. 사람들을 체계적으로 길들인다는 측면에서
는 학교도 군대나 감옥과 다르지 않다.

그러나 사람들을 체계적으로 길들여 표준화시킨다는 근대적인 생각은 점
점 무너지고 있다. 예전에 잘 길들여진 '모범생'들에게는 밝은 앞날이 기다리
고 있었다. 그러나 지금은 규칙에 잘 적응했다 해서 꼭 좋은 일자리가 보장되
는 것은 아니다.

어찌 보면 현재의 상황은 식민지 시대 조선을 떠올리게 한다. 당시 학생들

은 자기만 열심히 하면 누구나 출세할 수 있다고 믿었다. 그러나 고등교육을 받은 인텔리들이 역할을 할 만한 자리는 아주 적었다. 교육받은 대다수는 졸업 후 실업자로 남았다. 그런데도 일제는 모든 사람은 평등하며 노력하면 무엇이든 이룰 수 있다는 '근대적 믿음'을 널리 퍼뜨렸다. 대졸 실업자가 넘쳐 나는데도 대학에 목숨 거는 지금 학생들의 모습은 그때와 얼마나 다를까?

1970년대까지만 해도, 아이들이 읽는 위인전에는 을지문덕, 강감찬, 이순신, 유관순, 안중근 같은 인물들이 나왔다. 하나같이 오랜 인격 수양으로 나라 사랑이 절절해지신 분들이다. 푸코의 눈으로 보자면, 이들은 긴 노력 끝에 조직에 충성하는 자세를 몸에 익힌 근대적 인간의 모범이라 할 만하다. 그러나 지금 아이들이 읽는 책에는 세종대왕, 박지원, 정약용, 신사임당 등이 많이 등장한다. 현대에 떠오르는 위인들은 결코 조직 생활 잘할 것 같은 사람들이 아니다. 오히려, 창의성과 '끼'가 엿보이는 인물들이다. 시대가 변하면 바라는 인재상도 바뀐다. 심각한 청년실업 문제의 뿌리는 감옥과 군대의 모습을 벗지 못한 우리네 학교인 셈이다. 이렇게 말하면 지나친 과장이 될까?

뿌리가 되는 책들 _ 176쪽 참조
• 미셸 푸코 지음, 오생근 옮김, 『감시와 처벌』, 나남출판
• 이승원 지음, 『학교의 탄생』, 휴머니스트

3D 시대에서 3A의 시대로

높다랗게 지은 백화점, 엘리베이터는 늘 고객들의 불만을 샀다. 엘리베이터를 기다리는 줄은 늘 길기만 했다. 당황한 백화점 사장은 기술자들을 급히 불러 모았다. 하지만 전문가들도 별 뾰족한 수는 없었다. 이미 지어진 건물, 엘리베이터를 많이 늘릴 수는 없는 노릇이었다. 게다가, 속도를 높이는 데도 한계가 있다. 너무 빠르면 사람들이 멀미를 하기 때문이다. 기술자들은 온갖 첨단 기술을 끌어들였지만 해결책은 나오지 않았다.

결국, 이 문제를 해결한 사람은 청소부였다. 그는 엘리베이터 문과 네 벽면에 거울을 달았다. 사람들은 거울에 비친 자기 모습을 바라보느라 지루함을 잊었다. 엘리베이터가 느리다는 불평도 훨씬 줄어들었다.

기술자들은 이토록 간단한 해법을 왜 떠올리지 못했을까? 기술자들은 모든 문제를 기술적인 측면에서만 바라보기 쉽다. 이런 사람들끼리 모여 회의를 하면 해결 방향도 외곬으로 흐르기 마련이다. 이를 공학자이자 강의 기법

전문가인 조벽 교수는 '문화적 장애'라고 부른다.

문화적 장애는 교육에서 특히 심하다. 우리 교육은 '학력 신장'과 '학업 부담 경감'이라는 두 마리 토끼를 잡느라 갈팡질팡이다. 과연 공부를 덜 하면서도 성적은 잘 나오는 방법이 있을까? 우리 국민 대부분은 십수 년 넘게 학교를 다니며 입시에도 길들여진 상태. 이런 상황에서 '문화적 장애'는 당연해 보인다. 모두가 비슷한 경험을 갖고 있다면 화끈한 해결책이 쉽게 나올 리 없다. 그렇다면 어떻게 해야 할까?

조벽 교수는 학교에서 모범생을 가리는 잣대부터 과감하게 던져 버린다. 요새 학생들은 더럽고(Dirty) 힘들며(Difficult) 위험한(Dangerous) 일, 이른바 3D 업종을 싫어한다. 인내와 끈기를 갖추어야 한다고 배웠던 어른들은 걱정이 이만저만이 아니다. 그러나 앞으로 세상을 헤쳐 가려면 학생들은 이런 일을 싫어해야 옳다. 그래야 깨끗하고 쾌적하며 안전한 직업을 늘리는 쪽으로 사회 분위기가 흘러가지 않겠는가.

또한, 요새 젊은이들은 흥미 있는 것 외에는 좀처럼 관심을 보이지 않는다. 이 또한 걱정하지 않아도 된다. 정보가 쏟아져 나오는 세상, 좋아하는 일에만 관심을 보이는 모습은 정보의 바다에서 살아남는 그 나름의 방법이라 해도 좋겠다. 지금 젊은이들은 자기가 관심 있는 일만큼은 밤낮 안 가리고 매달린다. 다가올 세상은 이런 열정을 갖춘 사람들을 필요로 한다.

그렇다면 새 시대에 맞는 교육은 어떤 모습이어야 할까? 강제보다는 학생들 스스로 재미를 느껴서 배움에 빠져들게 되었으면 좋겠다. 하지만 교육에 강제가 없을 수는 없다. 윽박지름 없이 스스로 알아서 깨우침을 얻도록 하는 방법은 없을까? 루소의 교육소설 『에밀』은 이 물음에 답을 준다.

루소는 절대 학생들을 야단치지도, 매를 들지도 말라고 말한다. 그냥 자기가 한 짓의 결과만 깨닫게 해도 학생은 변하기 마련이다. 예를 들어, 아이가

장난치다가 유리창을 깼다고 해 보자. 이때도 교사는 다그치지 말아야 한다. 깨친 창문을 고치지 말고 그대로 내버려두어 보라. 찬바람이 들이치면 아이는 자신의 행동이 어떤 피해를 낳았는지를 저절로 깨닫게 될 것이다.

인간의 본래 마음은 누구나 착하고 성실하다. 상황이 되면 억지로 끌어내지 않아도 선한 심성은 저절로 튀어나온다. 학생들이 교사를 존경하지 않아서 고민인가? 학생들을 야단쳐 봤자 교실 분위기만 싸늘해질 뿐이다. 먼저, 자연스럽게 교사의 권위를 세울 방법부터 고민해 보자.

조벽 교수는 학기 초에는 늘 정장을 입는다고 한다. 복장은 교사의 권위를 지키는 효과적인 '소품'이다. 아무리 교사와 친하다 해도, 학생들은 정장에서 '선생님'의 권위를 느끼기 때문이다.

또한, 학생들은 자신에게 관심을 주는 선생님을 존경하고 따르곤 한다. 그러나 한 명 한 명 성의 있게 대하기에는 학생 수가 너무 많다. 이럴 때는 어떻게 해야 할까? 조벽 교수는 '매스커스터마이제이션(mass-customization)'이라는 방법을 일러 준다. 한 시간에 5~6명씩 이름을 부르고 관심을 보여 주자. 교사의 관심을 제대로 느낄 만큼 한 명 한 명의 눈을 충실하게 바라봐 준다. 한 학기가 지나면 교실 안 학생들 대부분은 교사의 오롯한 관심을 받을 수 있을 것이다. 큰 소리로 강제하지 않아도 학생들을 배움으로 이끄는 좋은 방법들이라 하겠다.

예전 시대에는 지시를 잘 따르고 규칙을 잘 지키는 인재가 필요했다. 공장을 돌리려면 정해진 규율에 따라 시간에 맞추어 일을 해야 했기 때문이다. 그러나 지금은 창의성과 아이디어가 중요한 시대다. 우리 사회는 3D의 시대를 지나, '언제나(Anytime)', '어디서나(Anywhere)', '누구라도(Anyone)' 자기가 원하는 일에 빠져드는 '3A의 시대'를 향해 가고 있다.

그럼에도 우리의 학교 모습은 여전히 공장과 비슷하다. 학교는 꼭 짜인 일과에 따라 학습 '할당량'을 반복해서 던져 준다. 이런 가운데서 창의력 있는 인재가 나올 수 있을까? 문제를 푼다며 내놓는 방법들도 여전히 '공장 시스템'을 크게 벗어나지 못한다. 교과목을 줄이고 주요 과목 위주의 학업 성취도를 높이는 데 매달리면서도, 동시에 다양한 체험과 경험을 쌓으라며 재촉한다. '효율성'에 매달리는 생산 라인과 '상품성'을 강조하는 마케팅 부서가 다투는 모습과 비슷하다.

"내 배움이 멈추었던 유일한 시기는 내가 학생이었을 때 뿐이다." 소설가 버나드 쇼의 말이다. 지금 학생들도 비슷한 하소연을 하지 않을까? 교문만 벗어나면 세상은 온통 '맞춤형'으로 돌아간다. 그러나 학교는 여전히 '대량생산 체제'다. 그러나 불평을 늘어놓기만 해서는 상황은 바뀌지 않는다. 시대 흐름에 발맞추면서도 학생 한 명 한 명을 배려하는 좋은 교육 방법을 고민해야 할 때다.

뿌리가 되는 책들_ 177쪽 참조
• 장 자크 루소 지음, 강도은 옮김, 『에밀』, 산수야
• 조벽 지음, 『조벽 교수의 명강의 노하우&노와이』, 해냄

천재의 조건은 노력일까, 재능일까?

　어둠의 마법사 볼드모트에게는 누구도 맞서지 못했다. 사람들은 그의 이름을 입에 올리기조차 두려워했다. 하지만 해리 포터는 달랐다. 그의 이마에는 영광의 상처가 있다. 볼드모트가 덤볐음에도 살아남았다는 흔적이다. 신비한 힘이 자신을 감싸고 있기에, 해리 포터는 어둠의 마법사와 싸워 이길 수 있다.

　세계적인 베스트셀러인 '해리 포터 시리즈'의 이야기다. 이 시리즈는 왕후장상의 씨가 처음부터 정해져 있는 신분제 사회의 모습을 오롯이 담고 있다. '영광의 상처'가 없다면 제아무리 노력해 봤자 볼드모트를 넘어설 수 있겠는가. 살아가는 데 '주제 파악'은 노력만큼이나 중요하다. 타고난 지위가 별 볼 일 없다면 위대한 인물이 되려는 꿈은 접는 쪽이 맞다. 신분이 분명하게 갈렸던 세상에서 상식으로 받아들여지던 생각이다.

　하지만 모두가 평등하다는 현대사회에서는 그렇지 않다. 우리는 누구나 노력하면 천재나 영웅이 될 수 있다고 배운다. 심리학자 말콤 글래드웰은 '1만 시간의 법칙'으로 이를 뒷받침한다.

1만 시간의 법칙이란 누구라도 하루에 3시간씩 10년을 노력하면 한 분야의 천재가 될 수 있다는 주장이다. 모차르트도 처음부터 뛰어나지는 않았다. 걸 작으로 통하는 협주곡 9번은 그가 스물한 살 때 쓴 작품이다. 협주곡을 짓기 시작한 지 10년이 된 때였다.

LPGA를 주름잡는 우리의 여자 프로 골퍼들도 비슷하다. 10여 년 전, 박세 리 선수가 우리나라 선수로는 처음으로 LPGA에서 우승을 했다. 그 후 많은 소녀들이 제2의 박세리를 꿈꾸며 골프채를 잡았다. 10년이 흐른 지금, 1만 시 간을 채운 숱한 선수들이 LPGA의 정상을 차지하고 있다.

글래드웰은 연습량에 따라 천재의 수준도 달라진다고 말한다. 엘리트 가 운데 1만 시간을 채우지 않는 이들은 거의 없다. 반면에, 그냥 잘하는 사람들 은 8천 시간 남짓을 연습한단다. 남들을 취미로 지도할 정도의 사람들은 대 략 4천 시간 정도에서 그친다. 이 말이 사실이라면, 타고난 재능이 없어도 피 나게 노력하면 천재가 된다는 꿈을 품어도 좋겠다.

교육학자 하워드 가드너 역시 '다중지능'을 통해 평범한 사람들에게 희망 을 준다. 멘사(MENSA)는 전체 인구의 2% 안에 드는 지능을 가진 이들만 가 입하는 모임이다. 그럼에도 일상에서는 멘사 회원들이 늘 천재같이 보이지는 않는다. 수학, 과학 등 몇몇 분야를 뺀다면, 이들이 살아가는 모습은 여느 사 람들과 별달라 보이지 않는다.

가드너는 지능을 7개 이상으로 나누어 설명한다. 음악지능, 신체운동지능, 논리수학지능, 언어지능, 공간지능, 인간친화지능, 자기성찰지능 등등. 학교 성 적이 좋은 아이들은 언어지능과 논리수학지능이 뛰어나다. 시험지의 문제는 언어로 되어 있다. 또한, 답을 고르려면 논리적으로 앞뒤를 잘 따져야 한다.

당연히, 언어와 논리수학 지능이 좋은 학생들이 유리할 수밖에 없다.

반면에, 손재주가 뛰어난데도 기술 시험 성적은 형편없는 사람들도 적지 않다. 회비 계산은 척척 해내면서 산수 풀이는 시원치 않은 경우도 있다. 이렇듯 신체운동지능, 인간친화지능이 우수한 학생들을 위해 시험을 다르게 보면 어떨까? 실기 위주, 응용문제 등을 통해서 말이다. 자신에게 맞는 지능을 찾아내어 그에 걸맞은 방법으로 평가받는다면 누구나 뛰어난 사람이 될 수 있다. 가드너의 말은 노력하면 누구나 성공한다고 외치는 학교 선생님의 말씀이 거짓이 아님을 보여 준다.

하지만 1만 시간의 법칙을 뒤집어 보면 우리 마음은 금방 무거워질 테다. 능력을 기르기 위해 1만 시간을 쏟는 사람들은 어떤 처지에 있을까? 입에 풀칠하기에도 힘이 부치는 형편이라면 이만한 기간을 교육에만 쏟기는 힘들다.

살림살이 괜찮은 사람들은 집중양육(concerted cultivation)을 통해 아이들을 기른다. 부모가 온종일 매달려서 필요한 지식과 능력을 길러 준다는 뜻이다. 스케줄을 일일이 챙기며 학원에서 학원으로 아이를 나르는 우리네 학부모들을 떠올리면 되겠다. 그 반면에, 쪼들리는 부모들은 '자연적인 성장을 통한 성취(accomplishment of natural growth)'에 의지하기 마련이다. 아이가 이러저러한 성공과 실패를 거듭하며 스스로 능력을 길러 가기를 기다린다는 뜻이다.

글래드웰은 어느 쪽이 성공에 필요한 1만 시간을 채울 가능성이 큰지를 따져 묻는다. 잘사는 동네의 학생들이 명문 대학에 많이 간다는 사실은 더 이상 비밀도 아니다.

다중지능도 우리 마음을 무겁게 하기는 마찬가지다. 자신이 어느 분야에 뛰어난 능력이 있는지를 알려면 다양한 경험이 필요하다. 학원 거리에는 소질과 적성을 알려 준다는 연구소들이 즐비하게 자리 잡고 있다. 과연 주머니

가벼운 사람들이 재능을 알아내는 데 필요한 경험과 검사들을 필요한 만큼 할 수 있을까?

토머스 에디슨은 "천재는 99%의 노력과 1%의 영감으로 이루어진다"는 명언을 남겼다. 사람들은 이 말을 노력을 많이 하면 누구나 위대해질 수 있다는 의미로 받아들인다. 그러나 에디슨이 말하려 했던 바는 정반대였다. 그의 진심은 아무리 노력해도 1%의 영감이 없다면 절대 천재가 되지 못한다는 것이었단다. 문제는 1%가 재능보다는 재력(財力)에 점점 가까워진다는 점이다.

"성공의 조건은 할아버지의 재력"이라는 우스갯소리가 사람들 입에 오르내린다. 농담의 재미는 가려운 현실을 꼭 짚어 긁어 주는 데 있다. 과연 우리는 해리 포터가 '타고난 영웅'이기에 위대했던 세상과 얼마나 다른 곳에서 살고 있을까? 학력이 신분처럼 되어 가는 세상, 왜 자꾸만 이 물음을 되묻게 될까?

뿌리가 되는 책들_ 178쪽 참조

- 말콤 글래드웰 지음, 노정태 옮김, 『아웃라이어』, 김영사
- 하워드 가드너 지음, 문용린·유경재 옮김, 『다중지능』, 웅진지식하우스

사람은 교육을 통해 비로소 '사람'이 된다. 교육은 위대한 인물로 나아가게 하는 '사다리'이기도 하다. 당연히, 교육에 쏟아지는 관심은 지대하다.

하지만 교육은 사람을 길들이는 과정이기도 하다. 작정하고 교육을 통해 사람을 순하고 말 잘 듣게 하려는 경우도 적지 않다. 깬인 정신으로 사는 이들이 의심하는 눈초리로 교육을 바라보는 이유다.

종교도 마찬가지다. 종교는 우리가 왜 살아야 하는지에 대한 답을 준다. 그리고 어떻게 살아야 하는지에 대한 가르침도 준다. 그 반면에, 종교는 사람들을 억누르고 초라하게 만드는 데도 큰 힘을 쓰곤 한다. 교육만큼이나 종교도 마뜩잖게 바라보는 이들이 많은 분야다.

현대는 과학의 시대다. 과학은 '정신의 백신'과도 같다. 잘못된 믿음을 객관적인 증거로 들추고 낮게 해 준다는 의미에서다. 과연 그럴까? 이 장(章)에서는 교육과 종교, 과학을 다뤘다. 이 셋은 인류를 떠받치는 기둥이라 할 만하다. 그만큼 인문학적으로 충분히 고민해 볼 만한 가치가 있다.

종의 기원, 자연선택의 신비를 밝히다

윤소영 풀어씀, 사계절

다윈이 살았던 시절, 비둘기 장수들은 "어떤 날개라도 3년이면 만들고, 원하는 모양의 머리와 부리를 갖추는 데는 6년이면 충분하다"고 장담했단다. 자연도 생명을 '선택'하지는 않았을까? 3년 만에도 이런 결과를 얻는다면 수천, 수만 년 동안에는 더 엄청난 변화도 가능했을 법하다. 이를 다윈은 '자연선택'이라고 부른다. 지금의 생물들은 모두 자연이 살아남는 데 유리한 것들만 솎아 낸 결과물이다.

자연선택을 이끄는 힘은 '생존 투쟁(Struggle for Existence)'이다. 사막의 나무 한 그루도 힘든 생존 투쟁을 겪는다. 이 가운데 유리한 특성을 갖춘 놈들은 살아남고, 불리한 것들은 사라져 버린다. 다윈의 생존 투쟁은 유전자끼리의 경쟁에도 여전히 통한다. 생물학의 맥을 잡으려면 『종의 기원』을 읽어 볼 일이다.

만들어진 신

리처드 도킨스 지음, 이한음 옮김, 김영사

리처드 도킨스에 따르면, 신은 이제 필요없을뿐더러 없애 버려야 할 존재다. 종교 때문에 숱한 다툼이 일어나며 많은 사람들이 죽고 다치지 않는가. 종교는 합리가 지배하는 세상에 퍼진 암과 같다. 어떤 이가 자기 부인을 '보호'한다며 온몸을 천으로 가리라 했다면 어떨까? 과학 교과서를 벗어나서 수천 년 전에 누군가가 세상을 만들었다고 믿게 한다면? '종교적 믿음'은 이 모든 일에 면죄부를 준다. 과학적 상식에서 한참 벗어나도 '종교적 믿음'은 존중받는다. 갓난아기의 몸을 도려내는 할례 등도 종교 예식이므로 막지 못한다.

과학은 증거와 사례를 들이대며 무엇이 더 옳은지를 토론하게 한다. 반면에, 종교는 의심하지 말고 믿으라고만 한다. 과학은 종교를 벼랑 끝으로 밀어붙이곤 한다. 과연 종교는 '아직도' 필요할까?

Keyword 24 사회진화론

명상록

마르쿠스 아우렐리우스 지음, 유동범 옮김, 인디아이

마르쿠스 아우렐리우스는 로마의 현명한 다섯 황제[五賢帝]에 드는 사람이다. 그러나 아우렐리우스의 삶은 결코 편하지 않았다. 그는 전쟁터를 떠날 날이 없었다. 게다가, 사랑하는 아들이 죽기도 했다. 하지만 그는 평온한 마음을 잃지 않았다. 스토아 철학의 덕분이다. 스토아 철학자들은 자기를 이성적으로 다독이는 작업을 꾸준히 해 나간다. 히포므네마타(hypomnemata)라는 글쓰기를 통해서다. 이는 '자기 자신에게 주는 훈계'라고 보면 되겠다. 우주와 운명의 눈으로 자기 인생을 객관적으로 바라보려고 노력하는 작업이다. 『명상록』은 아우렐리우스가 일기같이 쓴 히포므네마타라고 보면 되겠다. 스토아 철학은 로마의 국가 철학이었다. 『명상록』을 따라가다 보면 "의무를 다하되 결과에 초연하라"는 당당한 로마인의 외침이 들리는 듯하다.

통섭

에드워드 윌슨 지음, 최재천·장대익 옮김, 사이언스북스

에드워드 윌슨의 『통섭(Consilience)』은 인문학과 자연과학의 통일을 주장하는 책이다. 윌슨의 주장은 아주 친숙하게 다가온다. 우리의 입시에서 앞세우는 '통합교과적 사고'도 두 분야의 연결을 포함하고 있으니 말이다. 그러나 윌슨이 주장하는 '통섭'은 '통합교과'나 '학제적(inter-discipline)'이라는 말과는 다르다. 오히려, 자연과학으로 정치·경제·사회 등 인문학 전체까지 설명할 수 있다는 입장에 가깝다. 인간 삶의 문제들을 생물학이나 물리학의 탐구로 해결하려는 환원주의(reductionism)인 셈이다.

『통섭』은 1998년에 세상에 나왔다. 이 책은 다윈이 진화론을 내놓았을 때만큼이나 격렬한 논쟁을 불러일으키고 있다. 이 책을 둘러싼 논란이 어떻게 흘러갈지 지켜볼 일이다.

사회계약론

루소 지음, 정성환 옮김, 홍신문화사

『사회계약론』에 따르면, 인간 사회는 신이 만들지 않았다. 사회는 모두가 자유롭게 살기 위해 사람들끼리 '계약'을 맺음으로써 만들어졌다. 사람들이 권력자들을 세운 것은 세상의 질서를 잡기 위해서다. 그들에게는 사람들의 삶을 편안하게 만들어 주어야 할 의무가 있다. 권력자들은 공동체 모두가 잘되어야 한다는 '일반의지'를 따라 다스려야 한다.

그런데 권력자들이 자신의 이익만 좇느라 사회를 병들게 한다면 어떨까? 이때 권력자들은 '전체의지'를 따르고 있을 뿐이다. 전체의지란 권력자들만의 이익을 좇는 태도를 말한다. 이럴 때 시민들은 썩은 지도자를 몰아내고 새롭게 정부를 꾸려야 한다. 『사회계약론』은 프랑스 대혁명에 적잖은 영향을 미쳤다. 『사회계약론』은 현대 민주주의 이론의 뿌리가 되는 책으로 평가받는다.

글로벌 시대 한국의 시민종교

차성환 지음, 삼영사

시민종교를 다룬, 국내에 흔치 않은 책이다. 장 자크 루소는 시민종교란 "국가의 신성한 권위를 세워 주고 나라를 하나로 묶는 사회적 유대"라고 말한다. 루소에 따르면 시민종교는 신의 존재, 내세(來世), 착한 사람들의 행복과 악인들에 대한 벌, 종교적 비관용을 용서하지 않는 것 등을 담고 있어야 한다. 한마디로, 시민종교란 모두가 질서를 따르도록 도덕을 떠받쳐 주는 믿음이라 하면 되겠다.

우리 사회에도 시민종교가 있을까? 종교학자 차성환은 유교 문화에서 시민종교를 찾는다. 어떤 신앙을 갖고 있건, '유교식의 사람됨'은 우리 사회 누구나 따르는 가치다. 종교의 관용이 강조되는 시대이지만, 세계적으로 종교 간의 갈등이 더욱 커지고 있다. 모든 고등종교의 뿌리가 되는 관용과 사랑의 정신을 깊이 고민해 보아야 할 때다.

Keyword 26 시민종교

우리들
예브게니 이바노비치 자먀찐 지음, 석영중 옮김, 열린책들

『우리들』에서 그리는 세상은 질서 잡히고 평화롭다. 모든 일상은 '시간 율법표'에 따라 톱니바퀴처럼 굴러간다. 각자에게는 마땅한 일이 주어져 있으며, 적절한 여가도 쥐어진다. 오직 '자유'만 허락되지 않을 뿐이다.

사람들은 이런 세상에서 과연 살고 싶어 할까? 주인공은 끊임없이 탈출을 꿈꾼다. 제멋대로 사랑을 하고 꽉 짜인 일과에서 벗어나고 싶어 한다. 『우리들』의 사회는 이를 '병'으로 본다. 그래서 두뇌 수술을 통해 자유를 좇는 마음을 아예 몰아내려 한다. 우리가 사는 세상도 『우리들』 속의 모습처럼 바뀌어 간다. 곳곳에 감시 카메라가 있고, 인터넷은 내 일거수일투족을 바라본다. 그럴수록 세상은 '안전'해진다. 그렇다고 세상이 더 바람직해진다고 할 수 있을까?

자유로부터의 도피
에리히 프롬 지음, 원창화 옮김, 홍신문화사

에리히 프롬은 자유를 '소극적 자유(…으로부터의 자유)'와 '적극적 자유(…을 향한 자유)'로 나눈다. 사람들은 자신을 옥죄는 억압에서 벗어나려 한다. 소극적 자유는 그래서 누구에게나 바람직하다. 하지만 막상 자유를 얻으면 사람들은 불안해한다. 자유는 고독과 불안을 안긴다. 무엇을 해야 할지 모르기 때문이다.

따라서, 사람들은 사회가 바람직하다고 여기는 가치를 채우는 데 자유를 '탕진'한다. 왜 버는지도 모르고 돈을 버는 데 대부분의 시간을 보내는 식이다. 강한 누군가에게 기대어 자신의 불안한 자유를 없애려 하기도 한다. 에리히 프롬은 히틀러에게 빠졌던 독일 국민을 그 예로 든다. 자유는 오롯이 자신을 책임지는 사람에게만 찾아든다. 그럴 '능력'이 있는 사람이 과연 얼마나 될까?

Keyword 27 자유

학교 없는 사회

이반 일리히 지음, 심성보 옮김, 미토

학교의 교사는 학생들의 사생활까지 간섭한다. 언론 출판의 자유에 대한 미국 수정헌법 1조도, 정당한 법률 절차 없이는 자유를 박탈하지 못한다는 수정헌법 5조도 교사들의 거침없는 행동을 막지 못한다. 교사는 도덕군자인 동시에 보호자, 마음의 치료자 역할까지 겸한 까닭이다. 교사는 이 셋이 삼위일체를 이룬 '세속의 목자'들이다. 학교는 예전에 교회가 했던 역할을 떠맡고 있다. 교회 열심히 다니고 믿음을 쌓아야 구원을 얻듯, 현대인들은 학교 열심히 다니고 공부 열심히 해야 인정을 받을 수 있다. 그렇게 학생들은 학교를 통해 길들여진다. 학교를 통해 대부분의 아이들은 무엇을 배울까? 실패와 좌절, 이를 통해 권위에 복종하는 법을 익힐 뿐이다. 이 책은 1970년대에 쓰였다. 그때와 지금의 학교는 과연 얼마나 달라졌을까?

훌륭한 교사는 무엇이 다른가

토트 휘태커 지음, 송형호 옮김, 지식의날개

"훌륭한 교사는 '희망'에 초점을 맞춘다. 평범한 교사는 '규칙'에 매달린다. 가장 무능한 교사는 규칙을 어겼을 때 어떤 '벌칙'을 줄지에만 신경을 쓴다." 지은이 토트 휘태커는 고등학교 교사와 교장을 두루 지냈다. 그는 이 책에서 '희망으로 학생을 지도하는 법'을 일러 준다. 그의 충고는 직접적이고 현실적이다. 유능한 관리자는 부하의 사소한 실수를 짐짓 못 본 척한다. 교장이 작은 실수에 투덜거리면, 어떤 교사도 교장과 마주하고 싶어 하지 않을 테다.

훌륭한 교사도 사소한 소동을 모르는 척하고, 상황을 악화시키지 않으면서도 제압할 수 있어야 한다. 훌륭한 교사는 야단치기에 앞서, 문제 학생 옆에 앉는다. 보이지 않는 영향력을 학생에게 행사하는 셈이다. 희망으로 교실을 바라보는 법, 무너지는 우리나라 교실에 꼭 필요한 가르침이다.

Keyword 28 학교 붕괴

감시와 처벌
미셸 푸코 지음, 오생근 옮김, 나남출판

미셸 푸코는 감옥은 우리 문명의 기초가 되는 가장 기본적인 틀이라 주장한다. 그는 『감시와 처벌』에서 감옥을 철저하게 파헤친다. 처벌은 '인간적'이어야 한다. 그러면서도 사람들을 고분고분하게 만들 수 있어야 한다. 감옥은 이 두 조건을 모두 채워 준다.

감옥은 교화와 교정(矯正)을 내세운다. 괘씸해서 혼내는 것이 아니라, 잘못되었기에 바로잡아 '정상'으로 만든다는 생각이다. 생활이 올바르도록 규칙적인 일과와 훈화를 반복한다. 겉으로 내세우는 목표로 볼 때 감옥은 나무랄 데가 없다. 하지만 이 모두는 결국 권력의 뜻에 맞게 사람들을 길들이는 과정에 지나지 않는다. 학교와 군대도 마찬가지다. 나아가, 우리 사회 전체는 거대한 감옥이다. 우리를 길들여 사회가 바라는 인간으로 탈바꿈시키려 한다는 점에서 그렇다.

학교의 탄생
이승원 지음, 휴머니스트

과거제도가 없어지자 선비들은 삶의 의미를 잃었다. 반면에, 새로운 근대적 교육제도는 더 많은 민중들에게 희망을 주었다. 학교는 '구원의 장소'였다. 백정도, 장사꾼도, 농부도, 누구나 실력만 갖추면 성공할 수 있었다. 견고한 신분제도가 무너진 시기에 신식 학교는 희망 가득한 공간이었다. 『학교의 탄생』은 우리 개화기의 학교 모습을 재미있게 보여 준다. 사람들은 왜 초등학교 운동회에 열광했을까? 운동회에서는 신분 차별이 없었다. 누구나 똑같이 '가족'의 입장에서 응원하며 하나가 된다. 당시로서는 꽤 감동적인 장면이었을 듯싶다. 당시 학생들은 민족과 국가를 이끌 동량(棟樑)이라는 자부심으로 가슴 벅찼다. 지금 학생들에게 학교는 어떤 의미로 다가올까? 개화기 학교와 지금의 무너지는 교실을 자꾸만 견주어 보게 되는 까닭은 무엇일까?

Keyword 29 교정

에밀

장 자크 루소 지음, 강도은 옮김, 산수야

1990년대 중후반, 소녀의 성장을 다룬 컴퓨터 롤플레잉(roleplaying) 게임이 유행한 적이 있었다. 자신이 부모가 되어 평범한 소녀를 잘 키워 공주를 만드는 게 게임의 목표였다. 『에밀』도 비슷하다. 루소는 '에밀'이라는 사내아이를 자신이 이상적이라 여기는 교육 환경 속에서 20년에 걸쳐 건강하고 자유로운 시민으로 키워 낸다. 물론, 소설이라는 형식의 시뮬레이션(simulation)으로 말이다.

루소는 우리에게 "자연으로 돌아가라"고 권한다. 자연이 허락하는 만큼의 소박한 생활만이 우리가 행복해질 수 있는 길이다. 에밀의 교육과정 또한 자연이 인간에게 심어 준 욕구를 왜곡 없이 건전하게 키우고 채워 주는 데 초점을 맞춘다. 사교육에 중독된 학부모들이라면 『에밀』을 꼭 읽어 볼 일이다.

조벽 교수의 명강의 노하우&노와이

조벽 지음, 해냄

조벽 교수는 강의하기 전에 교사 스스로 자신의 교육철학을 정리해 보라고 이른다. 학생들에게 어떤 영향을 주려 하는가?(목적) 목적을 어떻게 달성하고자 하는가?(방법) 목적 성취도를 어떻게 측정하는가?(측정) 아울러, 교사는 무엇을 얼마만큼 '가르쳤는가'보다 학생들이 무엇을 얼마만큼 '배웠는가'에 방점을 두어야 한다. '남을 가르치는 일'이 자신에게 왜 중요한지도 깊이 고민해 보아야 한다.

이처럼 '서울대 명강사'로 소문난 조벽 교수의 강의법은 강렬하면서도 근본적이다. 문제 학생을 대하는 기술도 새겨들을 만하다. "문제 학생들을 가능하면 공개적으로 다루지 않는다", "학생이 왜 바람직하지 않은 행동을 하는지 이유를 이해한다" 등등. 대가(大家)의 가르침은 명확하다. 조벽 교수의 강의법도 그렇다.

Keyword 30 입시 지옥

아웃라이어

말콤 글래드웰 지음, 노정태 옮김, 김영사

'아웃라이어'란 한 분야에서 뛰어난 성과를 거두는 사람들을 일컫는 말이다. 그들은 어떻게 위대해질 수 있었을까? 말콤 글래드웰의 주장은 우리의 상식을 뒤흔들어 놓는다. 아이스하키에서 뛰어난 선수들은 1~3월에 태어난 이들이 많다. 왜 그럴까? 남들보다 늦게 학교에 들어갈 수 있었던 덕분이다. 신체가 충분히 큰 상태에서 입학했기에 경쟁에서 유리했다. 최초의 유리했던 처지는 시간이 갈수록 더욱 큰 차이로 벌어진다. 숲에서도 키를 먼저 키운 나무가 다른 나무들보다 훨씬 잘 자라는 것과 마찬가지 이치에서다.

'1만 시간의 법칙'도 새겨들을 만한 주장이다. 1만 시간만 투자하면 누구나 한 분야의 영재가 될 수 있단다. 미국의 교육계가 학습량 많기로 유명한 한국의 학교를 주목하는 이유를 알게 하는 대목이다.

다중지능

하워드 가드너 지음, 문용린·유경재 옮김, 웅진지식하우스

멘사(MENSA)는 지능(I.Q.)검사 결과가 인구 전체 상위 2% 안에 드는 이들의 모임이다. 하지만 멘사 회원 가운데 많은 수는 일상에서 그냥 평범한 사람들일 뿐이다. 어떻게 해야 사람의 능력을 제대로 가늠할 수 있을까? 가드너는 한 줄로 사람들을 세우지 않는다. 그는 지능을 음악지능, 신체운동지능, 논리수학지능, 언어지능, 공간지능, 인간친화지능, 자기성찰지능으로 나눈다. 여기에 더하여 '실존지능'까지도 덧붙이려 한다. 이 지능들은 각각 독립된 능력이다.

지금의 학교에서는 논리수학지능과 언어지능이 높은 학생이 유리하다. 모든 문제가 언어로 제시되기 때문이다. 모든 사람에게는 자기만의 뛰어난 지능이 있다. 그 지능을 키워 주면 학습 효과는 훨씬 높아진다. 획일적인 교육 방식은 빨리 버릴수록 좋다.

Keyword 31 1만 시간의 법칙

Chapter 5

왕따, 갈등, 그리고 전쟁

세상의 '참 평화'를 지키려면

상무(尚武) 정신

'전쟁 문화'를 생각하다

제2차 세계대전 때 독일의 군복은 '명품'이었다. 강인해 보이는 어깨선과 다리가 길어 보이는 가죽 부츠, 크고 간결한 계급장. 유명 디자이너 휴고 보스의 작품답게 독일 군복은 군더더기 없이 깔끔했다. 지금도 세상에는 독일 군복 마니아들이 적지 않다.

하지만 겉모양새만 보고 황홀해하는 이들이 한심하게 느껴질지 모르겠다. 나치의 끔찍한 짓거리들을 알고도 과연 독일 군복이 멋있어 보일까? 그러나 멋진 군복은 단지 '디자인' 문제만은 아니다. "나치 군복을 입고 있으면 너무나 군인다워 보였습니다. 전우들과 오롯하게 하나가 되었다는 뿌듯함이 밀려들었습니다. 다른 나라 군복은 절대 이런 느낌을 주지 못했습니다." 나치 친위대에 오래 있었던 사람의 말이다.

전술가 클라우제비츠는 "전쟁은 또 다른 수단에 의한 정치의 연속이다"라고 했다. 원하는 것을 얻기 위해 차가운 머리로 벌이는 다툼이라는 말이다.

하지만 전쟁학자 마틴 판 크레펠트는 이 말에 고개를 가로젓는다. 전쟁은 냉철한 수 싸움만은 아니다. 오히려, 전쟁은 심장이 뛰고 피가 끓는 '게임'에 가깝다. 전쟁은 사람들을 잡아끄는 매력적인 사건이다. 세상에 싸움만큼 재밌는 구경거리도 없지 않던가. 어떤 역사학자는 "전쟁이 아닌 평화로운 때는 역사의 빈 페이지에 지나지 않는다"고까지 말할 정도다.

하지만 전쟁을 이끌어 나가기란 여간 어려운 일이 아니다. 총알받이로 의미 없는 죽음을 맞고 싶어 하는 사람은 없다. '전쟁 문화'는 그래서 중요하다. 사람들에게 생명을 던져서라도 싸워야 할 까닭을 보여 주기 때문이다.

멋진 군복도 전쟁 문화의 한 부분이다. 또래들의 부러워하는 눈초리는 젊은이들의 가슴을 뛰게 한다. 힘들고 위험한 군대 생활은 멋진 군복 뒤로 감춰지고, 젊은이들은 군대로 모여들 테다. 빛나는 역사와 전통을 앞세우는 군대의 깃발 등도 이와 같은 전쟁 문화에 들어간다.

전쟁 문화는 군복과 군기(軍旗)에서 그치지 않는다. 모든 다툼이 다 '전쟁'이 되지는 않는다. 전쟁은 품격에 맞게 치러져야 한다. 전 세계에서 정식으로 전쟁을 벌일 수 있는 집단은 200여 개 정도밖에 안 된다. 국제적으로 인정받는 국가만 전쟁을 치를 수 있기 때문이다. 무기를 잔뜩 갖춘 불법 집단과의 다툼은 '분쟁'이나 '사변(事變)'으로 여겨질 뿐이다.

전쟁은 막무가내로 벌어지는 폭력과는 다르다. 전쟁 문화는 전투가 반드시 따라야 하는 격식을 일러 준다. 싸움을 거는 측은 먼저 선전포고부터 해야 한다. 선전포고는 상대방을 적으로 삼겠다는 뜻을 전하는 절차다. 1998년과 2000년, 알카에다는 미국 등을 상대로 선전포고를 했다. 하지만 그들에게는 어떤 대꾸도 돌아오지 않았다. 테러리스트인 알카에다는 인정받는 국가가 아니다. 따라서, 그들은 공식적인 '적'조차 될 수 없었다.

서로를 적으로 인정한 사이에서는 전쟁도 격을 갖추어 이루어진다. 제1차 세계대전 때, 유럽 인들은 상대를 가려 가며 싸웠다. 같은 유럽 인끼리는 포로도 인격적으로 대했다. 그러나 종교가 다른 터키인들은 훨씬 심하게 다루었다. 제대로 된 적이 아니었던 아프리카 인들에 대해서는 학살도 서슴지 않았다. 지금도 정식 군대가 아닌 테러리스트들과의 싸움은 훨씬 더 잔인해지기 쉽다.

나아가, '전투는 군복을 입은 군인끼리만 벌이는 것'이라는 전쟁 문화를 함께하는 사이에서는 전쟁이 좀처럼 커지지 않는다. 이런 제한을 넘어서 민간인들도 총을 들고 여기에 군대가 맞상대하기 시작하면, 세상은 무법천지로 바뀌어 버린다. '테러와의 전쟁'이 날로 커져만 가는 이유도 여기에 있겠다.

전쟁 문화는 싸움이 끝난 후에 이어지는 문제들도 어루만져 준다. 전쟁을 겪은 병사들은 심한 외상 후 스트레스 장애(PTSD)를 앓곤 한다. 가슴을 짓누르는 공포에서 벗어나지 못해 제대로 생활을 하기 힘들 정도다. 하지만 옛날 전투는 지금보다 훨씬 더 잔인했다. 직접 적의 얼굴을 보며 칼부림을 했던 예전의 군인들이 지금의 병사들보다 마음의 상처를 덜 받았을까?

마틴 판 크레펠트는 옛 병사들이 정신적 충격을 쉽게 이겨 냈던 까닭도 전쟁 문화에서 찾는다. 전쟁의 끝에는 죽은 자들을 추스르고 신에게 죄에 대한 용서를 구하는 의식이 있기 마련이었다. 하지만 현대 전쟁에는 이런 절차가 없다. 병사들은 상처를 안은 채 홀로 자신의 원래 생활로 돌아가야 한다. 마무리가 없으면 고통도 끝맺을 틈이 없다. 전쟁 문화가 없으니 상처 회복도 당연히 더뎌진다.

나아가, 마틴 판 크레펠트는 민주주의 국가일수록 군복이 후줄근하다는 사실도 눈여겨본다. 민주주의 국가에서 군복은 전투를 위한 작업복일 뿐이다. 독재국가일수록 군복은 화려하고 멋들어진다. 왜 그럴까? 민주주의 국가에서는 전쟁 문화를 앞세워야 할 까닭이 없다. 군대가 왜 필요한지, 병사들이 목숨 바쳐 싸워야 하는 까닭이 무엇인지가 너무나 분명하기 때문이다. 민주주의 사회에서 병사들은 군인임을 스스로 자랑스러워한다. 또한, 자부심 높은 군인은 전쟁 범죄자가 되는 것을 부끄러워한다. 제대로 된 전쟁 문화를 위해서는 민주주의부터 올곧게 세워야 함을 깨닫게 되는 대목이다.

철학자 니체는 인류는 경쟁과 다툼을 통해 더 나아진다고 주장한다. 전투에서는 강하고 우수한 자가 살아남기 마련이다. 적이 사라진 세상에서는 사람들은 "가축처럼 되어 버린다." 삶의 치열함이 사라지고 편안함만을 좇는다는 것이다. 무예를 숭상함, 상무(尙武) 정신이 곧 전쟁광(狂)을 뜻하지는 않는다. 기사도가 서양 문화에 큰 영향을 끼쳤듯, 전쟁은 도덕의 발전을 이끌기도 했다. 어느 사회에서나 절제, 용기, 인내, 솔선수범 등 군인의 도덕은 곧 지도자의 덕목이기도 하다. 평화로운 때에도 상무(尙武) 정신을 되새겨 봐야 하는 이유다.

뿌리가 되는 책들_ 209쪽 참조
• 고병권 지음, 『니체의 위험한 책, 차라투스트라는 이렇게 말했다.』, 그린비
• 마틴 판 크레펠트 지음, 이동훈 옮김, 『전쟁본능: 전쟁의 두 얼굴』, 살림

병법(兵法)의 대가들은 무엇이 다를까?

"평화는 군인의 무덤이다." 제2차 세계대전의 영웅 패튼 장군의 말이다. 이 소리를 전해들은 몽고메리 장군은 이렇게 대꾸했단다. "패튼의 위대함은 거기까지요. 패튼이 있기에 전쟁을 일으킨 적들은 반드시 패배할 것이오. 그러나 나, 몽고메리가 있는 한, 적들은 아예 전쟁을 일으킬 생각조차 못 할 거요." 패튼과 몽고메리 가운데 누가 더 위대한 장군일까?

"최상의 승리는 적이 전쟁을 일으킬 생각조차 못 하게 하는 데 있다. 그 다음은 외교를 통해 적의 동맹 관계를 끊어 버려 힘을 잃게 만드는 것이다. 이보다 못한 방법은 전쟁터에서 힘으로 적을 무릎 꿇게 만드는 것이다. 최악은 적의 성(城)을 직접 공격하는 방법이다." 『손자병법』에 나오는 구절이다. 몽고메리의 말은 이 구절에 딱 어울린다.

『손자병법』을 좀 더 읽어 보자. "10만 명의 군사를 일으켜 천 리 밖의 전쟁터로 보낸다 해 보자. 나라가 짊어져야 할 전쟁 비용은 하루에 천금이 넘는다. 전쟁에 필요한 물건들을 나르는 백성들로 도로는 혼란스러워진다. 이 때문에 농사를 짓지 못하는 집이 70만 가호(家戶)에 이른다." 전쟁을 왜 피해야 하는지를 잘 보여 주는 대목이다.

하지만 일단 전쟁이 일어나면 꼭 이겨야 할 테다. 승리를 위해서는 수단과 방법을 가려서는 안 된다. 마오쩌둥은 "전쟁에서 예의를 차리는 짓은 멧돼지와 인의도덕을 따지는 것과 같다"고 잘라 말한다.

프로이센의 장군 클라우제비츠도 같은 생각이다. 열세 살 때부터 전투에 나갔던 그는 자신의 경험을 떠올리며 이렇게 말한다. "전쟁이란 내 의지를 강요하기 위해 사용하는 폭력 행위이다." 내 말을 듣게 하려면 무자비하게 상대를 짓밟아야 한다. 상대가 아예 싸울 능력을 잃어버리게끔 말이다. 『손자병법』도 똑같은 충고를 던진다. "전쟁에서는 속이는 짓도 서슴지 않아야 한다(兵不厭詐)."

그러나 전쟁은 뒷골목 건달들의 주먹다짐이 아니다. 옛 전쟁에서 성을 무너뜨렸다 해 보자. 승리한 병사들은 물건을 빼앗고 사람을 죽이는 짓을 서슴지 않았다. 맘껏 분을 풀고 노략질을 한 다음에는 어떤 일이 벌어질까? 뒷수습 또한 이긴 편의 몫이다. 분탕질을 당한 이들의 마음에는 원망과 미움이 가득할 테다. 이래서는 승리를 오롯이 지켜 내기 힘들다.

따라서, 클라우제비츠는 이렇게 말한다. 전쟁의 목적은 상대를 짓밟는 데 있지 않다. 단지, 내가 원하는 바를 손에 넣는 데 있을 뿐이다. "전쟁은 다른 수단에 의한 정치의 연속이다." 전쟁도 남을 설득하는 기술의 하나에 지나지 않는다. 그러니 도를 넘어서는 안 된다.

나아가, 전쟁의 지휘관은 병사와 같아서는 안 된다. 병사들에게는 '육체적 용기'가 필요하다. 위험을 무릅쓰고 적과 맞붙어 싸우는 자세 말이다. 반면에, 지휘관에게는 '정신적 용기'가 필요하다. 망신당했다고 곧장 칼을 뽑아 드는 모습은 지휘관답지 않다. 지휘관은 침착하고 냉정하게 생각할 줄 알아야 한다. 정신적 용기란 자기 결정에 책임지는 태도를 말한다. 지휘관은 일어난 모든 일의 뒷마무리까지 머릿속에 넣고 움직여야 한다.

『손자병법』도 똑같은 충고를 던진다. 별 볼 일 없는 건달들은 작은 용기, 소용(小勇)을 부릴 뿐이다. 욱하는 성질대로 행동할 뿐, 뒤에 어떤 일이 닥칠지 따져 보지 않는다. 그러나 높은 자리에 있는 지휘관은 큰 용기, 대용(大勇)을 갖추어야 한다. 갑작스런 위기가 닥쳐도 놀라지 않으며, 까닭 없이 위협을 당해도 화내지 않아야 한다. 현명한 지휘관은 오직 이익이 있을 때만 전쟁을 벌인다. "국가에 이익이 있을 때만 싸움을 벌여라. 이익이 없는 다툼은 당장 그쳐야 한다." 전쟁을 벌일 때는 신중하고 또 신중하라는 신전(愼戰) 사상이다.

무한 경쟁 시대, 세상은 점점 전쟁터같이 되어 간다. 남을 이기지 못하면 금세 바닥으로 떨어져 버릴 테다. 전쟁할 때나 쓰던 '전략', '전술' 같은 말들도 이제는 우리 일상에서 흔하게 쓰이고 있다. 그렇다면 『손자병법』이나 클라우제비츠의 주장은 우리 삶에도 많은 도움이 되지 않을까?

하지만 이탈리아의 사상가였던 마키아벨리는 이런 생각에 고개를 흔든다. "병법(兵法)을 일상생활에 끌어들인다면, 우리 삶은 지옥이 되어 버린다." 왜 그럴까?

전쟁에서 이기려면 남의 약점을 파고들어야 한다. 뛰어난 지휘관은 상대가 아쉬워하는 점에 칼을 꽂는다. 약한 나라는 친구 관계인 강한 나라가 등을 돌릴까 두려워한다. 여러 국가가 모인 연합군이라면 제각각 자기 나라가 얻을 이익에 민감한 법이다. 뛰어난 지도자가 이끄는 나라는 우두머리의 권위가 사라질까 전전긍긍한다. 뛰어난 전략가들은 상대의 약점을 족집게같이 짚어 낸다.

일상에서도 절실한 부분을 찾아내어 애태우게 하는 사람이 유능하다는 소리를 듣는다. 재주 좋은 협상꾼들은 우리 마음을 붙잡고 흔들어 대지 않던가. 그러나 삶은 전쟁이 아니다. 전쟁에서는 결국 최후의 승리란 없다. 힘이 떨어지고 지치면 또 다른 경쟁자가 승리를 빼앗아 갈 것이다. 정글에서 영원한 강자가 없듯이 말이다. 전쟁 같은 삶을 통해서는 누구도 행복할 수 없는 까닭이다.

윈스턴 처칠은 간디를 향해 "벌거벗은 거지 승려"라며 막말을 던졌다. 하지만 영국은 결국 간디를 이기지 못했다. 간디는 영국의 약점을 파고들지 않았다. 쏟아지는 주먹에 맞서려고 하지도 않았다. 묵묵히 얻어맞으며 사랑과 용서로 원수를 대할 뿐이었다. "상대를 공격하지 말고 부끄럽게 하라." 간디는 상대방의 인격에 호소하며 승리를 거두었다.

날로 전쟁터같이 되어 가는 세상, 우리 모두가 승리자가 되려면 어떻게 해야 할까? 우리에게 필요한 것은 전쟁의 기술이 아니라 평화의 기술이 아닐까?

뿌리가 되는 책들_ 210쪽 참조
• 카를 폰 클라우제비츠 지음, 류제승 옮김, 『전쟁론』, 책세상
• 마쥔 지음, 임홍빈 옮김, 『손자병법 교양 강의』, 돌베개

프랑크족의 침입에서
이슬람 인들이 배운 것은?

1096년 7월, 엄청나게 많은 사람들이 콘스탄티노플(지금의 이스탄불)로 찾아들었다. 바다 건너편 아랍 세계는 긴장했다. 이 무리가 무엇 때문에 왔는지 종잡지 못했던 탓이다. 군대라고 보기에는 너무 어설펐다. 수백 명의 기사가 있기는 했지만, 여자와 아이들, 누더기를 걸친 노인들까지 섞여 있었다. 등 뒤에는 하나같이 십자가가 기워져 있었다.

무리는 잔인했다. 아마도 식량이 없었던 모양이다. 가는 곳마다 약탈이 일어났고 심지어 어린아이를 잡아 불태우기까지 했다. 도대체 이들은 누구일까? 왜 그토록 흥분해 있을까? 아랍인들은 상황을 좀처럼 이해할 수 없었다.

'십자군 전쟁'으로 알려진 사건은 이렇게 시작되었다. 아랍인들로서는 기독교도들이 이슬람 세계를 종교적인 이유로 쳐들어왔다는 사실이 믿기지 않았다. 이슬람의 알라와 기독교의 하나님은 같은 신이다. 그래서 이슬람은 기독교를 형제 종교로 여겼다.

십자군이 내세우는 '예루살렘 회복'도 희한한 소리이긴 마찬가지였다. 이슬람교도들이 예루살렘을 차지한 지는 한참 되었다. 게다가, 기독교도들이 예루살렘으로 가는 길은 그 시대에 가장 안전한 길로 손꼽혔다. 그런데도 왜 기독교인들은 흥분해서 쳐들어왔을까?

십자군 전쟁은 임진왜란과 꼭 닮은 꼴이다. 당시 유럽에서는 맏이를 뺀 아들들은 땅을 물려받지 못했다. 따라서, 오갈 데 없는 사람들이 너무 많았다. 일본도 마찬가지였다. 도요토미 히데요시가 통일을 이루자, 숱한 무사들은 일자리를 잃었다. 그들에게 나누어 줄 땅도 부족했다.

정치가들은 불안한 상황을 놓치지 않고 이용한다. 교황 우르바노 2세는 위기에 빠진 기독교 세계인 비잔틴 제국을 돕고 성지를 지킨다는 이유로 십자군을 모았다. 당연히, 사령관은 교황이 될 터, 기회를 살리면 유럽의 왕들을 단번에 휘어잡아 버릴 터였다. 도요토미 히데요시의 속내도 비슷했다. 침략이야말로 자기 몫을 달라 외치는 전쟁 기술자들을 나라 밖으로 떠밀어 낼 기회 아니던가.

그렇게 시작된 전쟁은 승부가 뻔했다. 한쪽은 전쟁에 몸이 단 집단이었다. 유럽의 기사들은 두꺼운 철갑옷으로 몸을 둘렀다. 심지어, 말까지도 갑옷을 입고 있었다. 이슬람 인들은 탱크를 처음 본 보병들처럼 두려움에 떨었다. 조선의 상황도 비슷했다. 병사들은 조총으로 무장한 왜적을 당해 내지 못했다. 군사들은 제대로 싸워 보지도 못한 채 도망가느라 바빴다. 이슬람 인들도 밀리고 또 밀릴 뿐이었다.

그들은 단순히 무기가 약해서 당하기만 했을까? 아랍의 작가 아민 말루프는 고개를 가로젓는다. 그는 내부 고발자의 시선으로 아랍의 문제를 날카롭게 지적한다. 십자군에게 당한 것은 아랍 세계가 하나로 뭉치지 못한 탓이었다. 아랍의 군주들은 십자군 침략을 도리어 반기기까지 했다. 당시 예루살렘 부근 지역은 다툼이 아주 심했다. 십자군과 손을 잡으면 이웃 왕들을 쉽게 누를 터였다. 그래서 십자군과 아랍 군주가 협력하는 경우도 적지 않았다.

나아가, 이슬람의 가장 큰 적은 이슬람 안에 있었다. 암살자 집단 아사신은 아랍의 지도자들을 끊임없이 노렸다. 장기나 살라흐딘(살라딘)같은 아랍의 영웅들도 이들의 위협에서 자유롭지 못했다.

조선은 또 어떤가. 유성룡의 『징비록』에 비친 모습은 한심하기만 하다. 국왕이 북쪽 끝 의주까지 내몰렸는데도, 관료들 사이에 다툼이 끊이지 않았다. 영의정이 임명됐다 하루 만에 쫓겨나는 일까지 있었다. 이순신 같은 장수들도 사형 문턱까지 내몰렸다.

십자군의 지배는 120년 가까이 이어졌다. 임진왜란도 7년을 끌었다. 전쟁으로 아랍 세계와 조선은 완전히 결딴났다. 십자군은 식인종으로 여겨질 만큼 잔혹했다. 마라라는 도시에서는 사람을 꼬챙이에 꽂아 굽고 시체를 먹을 정도였다. 한양을 되찾았을 때도 사람들은 시체 썩는 냄새에 돌아다니기도 힘들었다.

그래도 역사는 흐르는 법이다. 십자군 전쟁이 끝난 지 천 년 가까이 되었다. 십자군 전쟁을 통해 사람들은 무엇을 배웠을까? 안타깝게도, 서구 세계는 별로 깨달은 바가 없는 듯하다. 소설과 영화에서 십자군 전쟁은 '로망'으로 여겨진다. 신앙과 정의를 위해 칼을 뽑아 든 잘생긴 기사들. 약탈과 범죄를 반성하는 목소리는 좀처럼 듣기 어렵다.

아랍인들은 또 어떤가? 꽤 오랫동안 그들에게 십자군 전쟁은 '프랑크족의 침입'일 뿐이었다. 숱한 전쟁 가운데 하나로만 여겨졌다는 뜻이다. 제대로 된 깊은 반성은 양쪽 모두에게서 찾기 힘들다.

임진왜란에 대해서도 마찬가지다. 침략을 저지른 나라의 학생들은 왜란에 대해 별로 알지 못한다. 제대로 가르치지 않는 탓이다. 우리 또한 전쟁을 되새기지 않기는 마찬가지다. 『징비록』같은 '실패 사례집'을 주의 깊게 읽어 본 사람이 얼마나 될까?

정치와 외교는 미래 지향적이어야 한다. 하지만 그러기 위해서는 먼저 과거를 다잡아야 한다. 2001년, 조지 부시 미국 대통령은 '테러와의 전쟁'을 "새로운 십자군 전쟁"이라고 말했다. 역사를 제대로 알았다면 이런 표현을 과연 사용했을까? 충실한 역사 반성이 있었다면, 우리와 일본 사이에 미묘한 감정선도 자리할 곳이 없을 게다. 공동 역사 교과서를 쓰는 프랑스와 독일처럼 말이다.

살다 보면 싸움은 언제든 있을 수 있다. 제대로 반성하고 화해한다면, 다툼은 도리어 관계를 깊게 하는 기회가 된다. 그러나 이해와 용서의 과정을 거치지 못한 싸움은 상대를 영원히 용서 못 할 적으로 만든다.

나라들 사이가 안 좋아지면, 지나온 역사는 늘 전쟁의 명분이 된다. 아랍과 서방 세계, 우리와 일본의 관계는 과거를 '쿨'하게 여길 정도로 매끈할까? 갈등의 뿌리는 사이좋을 때 뽑는 편이 낫다. 역사에 대한 반성이 시급하고 중요한 요즘이다.

뿌리가 되는 책들_ 211쪽 참조
• 아민 말루프 지음, 김미선 옮김, 『아랍인의 눈으로 본 십자군 전쟁』, 아침이슬
• 유성룡 지음, 김문수 엮음, 『징비록』, 돌을새김

아힘사 (a h i m s a)

과연 가슴은 주먹보다 힘이 셀까?

간디와 히틀러는 둘 다 채식주의자였다. '초식남'들이 그렇듯, 둘은 친절하고 배려 깊었다. 적어도 비서들이 떠올리는 히틀러는 부드러운 사람이었다. 하지만 두 사람이 채식을 했던 이유는 달랐다. 히틀러는 '속이 불편해서' 채소만 먹기를 고집했다. 이 또한 쉬운 일은 아니었을 터다. 당시에는 고기를 먹지 않으면 허약해진다고 믿었기 때문이다. 요리사는 히틀러의 건강을 걱정해서 채소 수프에 몰래 고깃국물을 부어 넣기도 했다.

간디가 채식을 했던 까닭은 신념이었다. 그는 쓸데없는 욕심과 격한 감정은 육식에서 온다고 믿었다. 마음을 다스리려면 식탐부터 누르고 길들일 줄 알아야 한다. 채식은 간디에게 어려운 일이 아니었다. 힌두교도들은 원래 고기를 먹지 않기 때문이다. 하지만 영국에서 오래 공부한 간디가 고기를 입에 대지 않기는 어려웠다. 게다가, 그의 시대는 서양인들처럼 고기를 먹어야 '문명개화'할 수 있다고 믿던 때였다. 그럼에도 간디는 힌두교도의 식습관을 더욱더 철저하게 지켰다.

히틀러는 '속이 안 좋아 어쩔 수 없이 채식남이 된 육식남'이라 하겠다. 반면에, 간디는 '육식남을 거부한 채식남'이라 할 만하다. 이런 차이는 그들이 펼친 정치 활동에서도 고스란히 이어졌다.

히틀러는 육식동물처럼 세상을 바라보았다. 자연 속에서는 강한 놈이 약한 놈들을 잡아먹게 되어 있다. 이는 자연의 법칙이라 할 만하다. 자연의 일부인 인간세상도 마찬가지여야 옳다. 그렇다면 약한 것들이 강한 자를 누르고 있는 모습을 정상이라 할 수 있을까? 인간 세상에서는 덜떨어진 약자들이 뛰어난 사람들의 멱살을 쥐고 흔든다. 왜 그럴까? '민주주의' 때문이다. 민주주의 탓에 힘 약한 이들이 머릿수만 믿고 목청을 높이며 뛰어난 사람들을 몰아붙이고 있다.

히틀러는 '힘이 곧 정의'가 되는 세상을 꿈꿨다. 독일인들은 누구보다도 강한 민족이어야 했다. 그래야 거친 세상을 헤쳐 나가지 않겠는가. 무엇보다, 독일인들은 '생활공간(lebensraum)'을 넓혀야 했다. 남들보다 너른 땅과 자원을 차지해야 한다는 뜻이다. 남들이 가진 것을 순순하게 독일인에게 내줄 리는 없다. 그러니 어서 힘을 길러 남의 것을 빼앗아야 한다. 죄책감은 가질 필요가 없다. 자연 속에서 모든 일은 그런 식으로 이루어지지 않던가.

간디는 정반대의 논리를 따랐다. 그는 숱한 모욕을 견뎠던 사람이다. 잘나가는 변호사였음에도, 그는 기차 1등칸에서 쫓겨났다. 심지어는 따귀를 맞기까지 했다. 백인인 마부의 발밑에 앉으라는 말을 듣지 않았던 탓이었다.

간디는 묵묵히 맞으며 견딜 뿐이었다. 심지어, 자기를 괴롭힌 이들을 비난하지도 고소하지도 않았다. 간디는 폭력을 휘두른 이들은 '아직 진리를 모르기 때문에' 그랬을 뿐이라며 도리어 상대방 편을 든다. 모르고 잘못을 했다면 무조건 다그치기만 해서는 안 된다. 먼저, 힘으로 남을 누르는 일이 잘못

되었음을 일깨워 주어야 한다.

묵묵히 매를 맞는 간디를 편들어 준 사람들은 오히려 인도를 억누르고 있던 영국인들이었다. 깨인 사람들은 간디에게 휘두르는 폭력이 옳지 않다며 눈살을 찌푸렸다. 이는 전혀 이상한 모습이 아니다. 우리의 양심은 약자를 잔인하게 다루는 모습을 견디지 못한다. 이러한 진리를 일깨우기만 하면, 인간세상에서 사랑과 용서는 폭력을 이기게 되어 있다.

간디가 평생 펼친 '아힘사(ahimsa)'는 마침내 승리를 거두었다. 아힘사란 '비폭력 저항운동'을 말한다. 그는 옳지 않은 세금은 내지 않았고, 몽둥이로 때려도 묵묵하게 맞기만 했으며 감옥에 집어넣어도 맞서지 않고 조용히 끌려갔다. 간디는 늘 "수모를 견디고 필요할 때는 적을 도울 준비까지 되어 있었다".

물론, 당하다 보면 우리 마음속 짐승은 으르렁대기 시작할 테다. 상대를 물어뜯으라고 말이다. 그러나 짐승의 목소리를 따르면 복수는 또 다른 복수를 낳고, 폭력과 상처는 끊임없이 되풀이될 뿐이다.

그는 "집요하게 거부하되 폭력 없이 공개적으로 하라"고 충고한다. 맞서지 않는다면 때리고 괴롭히던 상대방은 스스로를 부끄럽게 여기게 되어 있다. 억울하게 당하는 이들은 사람들의 공분(公憤)과 동정을 사기 마련이기 때문이다. "그들은 폭력을 휘두름으로써 내게 축복을 내렸다. 그들 스스로 정의를 알린 셈이다."

간디의 비폭력은 결국 지배자인 영국인들마저도 감동시켰다. 1931년, 영국을 방문했을 때 간디는 국빈(國賓) 같은 대접을 받았다. 영국인들은 그를 존경했다. 왕이 간디를 초대하여 차를 나눌 정도였다. 간디는 자신의 자서전 제목을 "나의 진리 실험 이야기"라고 붙였다. 그의 '진리 실험'은 성공을 거두었다. 비폭력이 폭력보다도 더 설득력 있고 효과적인 승리의 방법임을 보여 준 셈이다.

그렇다면 히틀러는 왜 질 수밖에 없었을까? 간디의 성공은 영혼의 승리에서 비롯하였다. 욕망을 북돋기는 쉽다. 그러나 이를 이겨 내기는 어렵다. 히틀러는 욕망을 끊임없이 부추겼다. 힘을 키우면 더 많은 땅과 재산을 움켜쥘 수 있다며 사람들을 설득했다. 간디는 거꾸로 욕망을 줄이고 철저하게 다스리라고 충고한다.

탐욕에 휘둘린 마음은 앞뒤 안 가리고 욕심을 채우려 내달린다. 그러나 욕망을 줄이면 세상을 보는 눈은 더 정확해진다. 우리의 경제는 욕심을 키워야 굴러가는 구조로 되어 있다. '소비 심리'가 살아나야 살림살이가 나아진다지 않던가. 광고 문구들은 더 좋은 물건, 더 나은 생활을 하라며 바람을 불어넣는다. 이렇게 부풀려진 욕망은 나에게 이익만 된다면 폭력을 보고서도 쉽게 눈을 감게 만든다. 힘없는 나라의 자원을 빼앗기 위해 벌어지는 다툼들이 우리의 관심을 끈 적이 얼마나 되는지 떠올려 보라.

역사에서 욕심이 금욕을 이긴 적은 없었다. 간디가 '진리 실험'을 통해 얻은 결과는 우리가 여전히 가슴에 새겨야 할 '진리'다.

뿌리가 되는 책들_ 212쪽 참조
- 간디 지음, 함석헌 옮김, 『간디 자서전』, 한길사
- 트라우들 융에 지음, 문은숙 옮김, 『히틀러: 여비서와 함께한 마지막 3년』, 한국경제신문

왕 따

어떤 차이가 차별을 낳을까,
왕따의 사회학

 스포츠카와 SUV를 모는 사람들은 어떻게 다를까? 스포츠카를 타는 이들은 날렵하고 도전적일 듯싶다. 덩치 큰 SUV를 모는 사람들은 모험을 좋아하는 강한 성품일 테고. 하지만 거리를 조금만 살펴보아도 이런 생각이 틀렸음은 금방 알 수 있다.

 스포츠카 운전자 중에는 중후한 몸매의 중년들이 적지 않다. 하긴, 비싼 차를 몰 여유가 있으려면 그 정도 연배는 되어야겠다. SUV도 마찬가지다. 높고 두꺼운 창문 너머로 아주머니들이 많이 눈에 띈다. 안전하고 운전하기 좋아서 SUV를 고른 경우가 많기 때문이다. 그럼에도 우리는 스포츠카에서 젊음을, SUV에서는 탐험가의 근육을 떠올린다. 이런 선입견 탓에 엄청나게 많은 '예외'들을 제쳐 버린다. 왜 그럴까?

데이비드 베레비는 이를 '고리효과(looping effect)'로 설명한다. 특징을 엮을 '고리'가 생기면, 우리 두뇌는 바쁘게 움직이기 시작한다. 농구를 좋아하는 흑인과 백인 사이에는 어떤 차이점이 있는지, 동성애자는 양성애자들과 어떻게 다른지, 질문을 던져 보라. 우리는 순식간에 사람들을 이 기준에 따라 나눈다. 그러곤 '흑인은 ~할 거야', '동성애자는 ~하곤 해' 등등의 딱지들을 붙여 놓는다.

문제는 이런 구분이 차별로 이어진다는 데 있다. 사회학자 노르베르트 엘리아스는 차이가 차별로 이어지는 과정을 풀어 보여 준다. 그는 5천 명 남짓이 사는 작은 도시 윈스턴 파르바에서 흥미로운 점을 찾아내었다.

노동자들은 도시의 2, 3구역에 모여 살았다. 두 곳의 살림 형편에는 별 차이가 없었다. 그럼에도 2구역 주민들은 3구역 사람들을 깔보았다. 수준 낮고 문제만 일으키는 동네라고 말이다. 그러면서 자신들이 사는 곳은 교양 있고 정감 넘치는 지역이라고 우쭐거렸다.

하지만 도시의 진짜 모습은 그들의 생각과는 달랐다. 2구역에도 덜떨어지고 질 낮은 주민들이 있었다. 3구역 사람들은 대부분 점잖고 모범적인 시민들이었다. 아주 일부만 삐딱하고 껄렁한 모습을 보였을 뿐이다. 그럼에도 2구역 사람들은 자기 동네의 부족한 이들에게 눈길을 돌리지 않았다. 오히려, 2구역 안의 몇몇 뛰어난 이들을 치켜세우며, 그들과 자신을 같은 부류라고 여겼다. 거꾸로, 3구역에서는 문제 일으키는 몇몇만 눈여겨보았다. 그러곤 3구역 전체를 예절 없고 질서도 엉망인 동네라고 몰아붙였다.

놀랍게도, 3구역 사람들은 이런 평가에 발끈하지 않았다. 3구역이 더 못한 동네라는 사실을 담담히 받아들였을 뿐이다. 이렇듯 어처구니없는 일이 어떻게 가능할 수 있을까? 엘리아스는 그 이유를 주민들끼리의 자부심과 응집력에서 찾는다.

2구역은 토박이들이 사는 마을이었다. 반면에, 3구역은 제2차 세계대전 때 전쟁을 피해 온 사람들이 터를 잡았다. 어느 사회에서나 신참들이 자리 잡기는 어렵다. 전부터 있던 주민들에게는 옮겨 온 이들이 마뜩잖았다. 사는 방식도 다르고 말투도 다른 사람들이 처음부터 괜찮게 보일 리 있겠는가. 이사 온 사람들에 대한 온갖 험담이 자연스레 퍼져 나갔다.

오래된 동네에서는 소문 퍼지는 속도도 빠르다. 이웃끼리 친하기에 수다를 많이 떨기 때문이다. 그네들 이야기 속에는 묘한 거름망이 숨어 있다. 3구역 사람들을 얕볼 만한 소식이 들리면 사람들은 침을 튀기며 목소리를 높였다. 그러나 누군가 3구역에서 훌륭한 일이 벌어졌다고 말하면 대화는 이내 잦아들었다. 사람들은 보통 듣고 싶은 말만 듣는 법이다. 자기 머릿속 편견과 맞지 않는 이야기는 애써 흘려 버렸다. 3구역이 형편없어야 2구역이 얼마나 좋은 동네인지가 더 두드러지지 않겠는가. 그렇게 3구역에 대한 편견은 굳어져 갔다.

3구역 사람들은 어땠을까? 속상하기는 했지만 굳이 맞서려 하지 않았다. 사람들은 각각 딴 지역에서 왔기에 서로 친하지 않았다. 3구역에 대한 나쁜 편견은 내 고민이 아니라 '내가 사는 마을'의 문제일 뿐이었다. 따라서, 형편이 나아지면 그 지역을 뜨면 그만이었다. 소문이 안 좋아질수록 이웃 사이는 더더욱 멀어졌다. 마치 소문의 동네와 자신은 상관없다는 듯, 자기 가족끼리만 지냈다.

몇몇 청소년들은 2구역의 억지에 맞서 반항을 일삼았다. 아이들은 "버릇없다", "거칠다"는 소리를 들을 때면 더 막 나갔다. 상대방이 싫어하는 짓을 더 심하게 하여 심장을 뒤집어 놓는 것이 반항하는 10대의 특성 아니던가. 그럴수록 3구역에 대한 안 좋은 인상은 점점 더 굳어졌다. 2구역 사람들은 3구역을 보며 더더욱 똘똘 뭉쳤다. 우리는 저들과 다르게 교양 있고 규율 잡힌 사람들이라고 다짐하면서 말이다. 스스로 2구역 주민임을 자랑스러워하며 그에 걸맞게 행동하려고 했다. 이렇게 2구역과 3구역의 차이는 점점 벌어졌다.

엘리아스는 윈스턴 파르바의 현실은 사람 사는 곳 어디에서나 나타난다고 말한다. 우리 사회도 마찬가지다. 축구 선수를 뽑을 때 달리기 실력의 차이는 결코 차별이 아니다. 그러나 어느 지역 출신인지에 따라 선수를 가릴 때는 문제가 달라진다. 이처럼 정당하지 못한 차이로 차별의 벽을 쌓는 경우가 우리 사회에는 너무나 많다. 피부색에서 지역 갈등, 학벌에서 얼마나 땅값 높은 동네에 사는지에 이르기까지, 그 예는 셀 수 없을 정도다. 이런 우리 모습에 3구역을 멸시하는 2구역 주민들의 모습이 자연스레 겹쳐진다.

데이비드 베레비는 우리에게 '근본속성 오류(fundamental attribute error)'에 빠지지 말라고 충고한다. 자기가 늦잠을 잔 것은 어제 늦게까지 공부했다는 '상황' 탓이다. 하지만 남이 늦잠을 자면 '근본이 글러먹어' 게으르다고 눈을 흘긴다. 이게 근본속성 오류다. 우리는 과연 올곧은 눈으로 나 자신과 이웃을 가늠하고 있을까?

파이를 공평하게 자르기 위해서는, 칼자루를 쥔 사람이 남들이 모두 고른 후 남은 마지막 조각을 먹게 해야 한다. 조금이라도 큰 몫을 남긴다면 다른 이가 먼저 채어 갈 테니까. 차이가 적절치 못한 차별로 이어지지 않게 하려면 이런 지혜가 필요하다. 누구라도 가장 힘없는 사람이 될 수 있는 사회가 건강한 이유다.

뿌리가 되는 책들_ 213쪽 참조
- 노르베르트 엘리아스 외 지음, 박미애 옮김, 『기득권자와 아웃사이더』, 한길사
- 데이비드 베레비 지음, 정준형 옮김, 『우리와 그들, 무리짓기에 대한 착각』, 에코리브르

우분투(Ubuntu)

아프리카,
보고 싶지 않아도 보아야 할 세상의 역사

1945년, 미국과 소련은 한반도를 둘로 쪼갰다. 북위 38도선 북쪽은 소련이, 남쪽은 미군이 관리하기 위해서였다. 이 땅에 살던 사람들로서는 황당한 일이었다. 어제까지 오가던 이웃 마을이 '다른 나라'가 되었으니 말이다. 가족을 보러 가는 데도 일일이 검문을 받아야 했고, 나중에는 아예 왕래마저 어려워졌다.

이런 우리의 역사 경험을 떠올려 보면, 아프리카의 처지가 쉽게 이해될 테다. 1884년, 독일 베를린에서는 '콩고 회의'가 열렸다. 힘센 나라들이 아프리카를 나눠 갖자며 작당하던 자리였다. 아프리카 대륙은 지도의 선을 따라 직선으로 잘려 나갔다. 지금까지도 아프리카의 국경선들이 반듯하게 뻗어 있는 이유다.

지도만 보고 땅을 쪼개던 자들은 그 땅에 사는 사람들을 전혀 생각하지 않았다. 옹기종기 지내던 이웃이 '다른 나라 사람'이 되어 버리는 경우가 흔했다. 원수로 지내던 종족들과 '같은 나라'로 묶여 버린 사례도 적지 않았다. 이런 상황에서 갈등과 전쟁이 없을 리가 있겠는가?

그럼에도 아프리카를 지금처럼 만든 자들은 벌어지는 혼란에 별 관심이 없었다. 그들은 노예가 필요해서 아프리카에 눈독 들였을 뿐이다. 1492년, 콜럼버스가 '발견'한 아메리카 대륙에서는 숱한 일손이 필요했다. 하지만 아메리카에 살던 '인디언'들을 일꾼으로 쓰기는 어려웠다. 유럽 인들이 옮긴 질병에 상당수가 목숨을 잃었던 탓이다.

아메리카 대륙을 차지한 자들은 튼튼한 아프리카 인들을 노예로 끌고 갔다. 아프리카 인들은 사람 취급을 받지 못했다. 노예 상인들은 "검둥이 1만 톤"이라는 식으로 상품 다루듯 그들을 다뤘다.

세월이 흐르자 노예에 대한 관심은 시들해졌다. 새로 발명된 좋은 기계들이 일손을 덜어 준 덕분이었다. 노예를 팔아서 거두는 수입은 줄어든 반면, 식민지를 관리하는 데 드는 비용은 점점 늘어났다. 이제 아프리카를 직접 다스리는 일은 '남는 장사'가 아니었다.

이때부터 아프리카 식민지들은 하나하나 독립해 나갔다. 식민지 주인들은 머리를 굴렸다. 그들은 식민지를 독립시키는 대신, 자기 말 잘 듣는 인물을 지도자로 심어 놓았다. 뒤가 구린 사람들일수록 내 마음대로 길들이기 쉽다. 허점을 잡아 위협하고 이익으로 구슬리면 그들은 내 뜻대로 움직일 터이다. 아프리카에 유독 썩은 정치가들이 많았던 까닭이다.

옛 지배자들은 아프리카에 많은 '개발 원조금'을 빌려 주었다. 돈을 빌려 주면서 그들은 어려운 아프리카를 돕는다는 칭찬을 들었다. 또한, 이자까지 쏠쏠하게 챙길 수 있었다. 아프리카에 빌려 주는 돈에서 3분의 2는 이자로 되돌아왔다. 개발 원조금으로 두 마리 토끼를 잡은 셈이다. 게다가, 개발 사업으로 생기는 일자리의 상당수는 옛 지배자들 몫이었다. 아프리카를 직접 다스릴 때보다 더 많은 수입이 옛 지배자들에게 돌아갔다. 여기까지만 보면 아프리카의 역사에는 절망과 좌절밖에 없는 듯싶다.

그러나 아프리카는 세상에서 가장 오래된 대륙이라는 사실을 잊어서는 안 된다. 이 대륙의 역사는 14세기에 포르투갈 인들이 아프리카에 발을 내디디면서 시작되지 않았다. 포르투갈 인들이 처음 만난 아프리카 인들 역시 그들 나름의 문명을 갖추고 있었다. 물길을 대며 농사를 지었고, 약초를 영리하게 가려 쓸 줄도 알았다. 어찌 보면, 아프리카 인들의 사회는 서양 문명보다 훨씬 나아 보인다. 루소는『인간 불평등 기원론』에서 인간의 원래 모습을 이렇게 그린다. "떡갈나무 열매로 배를 채우고 시냇물로 갈증을 풀며, 먹을거리를 주었던 그 나무 밑동에서 잠자리를 구한다." 자연 속에서 소박하게 살 줄 알았다는 뜻이다. 초원과 밀림에서 살던 아프리카 사람들도 마찬가지였다.

"그대들은 기름을 얻으려고 거대한 야자나무 농장을 만들었다. 하지만 단 한 가지 식물을 위해 수많은 식물과 동물을 죽이는 짓은 나쁘다. 야자나무가 아무리 많아도, 야자나무만으로는 누구도 살지 못한다. 그러면 우리는 필요한 다른 것들을 얻기 위해 아득바득 살아야 한다. 반면에, 자연은 우리에게 모든 것을 준다. 우리는 그 가운데 필요한 것만 손에 넣으면 된다." 중앙아프리카에 사는 어느 피그미족의 말이다.

루소는 인간이 영리해지면서 도리어 스스로를 망치고 말았다며 한숨을 쉰다. 자연은 삶에 꼭 필요한 것을 우리에게 주지만 탐욕을 채울 만큼 내놓지는 않는다. 점점 커지는 욕심을 채우기 위해 사람들은 다른 이들을 억누르며 가진 것을 빼앗는다. 그러면서 세상은 점점 아름답지 못한 곳으로 바뀌어 갔다.

아프리카는 지구에서 가장 오래된 대륙이다. 최초의 인류도 이곳에서 태어났다. 또한, 아프리카는 가장 젊은 대륙이기도 하다. 아프리카에서 식민지 국가는 1974년에야 완전히 사라졌다. 아프리카에는 20~30대의 혈기왕성함이 그대로 살아 있다. 청년에게는 혼란과 고민이 자연스럽다. 새로운 아프리카도 당연한 '성장통'을 겪고 있을 뿐이다.

많은 사람들은 아프리카를 '자원 확보'의 측면에서만 눈독 들이곤 한다. 그러나 우리가 진정 아프리카에서 얻어야 할 점은 새로운 사상과 정신 아닐까? 그들의 고유 사상인 '우분투(Ubuntu)'만 해도 그렇다. 우분투란 '인간은 다른 사람 덕분에 인간이 된다'는 의미다. 나아가, 우분투는 공동체의 평화를 위해서는 우리의 욕심을 다스려야 한다고 가르친다.

남아프리카공화국은 한때 인종차별로 눈총을 받던 나라였다. 하지만 지금 이 나라는 인권을 가장 배려한다고 평가받는 헌법을 갖추고 있다. 유엔 사무총장이었던 코피 아난은 아프리카 가나 사람이다. 아프리카의 숨은 힘을 알게 하는 대목이다.

21세기는 환경보호와 조화로움이 중요한 시대다. 아프리카의 고유한 모습 속에는 새로운 시대에 필요한 도덕과 가치가 담겨 있지 않을까? 그들의 미래가 기대된다.

뿌리가 되는 책들_ 214쪽 참조

- 루츠 판 다이크 지음, 안인희 옮김, 『처음 읽는 아프리카의 역사』, 웅진씽크빅
- 장 자크 루소 지음, 주경복·고경만 옮김, 『인간 불평등 기원론』, 책세상

내가 이 땅에서 고생하는 이유는

아르헨티나의 어린이들은 누구나 말비나스 섬을 그릴 줄 안다. 학교에서는 이 섬을 '잃어버린 어린 자매들'이라고 가르친단다. 반드시 이 섬을 되찾아야 한다는 결심이 담긴 표현이라 하겠다. 심지어, 일기예보 지도에도 말비나스를 이루는 두 개의 땅덩어리는 꼭 들어 있다. 말비나스는 도대체 어떤 섬일까?

말비나스는 영국 사람들이 '포클랜드 제도(諸島)'라 부르는 섬이다. 1982년, 영국과 아르헨티나는 이 섬을 놓고 한바탕 전쟁을 치렀다. 하지만 작디작은 이 섬에는 변변한 자원도 없다. 그럼에도 아르헨티나와 영국에게 이 섬의 가치는 아주 크다.

사람들은 땅을 자신을 나타내는 상징처럼 여기곤 한다. 특히, 누구 땅인지를 놓고 실랑이를 벌이는 지역은 더욱 그렇다. 댜오위다오 군도(센카쿠 열도)를 놓고 벌이는 중국과 일본의 신경전에도 섬의 경제적 가치를 뛰어넘는 무엇이 있다.

지정학(geopolitics)은 이처럼 땅을 놓고 벌이는 갈등에 눈을 돌린다. 지정학에 따르면, 국가들은 끊임없이 자신들이 살아갈 공간을 늘리려 한다. 그러다 보면 반드시 다른 나라와 부딪칠 수밖에 없겠다.

힘세면 살고 약하면 먹힌다. 그러니 국가의 지도자들은 차가운 눈으로 현실을 바라보아야 한다. 누가 우리를 먹으려 하고, 어디를 집어삼켜야 우리가 살아남는지를 정확하게 알아야 한다는 말이다.

히틀러는 '지정학 연구소'를 따로 두었단다. 그곳에서 지리학자들은 독일의 생존공간(Lebensraum)을 넓히기 위해 머리를 싸매곤 했다. 히틀러는 지도를 요긴하게 써먹었다. 그는 제1차 세계대전으로 쪼그라든 독일의 모습을 국민들에게 지도로 보여 주었다. 그러곤 '대(大)독일 지도'를 당시의 독일 영토와 견주곤 했다. 대독일 지도에는 독일 말을 쓰는 모든 지역을 '독일'로 그려 놓았다. 오스트레일리아와 체코슬로바키아까지 아우르는 넓은 땅이었다. 사람들은 커다란 독일의 모습에 가슴 뭉클해했다.

지리학자 클라우스 도드는 땅의 모습은 애국심을 키우는 수단이라고 말한다. 사실, 국가는 '상상의 공동체(imagined community)'일 뿐이다. 같은 나라 사람이라고 해서 부모 형제처럼 살가워야 할 까닭이 뭐가 있겠는가? 부자 나라에도 지지리 궁상인 사람들은 얼마든지 있다. 국가가 잘나간다 해서 나까지 꼭 행복하리라는 법도 없다. 그럼에도 왜 국민들은 자신보다 국가를 더 위하고 앞세워야 하는가?

이 물음에 '국토'는 대답을 눈으로 보여 준다. 떠돌던 이스라엘인들은 잃어버린 가나안 땅을 되찾겠다는 결심으로 수천 년을 버텼다. 빼앗긴 땅을 되찾겠다는 뜨거운 바람이 없다면 팔레스타인 사람들이 지금처럼 뭉칠 수 있을까?

나아가, 지정학은 살아남으려면 모두가 힘을 합쳐 더 많은 땅을 차지해야 한다고 일러 준다. 심지어, 어디를 집어삼키라고 꼭 짚어 일러 주기까지 한다. 히틀러는 옛 소련 땅에서 눈을 떼지 못했다. 당시에 지정학자들은 동유럽과 옛 소련의 땅이 세상의 심장부(heartland)라고 주장했다. 아프리카, 유럽, 아시아 대륙의 중심이기 때문이다. 이곳을 차지하고 철도를 놓아 잘 이용하기만 하면, 바다에서 힘을 쓰던 영국 같은 나라는 힘을 잃게 될 테다. 히틀러가 소련과 목숨 걸고 싸웠던 데는 지정학자들의 주장이 큰 몫을 했다.

미국과 소련이 힘을 겨루던 시대에도 마찬가지였다. 지정학자들은 북극을 가운데 놓은 지도를 널리 퍼뜨렸다. 일상에서 흔히 보는 지도에서는 태평양이 가운데 있다. 이 지도에서는 미국과 소련은 멀찍이 떨어져 있다. 하지만 북극을 중심에 놓으면 미국과 소련이 바싹 붙어 보인다. 게다가, 군인들은 지도에 차곡차곡 원까지 그려 놓았다. 원은 소련에서 쏜 미사일이 미치는 거리를 나타내었다. 지도만 보고도 소름 돋을 일이었다.

지정학에서는 사람들이 무엇을 놓고 갈등을 벌이는지에 따라 세상의 모습을 다르게 나타낸다. 그렇다면 테러가 끊이지 않는 지금의 세계는 어떨까? 새뮤얼 헌팅턴은 『문명의 충돌』에서 우리 시대의 갈등은 '문화'를 놓고 벌어진다고 주장한다.

그는 세계를 중화(중국), 일본, 힌두교, 이슬람, 정교, 서구, 라틴아메리카, 아프리카라는 8개 문명으로 나눈다. 각각의 문명이 맞닿는 곳은 바람 잘 날이 없다. 문명끼리의 충돌은 결코 해결되지 않을 터이다. "이슬람 성전을 지어야 할지, 힌두교 신전을 지어야 할지는 두 건물 모두를 지어도, 혹은 아예 어떤 건물도 짓지 않아도, 또는 이슬람과 힌두교를 적당히 합친 건물을 짓는다 해도 풀리지 않는다."

힌두교를 믿는 인도와 이슬람을 따르는 파키스탄의 오랜 다툼을 보면 헌팅턴의 말이 틀리지 않은 듯싶다. 게다가, 아프가니스탄이나 이라크 등에서 벌어지는 전쟁도 이슬람과 기독교 문명이 부딪치는 모습으로 설명할 수 있겠다.

하지만 지정학의 잣대는 언제나 편견이 될 수 있다. 클라우스 도드에 따르면, 미국 국민의 80%는 여권이 없단다. 게다가, 미국 시민들 가운데 상당수는 나라 밖 문제에 관심이 없다. 이런 사람들에게 지정학적 판단은 편견만 심어 줄 뿐이다. 시민들 대부분이 텔레비전 화면에 비치는 막연한 인상만으로 세상을 판단해 버리는 탓이다. 우리의 처지는 과연 미국인들보다 얼마나 나을까?

히틀러가 무너진 후, 지정학은 학자들 세계에서 쫓겨나다시피 했다. 사람들을 속이는 '사이비 과학'이라는 꼬리표를 달고 말이다. 세상살이는 단순하지도, 분명하지도 않다. 하나의 잣대로 세상을 명쾌하게 설명해 내는 이론은 우리의 피를 불끈거리게 한다. 하나만 해결하면 모든 문제가 풀릴 것처럼 착각하게 하기 때문이다. 하지만 단순한 해결책은 늘 복잡한 문제를 낳는다. 세상살이는 명쾌한 해법보다 깊은 지혜를 필요로 한다.

뿌리가 되는 책들_ 215쪽 참조
• 새뮤얼 헌팅턴 지음, 이희재 옮김, 『문명의 충돌』, 김영사
• 클라우스 도드 지음, 정승현 옮김, 『중동전쟁이 내 출근길에 미치는 영향은』, 한겨레출판

짐승은 살기 위해 싸운다. 배부른 사자는 옆에서 치타가 집적여도 쳐다보지 않는다. 그러나 인간은 다르다. 생존과 상관없어도 인간은 싸운다. 세상은 명분과 믿음을 앞세우는 전쟁으로 가득하다. 대의(大義), 정의, 복수. 오직 인간만이 이런 이유로 싸움을 벌일 수 있다. 문제는, 그렇다고 전쟁이 꼭 '인간적'인 것은 아니라는 데 있다. 가장 고귀한 명분을 내세우는 전쟁을 통해 인간은 짐승보다 못해지곤 한다. 잔인함은 끝을 모른다. 그럼에도 다툼에 열이 오른 인간은 창피한 줄 모른다. 오히려, 자기가 역사와 인류 발전에 영웅적인 발자취를 남기고 있다고 착각하는 이들도 많다.

이 장(章)에서는 왕따, 갈등, 그리고 전쟁을 다뤘다. 인간다움을 지키기 위해서는 때로 다툼을 피할 수 없다. 그러나 인문학적으로 다툼을 성찰하지 않을 때 인간은 짐승이 된다. 우리는 이 점을 잊고 산다. 간디의 아힘사(ahimsa), 아프리카의 우분투(Ubuntu) 등, 우리에게 큰 지혜를 주는 사상을 보듬고 또 보듬을 일이다.

니체의 위험한 책,
차라투스트라는 이렇게 말했다
고병권 지음, 그린비

1885년, 니체는 『차라투스트라는 이렇게 말했다』를 펴낸다. 차라투스트라는 고대 조로아스터교의 창시자인 조로아스터를 독일어식으로 읽은 말이다. 그러나 이 책의 차라투스트라는 실제의 조로아스터와는 별 상관이 없다. 이 책에서 그는 '최후의 인간'과 '초인(超人: Übermensch)'을 대비시킨다. '최후의 인간'은 쾌락과 만족에 빠져 지내며 종족을 남기겠다는 생각조차 잃어버린 사람들이다. 컴퓨터 게임 등으로 소일하는 현대인들 대부분은 이런 '최후의 인간'에 해당될 듯하다. 반면에, 초인은 넘치는 생명력으로 끊임없이 자신의 한계에 도전하며 더 높은 곳으로 자신을 끌어올리는 사람이다. 인류의 역사는 이러한 초인의 탄생을 향한 역사이다. 자잘한 일상에 파묻혀 자신을 잃어 가고 있는 이들에게 힘을 주는 책이다.

전쟁본능: 전쟁의 두 얼굴
마틴 판 크레펠트 지음, 이동훈 옮김, 살림

전쟁은 '영혼이 없는 살인 전문 국가 공무원'들이 벌이는 사업만은 아니다. 여기에는 영웅심, 명예욕, 과시욕 등등, 숱한 감정이 끼어든다. 이런 요소들을 머리에 넣지 않고서는 전쟁을 제대로 알 수 없다. 전쟁은 막싸움이 아니다. 문화와 전통에 따라, 나름의 의식(儀式)에 따라 이루어진다. 크레펠트는 '전쟁 문화'가 사라지고 있는 현실을 안타까워한다. 현대의 병사들 가운데는 외상 후 스트레스 장애를 심하게 앓는 이들이 많다. 왜 그럴까? 크레펠트는 그 이유를 제대로 된 전쟁 문화가 없다는 데서 찾는다. 예전에 병사들은 전쟁을 끝내는 예식을 통해 신에게 잘못을 빌고 죄를 덜었다. 전쟁이 과거가 되었음을 분명히 하고 마음의 짐을 덜었던 셈이다. 인간은 문화의 옷을 입고서야 비로소 '사람'이 된다. 전쟁도 마찬가지다.

Keyword 32 상무(尚武) 정신

전쟁론
카를 폰 클라우제비츠 지음, 류제승 옮김, 책세상

클라우제비츠는 전쟁이란 "내 의지를 강요하기 위해 사용하는 폭력 행위"라고 말한다. 그는 '인간적인 전쟁'이란 없다고 잘라 말한다. "전쟁처럼 위험한 일에서는 착한 의도에서 저지른 잘못이 최악의 오류이다."

하지만 현실의 전쟁은 그렇지 않다. 상대를 없애 버렸다 해서 나한테 꼭 이롭다는 법도 없다. 일상에서 전쟁은 협상하고 물건을 사고 파는 등의 여러 활동 중 하나일 뿐이다. "전쟁은 다른 수단에 의한 정치의 연속"이라는 말은 현실의 전쟁을 정확하게 보여 준다. 물론, 군인들은 대부분이 적을 완전히 쓸어 없애는 데 주목한다. 하지만 정치가들은 다르다. 군대는 무역이나 경제원조같이 사용가능한 '카드' 가운데 하나일 뿐이다. 폭력이 그 자체로 목적이 되면 세상은 끔찍해진다. 클라우제비츠는 이 점을 일깨워 준다.

손자병법 교양 강의
마쥔 지음, 임홍빈 옮김, 돌베개

『손자병법』은 철저하게 농민을 위한 군사 이론서다. 농경민족은 전쟁을 좋아하지 않는다. 전쟁은 삶의 모든 것을 앗아갈 수 있기 때문이다. 그럼에도 전쟁이 벌어지면 이겨야 한다. 그래서 이들은 싸우지 않고도 승리하는 길을 '최선'으로 꼽는다. 『손자병법』도 마찬가지다. 지은이 손무는 "백번 싸워 백번 이기는 것이 최선의 전략이 아니며, 싸우지 않고 적을 굴복시키는 것이야말로 최선의 전략"이라 말한다.

또한, "전쟁 준비가 다소 완벽하지 못해도 속전속결을 추구하여 승리한 경우가 있다는 말은 들었으나, 전쟁 준비를 완벽하게 갖추고 장기전을 추구하여 승리한 전례는 아직껏 본 적이 없다"는 주장도 새겨들을 만하다. 우리에게는 『손자병법』의 세세한 전쟁 기술보다, 평화를 앞세우는 손무의 생각이 더 중요하다.

Keyword 33 전략·전술

아랍인의 눈으로 본 십자군 전쟁

아민 말루프 지음, 김미선 옮김, 아침이슬

십자군은 제대로 된 군대가 아니었다. 노인과 어린이, 여인네들이 뒤섞인 '무기를 든 순례자 집단'에 가까웠다. '프로 싸움꾼'인 기사들이 있기는 했지만, 수가 많지는 않았다. 아랍 세계가 똘똘 뭉쳤다면 십자군에게 속절없이 당하고 예루살렘을 빼앗기지는 않았을 터이다.

아민 말루프는 아랍인의 눈으로 십자군 전쟁을 바라보고 분석한다. 책에 소개된 자료들은 아랍 쪽 기록들이다. 십자군은 약탈자 무리에 가까웠다. 그럼에도 아랍의 군주들은 십자군을 이용해먹으려고만 들었다. 적이었던 다른 부족을 치기 위해 십자군들을 적절하게 부추겼다는 뜻이다. 어찌 보면, 십자군 전쟁 때 상황과 지금의 아랍 세계는 비슷해 보이기까지 한다. 온고이지신(溫故而知新)의 지혜는 아랍 세계에도 필요할 듯싶다.

징비록

유성룡 지음, 김문수 엮음, 돋을새김

『징비록』은 국보 132호로 지정되어 있다. '징비(懲毖)'라는 제목은 〈시경〉의 "予其懲而毖後患(내가 징계해서 후환을 경계한다)"에서 따왔단다. 유성룡은 임진왜란 때 영의정을 지냈다. 1권은 왜(倭)가 쳐들어와서 불과 10일 만에 한양까지 올라오게 된 사연을 다룬다. 평양성 전투와 명(明) 원군을 둘러싼 여러 에피소드가 펼쳐진다. 2권에서는 왜군이 물러났다가 다시 쳐들어오는 정유재란을 그린다.

"앞장섰던 수레가 뒤집혔으면 빨리 고쳐야 한다. 그런데도 고칠 생각은 않고, 왜 뒤집혔는지는 따져 보지도 않고 뒤집힌 수레의 바퀴 자국만 따라가고 있다. 그러면서도 무사하기를 바라는 것은 요행만을 믿는 어리석음이다." 유성룡의 한탄이 21세기를 사는 우리의 가슴을 울리는 까닭은 무엇일까.

Keyword 34 십자군 전쟁

간디 자서전

간디 지음, 함석헌 옮김, 한길사

간디는 식민지 영국의 엘리트였다. 영국에서 유학했던 데다가, 변호사 자격까지 있었다. 남아프리카에서는 꽤 잘나가는 변호사였다. 그랬던 그가 왜 '혁명가'로 거듭나게 되었을까? 『간디 자서전』에는 그 사연이 자세하게 나와 있다.

간디는 '비폭력 저항주의', 즉 아힘사(ahimsa)를 앞세웠다. 간디는 "조직적인 악에는 조직적인 사랑으로 맞섰고, 그러면 반드시 승리한다는 점을 보였다". 실제로 그는 숱한 대중운동을 이끌었지만, 폭동으로 번질 때는 앞장서서 책임지고 물러났다. 나중에는 간디의 적들마저 그에게 존경을 보냈다. 책을 우리말로 옮긴 함석헌은 이런 말로 끝을 맺는다. "간디 정신은 간디의 것이 아닙니다. 우주의 정신이요, 하나님의 말씀이기 때문입니다. 그의 위대함은 어린애 같은 겸손한 믿음에 있었습니다."

히틀러: 여비서와 함께한 마지막 3년

트라우들 융에 지음, 문은숙 옮김, 한국경제신문

히틀러는 바그너 오페라만을 즐겨 들었다. 물론, 나치는 바그너를 '독일적'인 작곡가로 높이 샀다. 하지만 사정은 간단하지 않았나 보다. 히틀러는 비서에게 이렇게 털어놓았단다. "유감스럽게도, 어떤 음악을 들으며 좋다는 말을 한번 하기라도 하면 그 음악만 들어야 하는 게 내 운명이란 말이오. 한번은 내가 〈마이스터징어〉를 들으면서 바그너의 작품 중 정말 아름다운 것이라고 말한 적이 있소. 그 이후 내가 가장 좋아하는 오페라는 〈마이스터징어〉가 되어 버렸고, 다른 작품에는 초청받지 못했소."

히틀러는 개인적으로는 다정다감한 사람이었다. 그러나 독재는 독재자마저도 자유롭지 못하게 했다. 이 책은 히틀러의 비서를 지낸 트라우들 융에의 회고록이다. 히틀러의 개인적인 면모를 속속들이 엿볼 수 있다.

Keyword 35 아힘사(ahimsa)

기득권자와 아웃사이더
노르베르트 엘리아스 외 지음, 박미애 옮김, 한길사

1960년대 런던 교외의 작은 도시 윈스턴 파르바(Winston Parva)의 이야기다. 도시는 상류층 동네와 못사는 지역으로 나뉘었다. 두 지역의 소득수준은 별 차이가 없었다. 그럼에도 평판이 좋은 동네는 낮은 지역을 하찮게 봤다. 낮은 평가를 받는 지역도 차별을 당연한 듯 받아들였다. 왜 이런 일이 벌어졌을까?

기득권 집단은 아웃사이더 가운데 가장 저질인 부류만 바라본다. 그러곤 그들의 특징을 아웃사이더의 전체 특징인 듯 여긴다. 반면에, 우월한 집단은 자기들 가운데 가장 훌륭한 부류만 쳐다본다. 그러곤 자신은 그들과 동급이라고 여긴다. 자존감이 셀수록 자기들끼리 똘똘 뭉친다. 열등한 집단은? 자신이 속한 부류의 일원임을 숨기려 한다. 사회적 차별은 민감한 문제이다. 차별의 메커니즘에 대한 철저한 연구가 필요한 때다.

우리와 그들, 무리짓기에 대한 착각
데이비드 베레비 지음, 정준형 옮김, 에코리브르

1954년 여름, 미국 오클라호마의 5학년 학생 스물두 명은 산속의 캠프장에서 3주일을 보냈다. 학생들은 '방울뱀'과 '독수리'라는 두 그룹으로 나뉘었다. 둘 다 백인 아이들로, 성장 과정은 별 차이가 없었다. 그럼에도 한 주 만에 두 집단은 '적'이 되었다. 심지어, 서로 같이 앉기조차 싫어했다. 보다 못 한 캠프 운영자는 두 집단에게 함께하는 과제를 준다. 같이 시설을 고치고 텐트도 함께 치도록 했다. 서로 친해지자 '우리'와 '적'이라는 구분은 점점 흐려졌다. 지은이가 주장하는 바는 분명하다. '우리'는 서로 비슷해서 무리 짓는 것이 아니라 '우리'가 되고 나서 비슷해진다. 그런 다음, '우리'의 맞은편에 '그들'이 만들어진다. 이 밖에도, 지은이는 차별이 만들어지는 과학적인 원리들을 조근조근 설명해 준다.

Keyword 36 왕따

처음 읽는 아프리카의 역사

루츠 판 다이크 지음, 안인희 옮김, 웅진씽크빅

아프리카 역사를 제대로 알고 있는 사람이 얼마나 될까? 역사책을 보면 이 대륙의 역사는 500여 년 전 유럽 인들이 아프리카에 첫발을 내딛으면서 시작되었다는 인상을 줄 정도다. 게다가, '아프리카'는 하나의 나라가 아니다. 숱하게 많은 민족과 문화가 있지만, 우리는 뭉뚱그려 '아프리카'라 부른다. 사실, 이 대륙에는 1만 개가 넘는 인종 그룹, 작은 국가, 왕국, 부족이 있었다.

그러던 아프리카는 불과 50개 국가로 '정리'되었다. 유럽 등 서방국가들에 의해서 말이다. 오랜 전통을 무시하고 다른 부족들을 하나로 합치거나 찢어 놓았다 해 보라. 문제가 없을까? 현재도 아프리카에서 분란이 끊이지 않는 이유다. 이 책은 아프리카의 장점과 비전도 균형 있게 다루고 있다. 아프리카에 관한 입문서로 손색이 없다.

인간 불평등 기원론

장 자크 루소 지음, 주경복·고경만 옮김, 책세상

1753년, 프랑스 디종 아카데미는 "인간 사이에 있어 불평등의 기원은 무엇인가, 그리고 그것은 자연법에 의해 정당화되는가?"라는 논문 현상 공모를 내걸었다. 여기에 젊은 루소가 제출한 논문이 『인간 불평등 기원론』이다.

불평등의 이유로 루소는 '사유재산제'를 꼽는다. '자연 상태'에서 인간은 평등하다. 키가 크고 작은 정도의 '신체적 불평등' 외에는 별다른 차별이 없었다. 그러다가 재산이 생기면서 온갖 문제와 악덕이 생겨나기 시작했다. 자기 이익을 지키기 위해 주인과 노예, 부자와 빈자 등, 여러 사회제도를 만들어 냈다. 그렇다면 모두가 평등해지려면 어떻게 해야 할까? 자연 상태의 인간으로 되돌아가면 된다. 인간의 본래 마음은 착하고 선하기 때문이다. 『인간 불평등 기원론』은 프랑스혁명의 배경이 된 사상서로 꼽힌다.

Keyword 37 우분투(Ubuntu)

문명의 충돌
새뮤얼 헌팅턴 지음, 이희재 옮김, 김영사

헌팅턴은 '문명'을 잣대로 삼아 세상을 바라본다. 나라든 사람이든, 비슷한 부류끼리 뭉치기 마련이다. 예컨대, 유럽연합(EU)은 터키를 좀처럼 받아들이려 하지 않는다. 기독교가 주축인 유럽 문명이 이슬람의 나라를 받아들이기를 꺼려서란다.

각 문명에는 좀처럼 사라지지 않는 '그 무엇(paideuma)'이 있다. 중국은 불교를 받아들였지만 결코 '인도화'되지 않았다. 이는 21세기에도 마찬가지일 터다. 다른 문명과의 만남이 잦아질수록 자기만의 특성이 무엇인지를 더 분명하게 깨닫게 되기 때문이다. 헌팅턴은 앞으로의 세계는 중화, 일본, 힌두, 이슬람, 정교, 서구, 라틴아메리카, 아프리카라는 8개의 문명들이 서로 경쟁하며 대립하는 구도로 굴러가리라 예상한다. 과연 그럴까? 세계화를 둘러싼 논란은 끝이 없다.

중동전쟁이 내 출근길에 미치는 영향은
클라우스 도드 지음, 정승현 옮김, 한겨레출판

'지정학'이란 세상을 영토와 자원에 방점을 두고 바라보는 태도를 말한다. 제2차 세계대전 이후, 학자들은 지정학이라는 말에 경기를 일으키곤 했다. 지정학은 나치가 좋아하던 학문 아니었던가. 이에 따르면, 세상은 온통 전쟁과 갈등으로 가득하다. 게다가, 세계화는 이제 '지리학의 종언(終焉)'을 불러오고 있다. 교통이 발달하여 국경과 영토가 별 의미 없어진다는 뜻이다.

그럼에도 지정학의 영향력은 현대에도 아주 크다. 부시 전(前) 미국 대통령의 '악의 축' 주장만 해도 그렇다. 세상은 선하고 착한 지역과, 악하고 해로운 국가로 나뉜다. 논리를 세우면 억지도 그럴싸해 보인다. 지도를 들이대며 '전략적 위협'을 내세우는 정치가들은 지금도 많다. 지정학은 지나간 시대의 유물이 아니다. 이 책은 지정학의 가치를 일깨워 준다.

Keyword38 지정학

Chapter 6

자본주의 생존학

정글에서 살아남기

원자 경제에서 비트 경제로

1970년대까지 컴퓨터는 아무나 쓰는 물건이 아니었다. 심지어 프로그래머들에게도 컴퓨터를 쓸 수 있는 시간이 정해져 있었다. 관리자들은 일일이 사용 계획서를 읽어보고 효율성을 따져 가며 이용 허가를 내주었다. 쓸데없이 복잡한 프로그램을 짰다가는 퇴짜를 맞기 일쑤였다. 그래서 프로그래머들은 꼭 필요한 만큼만 작동하도록 짧고 간단하게 프로그램을 짰다.

그러나 엔지니어 앨런 케이의 생각은 달랐다. 그는 비싼 컴퓨터로 모니터 화면을 재미있게 꾸미는 방법을 궁리했다. 마우스로 포인터를 움직이고 창을 여러 개 만드는 식으로 말이다. 화면이나 꾸미자고 그 비싼 기계를 쓰다니, 어디 될 법한 소리였던가. 당시 기준으로는 이만저만 낭비가 아니었다.

앨런 케이의 '낭비'는 결국 컴퓨터의 발전을 가져왔다. 1960년대에도 이미 작은 가정용 컴퓨터를 만들자는 아이디어는 있었다. 그러나 무조건 아끼자는 생각이 널리 퍼진 세상에서는 가정용 컴퓨터가 쓰일 곳을 찾지 못했다. 기껏해야 기술자들이 16진수로 복잡한 계산을 해야 쓸 수 있는 1만 달러짜리 조리법 저장기를 떠올렸을 뿐이다. 앨런 케이는 비로소 컴퓨터를 쉽게 쓸 수 있는 방법을 찾아낸 셈이다.

낭비는 새로운 소비를 부른다. 그리고 소비는 시장을 만들어 내고 기술 발전을 가져온다. 이렇게 보면 낭비가 꼭 나쁜 것만은 아니다. 아리스토텔레스도 자유민의 조건으로 '여유(scholē)'를 꼽았다. 뭔가 새롭고 기발한 것을 찾으려면 시간과 돈을 적당히 낭비할 줄도 알아야 한다.

인터넷에서는 여유가 차고 넘친다. 검색과 이메일은 이제 '당연히 공짜'처럼 여겨진다. 무료 게임에서 주식 상담에 이르기까지, 무료인 콘텐츠 목록에는 끝이 없다. 공짜로 할 수 있는 것이 늘어날수록 인터넷의 쓰임새도 자꾸만 많아진다. 그러면 이용자는 더욱 늘어나고, 컴퓨터 칩의 가격과 인터넷 통신 비용은 점점 내려간다. 기업이 감당해야 할 생산 비용 역시 줄어든다.

하지만 세상에 공짜 점심은 없다. 공짜는 무엇인가를 반드시 대가로 바라기 마련이다. 공짜를 통해 기업들은 여러 방법으로 이윤을 챙긴다. 검색엔진의 광고는 이익을 얻는 대표적인 방법이다. 콘텐츠를 무료로 주고, 추가 기능을 쓸 때만 요금을 받는 버저닝(versioning)이라는 기법도 있다. 자신의 음원을 공짜로 퍼 가게 하고 콘서트 표를 팔아 한몫 챙기는 음악가들도 있다.

어떤 방법을 쓰건, 인터넷에서는 규모가 가장 중요하다. 무료 백과사전인 위키피디아는 하루에도 수천만 명이 이용하는 사이트다. 하지만 여기에 정작 자료를 올리는 사람은 많지 않다. 방문자 만 명 중 한 명꼴이란다. 숫자로 보자면 0.0001퍼센트에 지나지 않는다. 하지만 사용자가 천만 명이라면 어떨까? 0.0001퍼센트라 해도, 위키피디아에 요긴한 정보를 올리는 '기자'가 무려 1,000명이 있는 셈이다.

공짜 이용자라도 많아지면 이익은 늘어난다. 경제학자 크리스 앤더슨은

'5%의 법칙'을 내세운다. 이용자의 95%는 기본적인 기능을 무료로 쓴다. 그러나 더 많은 기능을 돈을 내며 쓰는 5%만 있어도 이익을 뽑는 데는 문제가 없다.

그래서 인터넷 기업들은 이용자를 늘리려 안달이다. 사용자를 많이 늘리는 데에서 공짜는 가장 좋은 방법이겠다. 게다가, 사람들은 더욱 많은 서비스를 공짜로 내놓는 사이트로 몰려들 테다. 인터넷 회사들이 앞다투어 공짜 서비스들을 내놓는 이유가 거기에 있다.

문제는 인터넷 기업들이 몰려든 공짜 이용자들에게서 어떻게 이익을 뽑아낼지를 모른다는 데 있다. 트위터나 유튜브는 큰 인기를 끄는 서비스 업체이다. 하지만 두 업체는 여전히 적자 상태다. 사람들을 구름같이 모아 놓았지만, 이익을 뽑을 방법이 마땅치 않기 때문이다. 개인적인 대화를 나누는 데 광고를 들이밀 수는 없는 일이다. 그렇다고 돈을 받을 수도 없다. 그랬다가는 이용자들이 다른 무료 사이트로 썰물처럼 빠져나갈 테다.

공짜는 그래서 또다시 낭비를 부추긴다. 큰 이익을 남기려면, 커피 자판기가 널려 있어도 테이크아웃 커피를 마시고 싶게 만들어야 한다. 인터넷에서의 공짜도 결국 공짜가 아니다. 끊임없이 무언가를 바라고 원하게 만들기 때문이다. 그러다 보면 언젠가는 결국 내 주머니도 털리게 되어 있다.

이 점에서 토머스 모어의 『유토피아』는 여전히 가르침을 주는 소설이다. 유토피아는 어디에도 없는 낙원이다. 유토피아에서는 필요 없는 욕심을 없애려 애쓴다. 거기서 사람들은 하루 여섯 시간만 일한다. 그러고도 부족함 없이 산다. 하긴, 우리의 노동 대부분은 비싼 옷이나 좋은 음식 같은 '사치품'을 얻는 데 들어간다. 쓸데없는 돈을 줄이고 꼭 필요한 지출만 하면 은행 계좌는 금방 부풀어 오를 테다.

심지어, 유토피아에서는 집을 함부로 허물고 새로 짓지 못하도록 국가가 엄하게 감시한다. 시민들에게는 옷도 서너 벌뿐이다. 낭비를 막기 위해서다. 시민들의 생활이 궁상맞지는 않을까? 토머스 모어는 그렇지 않다고 힘주어 말한다. 사람들은 남는 시간에 공부나 고상한 취미에 매달린다. 쓸데없는 사치를 줄이면 인생의 질도 그만큼 높아진다.

그렇다면 우리 인터넷 문화는 어떤가? 인터넷은 인정과 관심이 큰 역할을 하는 공간이다. 돈을 벌지 못해도, 그 자체로 즐거워 블로그 활동에 열심인 사람들도 많다. 공짜인 서비스가 많으니 큰돈이 들지도 않는다. 인터넷을 통해 소박하고 차원 높은 삶을 꾸려 갈 수 있겠다.

반면에, 인터넷은 끝없이 소비를 일깨우는 공간이기도 하다. 사이트들을 하릴없이 옮겨 다니다 보면 없던 욕구도 생겨난다. 유토피아에도 인터넷이 있다면 어떤 모습일까? 절약으로 망한 문명은 없다. '공짜의 시대'에 절제의 미덕은 더욱 강조되어야 한다.

뿌리가 되는 책들_ 251쪽 참조
• 크리스 앤더슨 지음, 정준희 옮김, 『프리』, 랜덤하우스코리아
• 토머스 모어 지음, 황문수 옮김, 『유토피아』, 범우

과 시 적 소 비

엣지, 된장녀,
자본주의는 무엇을 먹고 사는가

세계 명품의 20%는 일본 안에서 팔린다. 또한, 30%는 해외여행을 하는 일본인들이 산다. 명품 시장의 절반을 일본이 좌지우지하는 셈이다. 우리나라와 중국의 '명품 사랑'도 일본 못지않다. 명품은 원래 유럽의 귀족과 부자들을 위한 상품에서 출발했다. 예컨대, 루이뷔통은 귀족들의 여행 가방을 만들던 장인(匠人)이었고, 에르메스는 말안장을 만들던 사람이었다. 그럼에도 정작 '명품의 고향'인 유럽에서는 사치품이 별 관심을 못 끈다. 왜 그럴까?

『럭셔리』는 그 이유를 명쾌하게 풀어 주는 책이다. 〈뉴스위크〉 기자 출신인 저자 데이나 토마스는 명품의 역사와 의미를 조목조목 짚어 낸다. 유럽의 귀족들은 오랜 세월 동안 사회의 인정을 받아 왔다. 나아가, 많은 이들은 큰 성(城)과 너른 영지(領地)까지 갖고 있다. 따라서, 굳이 자기가 '고귀한 신분'임을 거들먹거릴 필요가 없다. 그러지 않아도 확연하게 드러나기 때문이다.

　반면에, 땅값 비싼 일본에서는 넓은 저택과 거대한 부동산으로 넉넉함을 자랑하기란 아주 어렵다. 게다가, 일본은 국민의 85%가 자신은 중산층이라고 여기는 나라이기도 하다. 평등한 사회일수록 사람들은 자신의 뛰어남을 증명하려고 조바심을 낸다. 이런 욕심을 채워 주는 데는 명품이 제격이다. 눈에 확 띄는 값비싼 옷과 구두는 내가 특별하고 부유한 사람임을 분명하게 보여 줄 테다.

　그런데 명품으로 뽐내고 싶은 욕망에는 기묘한 데가 있다. 명품 숍에서도 수천 달러씩 하는 옷이 팔리는 경우는 드물다. 명품 가게들은 자잘한 지갑이나 핸드백에서 대부분의 수입을 올린다고 한다. 사실, 작은 명품 핸드백 하나쯤은 부자가 아니더라도 조금 무리하면 누구나 살 수 있다.

　붐비는 지하철 안에서도 명품 로고가 큼지막하게 박힌 가방들이 넘쳐 난다. 과연 명품을 멘 그녀들이 부티 나고 '엣지' 있게 보이는가? 된장녀, 된장남들은 이상한 족속이 아니다. 어느덧 우리 사회에는 명품에 대한 강박 비슷한 것이 생겼다. 사람들은 이제 특별하게 보이기 위해서가 아니라, 남들에게 밀리지 않으려고 명품을 몸에 두른다.

　명품을 만드는 회사도 마찬가지다. 원래 명품은 장인들이 손으로 하나하나 만들었다. 아무리 열심히 일해도 팔 수 있는 상품을 몇 개 만들지 못했다. 따라서, 아무나 살 수도 없었다. 장인들은 자신의 손님으로 손색없는 품위와 재력을 갖춘 사람에게만 물건을 팔았다.

　하지만 가문과 전통이 맥을 못 추는 미국에서는 그렇지 않았다. 미국 라스베이거스에서는 반바지와 샌들 차림으로도 최고의 명품 숍을 아무렇지도 않게 들어간다. 여기서 명품은 돈만 있다면 아무나 살 수 있는 '비싼 상품'일 뿐이다. 게다가, 더 이상 명품은 장인들의 손에서 태어나지 않는다. 공장에서 대량으로 찍어 낼 뿐이다. 단가를 낮추려고 중국이나 베트남에서 만들어지는 명품도 흔하다.

예전 장인들은 돈보다는 품질에 신경을 썼다. 경제 사정이 어떻건, 작품 같은 명품을 살 만한 부자들의 수는 늘 비슷했기 때문이다. 그러나 지금의 명품 기업들은 경기를 심하게 탄다. 큰 공장을 돌리다 보니, 대규모의 소비가 없으면 아예 간판을 내려야 할 일도 생긴다. 많이 팔려면 가격을 낮춰야 하기 마련이다. 결국, 단가를 맞추기 위해 물건의 질을 떨어뜨리기까지 한다.

우리에게도 익숙한 풍경인 '명품 아웃렛'은 매우 이상한 가게다. 자신의 부유함과 특별함을 자랑하기 위해 '떨이 상품'을 구입한다? 명품과 아웃렛은 아주 안 어울리는 한 쌍이지만, 버젓이 영업을 하며 큰 이익을 남긴다. 도대체 명품 같지 않아진 명품에 사람들이 절절매는 까닭은 무엇일까?

1899년에 나온 소스타인 베블런의 『유한계급론』에는 이 물음에 대한 정답이 담겨 있다. 베블런은 '과시적 소비'라는 말로 유명한 학자다. 권력과 재산을 가진 이들은 남들보다 여유가 많다. 여가 시간과 돈이 많으면 많을수록 더 힘있는 사람일 테다. 가진 사람들은 돈과 시간을 충분하게 낭비함으로써 넉넉한 생활을 자랑하려 한다. 과시적 소비란 이렇듯 낭비하는 습관을 일컫는 말이다.

자본주의 사회에서 낭비는 필수적이기까지 하다. 우리 사회가 생필품만 만들고 쓴다면 어떨까? 당장 거리에 나앉는 사람이 한둘이 아닐 테다. 공장을 돌리고 수입을 거두려면 뭔가는 끊임없이 만들어지고 소비되어야 한다. 우리가 사서 쓰고 버리는 많은 상품들은 사실 없어도 되는 것들이다.

물론, 인간에게는 낭비를 싫어하는 본성이 있다. 이를 베블런은 '제작 본능(workmanship instinct)'이라 부른다. 뭔가 생산적인 일을 해야 죄책감을 느끼지 않는다는 뜻이다. 그래서 사람들은 '생산적'이라는 가면을 씌운 낭비에 매달리곤 한다. 와인에 대한 깊은 조예를 쌓기 위한 노력, 골프 연습, 피아노 연주 등이 과연 생산적인 일이라 할 수 있을까? 이를 통해 우리는 꼭 삶에 필요한 것들을 손에 넣는가? 우리는 값지게 낭비하는 데 시간과 돈을 기꺼이 바치고 있을 뿐이다.

문제는 사치가 필수처럼 되어 버린다는 데 있다. 유행 지난 옷이 창피해서 밖으로 나가기 주저될 때를 생각해 보면 이 말의 의미가 금방 다가온다. 심지어, 사람들은 '꼭 필요한 사치'를 위해 차라리 식비를 아끼는 쪽을 택하기까지 한다.

과시적 소비는 결코 줄어드는 법이 없다. 삶의 기준이 나날이 올라가는 탓이다. 우리가 꿈꾸는 '인간다운 삶' 속에 얼마나 많은 낭비가 숨어 있는지 곰곰이 따져 보라. 지금 우리는 역사상 가장 풍요로운 시대를 살고 있다. 그럼에도 마음은 항상 가난하고 생활은 쪼들린다.

베블런은 과시적 소비가 출산율까지 떨어뜨린다고 경고했다. 우리 사회를 보면 그의 예언은 틀리지 않았다. 기죽지 않게만 애를 키우는 데도 부모의 허리는 휘청거린다. 교육과 육아 비용 탓에 아이 갖기를 포기하는 이들이 좀 많은가. 왜 우리는 단순하고 소박하게 살지 못할까?

소크라테스는 "사치는 만들어진 빈곤이다"라는 말을 남겼다. 명품을 좇는 된장남, 된장녀들은 우리 마음을 신산스럽게 한다. 그러나 그들을 탓할 일이 아니다. 따지고 보면, 자본주의 자체가 신기루를 좇는 '된장 문명' 아니던가.

뿌리가 되는 책들_ 252쪽 참조
• 소스타인 베블런 지음, 원용찬 옮김, 『유한계급론』, 살림
• 데이나 토마스 지음, 이순주 옮김, 『럭셔리』, 문학수첩

절약은 왜 '경제의 적'이 되었을까?

옷장 안에는 옷들이 그득하다. 그런데도 늘 무엇을 입을지 마뜩잖기만 하다. 음식도 그렇다. 냉장고에는 냉동된 식품들이 한가득이지만, 오늘 저녁에 뭘 먹을까 하는 고민은 끊이지 않는다. 이미 갖고 있는 것들은 좀처럼 마음에 들지 않는다. 욕구는 새롭게 자꾸만 생겨난다.

우리는 역사상 가장 풍요로운 시대를 산다. 하지만 자기가 부자라고 느끼는 사람은 별로 없다. J. S. 밀은 그 까닭을 이렇게 풀어 준다. "인간은 부자가 되기를 바라지 않는다. 다만 남들보다 잘살기를 바랄 뿐이다."

욕심은 끝없이 자라는 나무와 같다. 사람은 등 따습고 배불러도 만족을 모른다. 살 만해지면, 살림살이가 기죽지 않을 정도는 되었으면 하는 욕망이 생길 테다. 그러나 자신과 견주게 되는 '이웃'의 수준도 점점 올라간다. 처음에는 옆집, 옆 동네에 눈길을 주다가, 눈높이는 마침내 텔레비전에 나오는 재벌들 수준까지 나아가 버린다. 재벌에 비하면 나는 얼마나 가난한가. 재벌들도 헛헛하기는 마찬가지다. 세상에는 늘 자기보다 잘나가는 이들이 있는 법이다.

왜 사람들은 만족을 모를까? 소비는 물건을 사고파는 것 이상이다. "신용은 존경받을 만하다는 뜻이고, 물건을 산다는 것은 어른이라는 의미다." 미국의 저널리스트 주디스 러바인의 말이다. 자신감이 무엇을 살 만한 능력이 있을 때 샘솟는다. 텅 빈 지갑에서 오는 불안감을 떠올리면, 러바인의 말에 고개가 끄덕여진다.

게다가, 소비는 내가 누구인지를 나타내는 신분증과도 같다. 히피의 옷차림새, 깔끔한 정장, 찢어진 청바지 등등, 옷차림새를 통해 사람들은 자신의 성격과 관심을 내비친다. 산악자전거, 절벽 타기 등, 익스트림 스포츠를 즐기는 사람이고 싶은가? 그러면 멋진 자전거와 몸에 딱 붙는 스포츠 의류를 갖추어 보라. 마음은 어느덧 극한 운동을 좇는 사람 무리에 들어가 있다. SUV는 거친 산길을 달리기 위한 차다. 그러나 아스팔트만 줄곧 달리는 SUV들도 적지 않다. "내가 이런 사람이야"라고 보여 주고 싶은 욕망, 우리가 소비를 줄이지도 끊지도 못하는 이유다.

다스려지지 않은 욕망은 결국 탈이 나는 법이다. 색다른 소스와 조미료를 바라는 마음은 전쟁에까지 이어진다. 플라톤이 『국가』에서 던지는 경고다. 황당한 듯해도 그의 말에는 일리가 있다. 욕심은 점점 커 가기만 한다. 향수, 케이크를 알게 되면 금방 더 좋은 향수, 더 많은 케이크를 바라기 마련이다. 필요를 채우려면 더 많은 땅과 자원이 필요하다. 이를 위해 남의 땅을 넘보는 일까지 생긴다. 소스와 조미료에 대한 욕심이 땅을 차지하고 자원을 뺏으려는 전쟁에까지 이어지는 이유다.

하지만 세상은 우리가 욕심을 줄이고 소비를 멈추지 못하게 한다. 그랬다가는 경제가 흔들리기 때문이다. 9·11테러가 났을 때, 줄리아니 뉴욕 시장은 전 세계 사람들에게 이렇게 당부했다. "우리를 돕고 싶다면 이곳 뉴욕에 와서 돈을 쓰십시오."

예전에는 나라 살림이 어려워지면 허리띠부터 졸라매었다. 하지만 지금은 '경제를 살리려면' 주머니를 풀라는 소리를 들을 뿐이다. 탐욕과 과소비가 판을 칠 때 경제는 활기차게 돌아간다. 과연 허리띠를 늦추고 마음껏 호기를 부려도 아무 문제 없을까?

이 물음에 선뜻 "그렇다"는 답이 튀어나오지 않을 때는, 헨리 데이빗 소로의 『월든』을 읽어 보자. 소로는 미국 매사추세츠 주(州) 월든 호숫가에 손수 오두막을 지었다. 그곳에서 그는 2년 2개월을 홀로 살았다. 소로는 모든 일을 자기 힘으로 땀 흘려 해야 했다. 소비자가 아닌 노동자로만 살았던 셈이다.

우리는 과연 시장을 떠나서도 살 수 있을까? 비누에서 휴지에 이르기까지, 시장에서 얻어야 하는 물품들은 한둘이 아니다. 그러나 소로는 '생활필수품'이란 거짓된 믿음에 지나지 않는다고 잘라 말한다. 생필품이란 너무 오랫동안 써서 꼭 있어야 한다고 여기게 된 것일 뿐이다. 신발 깔개가 없으면 풀잎에 신발을 문지르면 된다. 마른 풀잎은 이불만큼이나 훌륭한 덮을 거리이다.

"가장 현명한 사람들은 항상 가난한 자들보다 더 간단한 생활을 했다." 욕구는 채워질수록 점점 커가기만 한다. 뱃구레가 커지면 더 많은 음식을 바라게 될 테다. 커진 뱃구레를 가득 채우면 건강은 되레 나빠지기만 한다. 바람직한 해결은 식탐(食貪)을 다스려서 튀어나온 배를 집어넣는 데 있다.

소로는 이렇게 말한다. "생활의 필수품을 갖춘 다음에는 그 이상의 것을 바라서는 안 된다." 생계를 해결했다면 욕심을 뛰어넘어 정신을 가꾸는 길로 나아가야 한다. 힌두 교도들에게는 잘 갖추어진 '인생 진도표'가 있다. 26세부터 50세까지는 '가주기(家住期)'로, 결혼을 하고 가정을 꾸린다. 이 시기에 힌두 교도들은 성실하게 돈을 벌어 모은다. 50세가 되면, 잘 닦여진 생계와 가정을 내려놓고 숲에 들어가 명상에 잠긴다. 이렇게 75세까지 숲속에서 몸과 마음을 닦는 임서기(林棲期)를 보낸다. 이 단계를 거쳐야만 모든 것을 버리고 떠도는 경지, '산야신(Sannyāsin)'에 이를 수 있다. 산야신들은 오직 탁발(동냥)로만 생활을 이어 간다.

소비에 길들여진 사람들은 힌두교 문화를 비웃는다. 수천 년 동안 전혀 살림살이가 나아지지도, 경제가 발전하지도 않았다고 말이다. 하지만 힌두 교인들의 문화는 수천 년 간 끊이지 않고 계속되었다. 그들이 사는 곳의 자연과 환경도 변함이 없다.

지금의 소비문화는 어떤가? 지금처럼 하마같이 석유와 자원을 삼켜 버리는 문화가 수천 년 동안 계속될 수 있을까? 현대 문명은 늘 위기 상태이다. 욕망을 키워야만 버틸 수 있는 문화가 건강할 리 없다. 다스리지 못한 욕망은 재앙을 낳는다. 경제를 걱정하기에 앞서 한없이 커져만 가는 우리의 욕심부터 경계해야 한다.

뿌리가 되는 책들_ 253쪽 참조
• 헨리 데이빗 소로 지음, 강승영 옮김, 『월든』, 이레
• 주디스 러바인 지음, 곽미경 옮김, 『굿바이 쇼핑』, 좋은생각

욕망

왕자와 거지, 욕망의 두 얼굴

누군가의 마음을 휘어잡으려면 그 사람의 절실한 욕망을 알아내야 한다. 인간은 절절한 욕구 앞에는 쉽게 무릎을 꿇는 법이다. 돈이 아쉽다면 현금 뭉치를, 권력에 굶주렸다면 높은 자리를, 애정에 목말랐다면 뜨거운 사랑을 약속하라. 그러면 상대방은 정신을 놓고 내가 시키는 대로 휘둘릴 테다.

하지만 욕심이 없는 사람은 어떻게 할까? 유혹하려 해도 방법이 없다. 아쉬워하는 것이 없는데 무엇으로 마음을 잡아끌겠는가. 옛 현자(賢者)들은 하나같이 욕심을 버리고 마음을 비우라고 했다. 세상을 제대로 보고 올곧게 이끌기 위해서는 내 마음속 불끈거리는 욕망부터 다스려야 한다.

노예였던 에픽테토스는 마음을 다잡을 줄 알았던 철학자였다. 그는 자신의 처지를 불행하게 여기지 않았다. 나아가, 그 무엇으로도 에픽테토스에게 고통을 줄 수 없었다.

"훌륭한 말(馬)은 '나는 아름답다'고 우쭐거릴 수 있다. 하지만 그대는 '나는 아름다운 말을 가지고 있다'며 뽐내서는 안 된다. 말의 좋은 점에 대해 왜 당신이 으스대야 하는가?"

아무리 멋지고 좋은 것을 가졌다 해도, 그것은 '나'가 아니다. 큰 재산을 모으고 높은 지위를 누려도 언젠가는 내게서 떠나가 버릴 테다. 그래서 부자가 되고 명예가 높아질수록 마음속의 불안도 한껏 더 커진다. 에픽테토스는 더 많이 가지면 행복하리라는 사람들의 '착각'을 제대로 꼬집는다.

"'나는 너보다 부자야. 그러니 내가 더 낫지.' 이런 생각은 잘못되었다. '나는 너보다 부자야. 그러니 내 재산이 더 많아'라는 뜻일 뿐이다. '나는 너보다 더 말을 잘한다. 그래서 내가 더 낫다'는 믿음도 마찬가지다. 이 말 역시 '나는 너보다 말을 잘한다. 그러니 내 웅변이 더 낫다'는 말에 지나지 않는다."

그가 무엇을 손에 쥐고 있는지로 인간됨의 좋고 나쁨을 가릴 수는 없다. 그럼에도 사람들은 좋은 차를 몰고 멋진 집에 살면 자신이 남들보다 우월하다는 착각에 빠지기 쉽다. 그 때문에 마음만 더 초조해질 뿐이다. 높이 올라갈수록 떨어질 때 충격은 더 커진다. 부자일수록 탐욕스럽고, 지위가 높을수록 명예에 게걸스레 매달리게 되는 이유다.

그러면 어떻게 살아야 할까? 에픽테토스는 이렇게 충고한다. "무엇을 잃어버렸건 '내가 그것을 잃었다'고 하지 마라. '그것을 돌려주었다'고 말하라. 마누라가 죽었는가? 되돌려 주었을 뿐이다. 땅을 빼앗겼는가? 이 또한 되돌려 주었을 따름이다. 나그네가 여관에 잠시 머물듯, 그대는 원래 그대 소유가 아닌 것을 잠시 누렸을 뿐이다."

나아가, 에픽테토스는 실패와 좌절마저도 마음을 추스르는 연습 기회로 삼으라고 가르친다. "올리브기름을 쏟고 포도주를 도둑맞았을 때, 이렇게 되뇌도록 하라. '나는 마음의 평정을 얻기 위해 치러야 할 값을 치렀다. 대가를 치르지 않고서는 아무것도 얻을 수 없다.'"

어린아이는 사탕을 뺏기면 세상이 끝난 것처럼 화를 터뜨린다. 어른은 사탕 정도는 가볍게 웃으며 내주곤 한다. 이처럼 성숙이란 욕심에서 자유로워지는 과정이다.

그러나 우리 시대는 욕심을 더욱 키우고 능력껏 채우라고 부추긴다. 탐욕스러운 사람은 '야망이 큰 사람'으로 되레 칭찬을 듣곤 한다. 사람들은 인격을 잘 가다듬은 사람보다 큰 재산과 명예를 차지한 사람에게 더 큰 박수를 보낸다. 이런 모습은 우리에게는 '상식'처럼 여겨지지만, 인류 역사상 욕망의 고삐를 지금처럼 풀어 놓은 적은 없었다. 과연 모든 사람들이 욕망을 한껏 키우며 이를 채우려는데도 뒤탈이 없을까?

『악마는 프라다를 입는다』는 욕심에 휘둘리는 현대인의 모습을 제대로 그려 낸 소설이다. 주인공 앤드리아는 작가를 꿈꾸는, 대학을 갓 졸업한 여성이다. 그녀는 우연히 패션 잡지인 〈런웨이〉의 편집장 비서로 일하게 된다. 앤드리아는 패션에 관심이 없었다. 그럼에도 직장을 뛰쳐나오지 못했다. 왜 그랬을까? '백만 명쯤 되는 여성들이 너무나 하고 싶은 일'이었기 때문이다. 게다가, 소설 속 〈런웨이〉는 세계적인 잡지이고 편집장인 미란다 프리스틀리는 패션계를 쥐락펴락하는 큰손이다. 세상은 권력자 옆에서 곁불만 쬐는 사람도 쉽게 무시하지 못한다.

앤드리아는 하루 열네 시간씩 일하면서 편집장의 온갖 시중을 든다. 커피를 뽑는 일에서 식사 준비, 빨래 맡기기 등등. 이런 일을 하느라고 정작 자신의 삶은 형편없이 망가진다. 언니가 아이를 낳아도 두 달 넘게 얼굴을 못 보고, 가장 친한 친구가 교통사고를 당해도 찾아가지 못한다. 언제 자신을 찾을지 모르는 편집장이 두려운 탓이다. 과연 앤드리아는 자기 생활을 송두리째 망가뜨려도 좋을 만큼 가치 있는 일을 하고 있었을까?

앤드리아는 결국 〈런웨이〉를 뛰쳐나온다. 마침내 그녀를 인정한 편집장이 던진 한마디가 오히려 앤드리아의 영혼을 깨웠다. "너는 꼭 네 나이 또래의 나를 보는 것 같군."

〈런웨이〉에서 인정받고 성공하면, 결국 앤드리아도 편집장 같은 인물이 될 뿐이다. 탐욕스럽고 배려할 줄 모르며, 남을 노예처럼 부리는 그런 사람 말이다. 자신이 꿈꾸던 삶이 사람들이 부러워하는 대로 살고 욕심을 한껏 채우는 위치까지 오르는 것이었던가?

앤드리아의 물음은 우리 스스로 되물어야 할 질문이기도 하다. 내가 부러워하고 얻고자 하는 것들을 나는 진짜로 원하고 있을까? 철학자 라캉은 "우리는 타인의 욕망을 욕망한다"는 유명한 말을 남겼다. 어린아이들은 부모가 바라는 일을 했을 때 기쁨을 느낀다. 부모의 바람을 자기 것으로 만드는 셈이다. 남들이 부러운 눈초리로 보기에 나 역시 좋은 차, 훌륭한 집을 바라고 있지는 않을까?

서점에는 돈 많이 벌고 높은 지위를 얻기 위한 방법을 일러 주는 책들이 가득하다. 반면에, 역사상 거의 모든 현인들은 우리에게 돈과 지위에 목매달지 말라고 가르쳤다. 『왕자와 거지』에서 왕자는 왜 거지의 삶을 바랐을까? 우리가 그 사연을 너무 쉽게 잊어버리는 까닭은 무엇일까?

뿌리가 되는 책들_ 254쪽 참조

- 에픽테토스 지음, 김재홍 옮김, 『엥케이리디온』, 까치
- 로렌 와이스버거 지음, 서남희 옮김, 『악마는 프라다를 입는다』, 문학동네

기계의 일과 인간의 일,
감정노동의 딜레마

손님은 정말 '진상'이었다. 다짜고짜 반말에, 아무리 설명을 해도 제멋대로 하겠단다. 그러나 손님에게 화를 낼 수도 없다. 끝까지 얼굴의 미소를 놓아서는 안 된다. 가슴이 벌렁거리고 피가 솟구친다. 이 '위기'를 어떻게 넘겨야 할까?

미국의 어느 항공사에서는 직원들에게 몇 가지 '대처 요령'을 일러 주곤 한다. 막무가내로 생떼를 쓰는 손님이라면, 아예 '저 사람은 어린아이다'라고 여겨 버려라. 어린아이는 한없이 억지를 부린다. 그래도 주먹을 내지르기보다는 어르고 달래야 한다는 생각이 앞선다. 어리고 약하니 보호해야 되지 않겠는가. '저 손님에게 뭔가 안 좋은 일이 있었나 보다'는 식으로 상대의 처지를 헤아려 보아도 좋겠다.

그래도 '진상 짓'을 멈추지 않는다면? 그때는 이 상황에도 어차피 끝이 있다는 희망을 되새김질해야 한다. "퇴근까지 한 시간 남았다", "삼십 분 뒤면 집에 갈 수 있어" 등등.

상황을 한발 떨어져 바라보는 태도도 중요하다. 손님은 나를 공격하는 것이 아니다. 마뜩잖은 우리 회사의 일처리에 대해 뭐라 하고 싶은 거다. 회사에 쏟아지는 불만을 '내 문제'로 여겨서 상처받을 필요는 없다. 그러니 친절하게 웃고 또 웃어 주어야 한다.

현대인들에게 감정노동(emotional work)은 일의 큰 부분이다. 친절하고 나긋한 태도가 중요한 '경쟁력'으로 여겨지는 시대다. 감정노동이란 가장 바람직한 표정을 짓기 위한 노력을 말한다. 인상 찌푸리고 톡 쏘아붙이는 직원을 좋아할 고객은 없다. 하지만 하루 종일 헤실헤실 웃고 있기가 어디 쉬운가. 그래서 스트레스는 쌓여만 간다.

옛날에도 감정 관리는 아주 중요했다. 어느 사회에나 따라야 할 감정법칙(feeling rule)이 있다. 예컨대, 장례식에서는 슬픈 표정을 지어야 한다. 멋모르고 싱긋 웃었다가는 온갖 비난을 받게 될 테다. 생일 때는 절대 인상 찌푸리고 있어서는 안 된다. 축하해 주는 가족들 기분도 헤아려야 하지 않겠는가.

하지만 현대인에게는 감정 관리가 심각한 '노동'이 되어 버렸다. 우리에게는 짊어져야 할 역할이 너무 많다. 수백 년 전 사람들은 한 가지 역할로만 평생을 살았다. 서양에서는 이름부터가 자기 직업과 똑같았다. 빵 굽는 사람이면 '베이커(Baker)', 신발을 만들면 '슈나이더(Schneider)', 농부면 '바우어(Bauer)'라 하는 식이다. (지금도 이 직업들은 사람들 이름으로 굳어져 있다.) 사람들은 나를 꼭 직업만큼의 사람으로만 대했다. 게다가, 평생 얼굴 맞대며 지내는 이들은 가족과 동네 주민이 고작이었다.

반면에, 현대인들은 여러 개의 가면을 쓰고 살아간다. 예컨대, 가족 안에서는 막내였던 사람이, 직장에서는 맏이 역할을 한다. '부장님'으로 지시를 내리고 부하 직원을 챙기는 식이다. 동호회 모임에서는 회원으로서 자유롭고 활기찬 모습을 보여 주어야 한다. 단골 가게에 가서는 꼼꼼하고 세심한 고객으로서 또 다른 모습을 보여야 할 테다. 하루에도 자신의 역할은 몇 가지씩 바뀌곤 한다.

이때마다 감정노동은 영혼을 갉아먹는다. 상황마다 사람들이 기대하는 감정을 표현해 내야 한다. 잘나가는 사람들일수록 감정노동은 더욱 어려워진다. 주어지는 역할이 더욱 많기 때문이다.

따라서, 잘사는 집안일수록 가정에서부터 감정을 다스리는 기술을 가르치곤 한다. 할아버지에게 뽀뽀하기 싫어하는 손녀가 있다 해 보자. 못사는 집에서는 부모가 이렇게 다그치기 쉽다. "어린애들은 할아버지께 뽀뽀하는 거야." 그러나 감정노동에 신경 쓰는 집에서는 이렇게 말하곤 한다. "네가 할아버지께 뽀뽀하고 싶지 않다는 건 알아. 그렇지만 할아버지는 몸이 편찮으시잖아. 게다가, 너를 아주 좋아하신단다." 상대의 마음을 헤아려 적절한 감정을 '느끼도록' 어릴 때부터 길들여지는 셈이다.

감정노동이 꼭 나쁜 것만은 아니다. 인격자란 남을 헤아려서 자기 마음을 잘 다스릴 줄 아는 사람이다. 공자도 "자기를 이기고 예를 따르는 자세(克己復禮)"가 중요하다고 했다. "남을 이기기를 좋아하지 않고 자기를 자랑하지 않으며, 남을 원망하지 않고 헛된 욕심을 내지 않는 사람"이 되려면 우리는 끝없이 노력해야 할 테다.

현대인에게 끊임없이 요구되는 감정노동도 공자의 가르침과 비슷하지 않을까? 직장에서는 '남이 알아주지 않아도 화내지 않으며', '자기보다 남을 헤아리고', 언제나 친절한 낯빛과 따뜻한 마음으로 사람을 대해야 한다. 늘 이런 태도를 보이는 직원은 인격적으로 잘 가다듬어진 사람 아닐까? 감정노동에 시달리는 직장 생활은 나의 마음을 닦는 과정인 셈이다.

안타깝게도, 직장을 인격을 다잡는 곳으로 여기는 사람들은 많지 않은 듯싶다. 오히려, 많은 이들은 직장 스트레스로 인격이 망가지고 우울증에 빠지기도 한다. 온종일 친절한 미소를 머금고 다정한 모습을 보이는 직원이 과연 진짜 '나'일 수 있을까? 일이 끝나면 나는 직원에서 '나'로 돌아올 테다. 친절하려는 노력은 내가 직장에서 쓸 '가면'에게 돌아갈 테다. 진짜 '나'는 늘어나는 마음의 상처로 신음하게 될 뿐이다.

그 반면에, 공자가 말한 마음 다스림은 자기자신을 닦는 길이었다. 군자(君子)는 의롭지 않을 때는 화도 낼 줄 알아야 한다. 감정노동은 그렇지 않다. 간과 쓸개를 내주고서라도 남의 비위를 맞추라고 다그칠 뿐이다.

경쟁이 치열해질수록, 거리에는 온통 친절한 직원들 천지다. 환한 미소는 어디에서나 피어난다. 그럼에도 마음의 병은 늘어만 간다. 심리 상담에 관한 책들이 19세기에 예절을 다루던 서적만큼이나 많아진 요즘이다. 자기 감정도 '내 것'일 수 없는 세상, 우리는 과연 행복해질 수 있을까? 거리에 가득한 미소가 우울하게 다가온다.

뿌리가 되는 책들_ 255쪽 참조

• 김정빈 글, 김덕호 그림, 『논어, 꿈을 논하다』, 주니어김영사
• 앨리 러셀 혹실드 지음, 이가람 옮김, 『감정노동』, 이매진

"나는 왜 나쁜 습관을 못 버릴까?"
프로이트에게 묻는다면

"제 버릇 개 못 준다." 이 속담은 절대 빈말이 아니다. 망하는 사람은 계속 망한다. 그들은 절대 안 될 일을 할 수 있다고 우기다가 무너지곤 한다. 그것도 한두 번이 아니다. 이상한 사람과만 사귀는 친구는 또 어떤가? 마음고생 심하게 하고서도, 다음에도 또 비슷한 부류의 사람에게 끌린다. 직원을 잘못 뽑는 사장은 계속 비슷한 실수를 거듭하고, 왕따 당했던 학생은 또다시 왕따가 된다. 왜 이런 일이 반복될까?

지그문트 프로이트는 이런 모습에 할 말을 잊었다. 그는 인간은 '쾌락 원리'에 따라 산다고 믿었다. 고통을 줄이고 긴장을 늦추는 쪽으로 삶을 이끈다는 뜻이다. 그런데 왜 어떤 사람들은 고통만 주는 실수를 되풀이할까? 프로이트에 따르면, 그들은 '반복 강박'에 빠져 있다. 강박이란 결국 고통이 되리라는 사실을 알면서도 행동을 멈추지 못하는 상태를 말한다.

심리학자 데니스 홀리는 반복 강박을 '안전지대(Comfort Zone)'라는 말로 설명해 준다. 어렸을 때부터 부모에게 학대받은 사람을 예로 들어 보자. 그는 한 번도 따뜻하고 부드러운 집안 분위기를 느껴 본 적이 없다. 그에게는 불안하고 폭력으로 가득한 가정이 오히려 당연하다. 물론, 자신은 집에 있는 일 자체가 무척 고통스럽다. 그러면서도 불행에서 어떻게 빠져나와야 하는지 모른다. 한 번도 지금보다 나은 상태를 겪어 본 적이 없기 때문이다.

학대가 이루어지는 가정은 이 사람에게 안전지대가 된다. 옛날부터 익숙해져 있기 때문이다. 그에게 따사롭고 사랑 넘치는 분위기는 도리어 부담이 된다. 행복한 상태가 언제 사라져 버릴지 불안한 탓이다. 따라서, 그는 자기도 모르게 자꾸만 폭력이 일어나는 상황으로 자신을 몰고 간다.

나쁜 사람과만 계속 사귀는 이들도 비슷하다. 사람들은 어렸을 때의 실수를 계속 반복한다. 똑같은 이야기에 등장인물만 계속 바뀌는 연극처럼 말이다. 어렸을 때 알코올 중독인 아버지를 미워했으면서도, 여전히 자신은 동정심을 자아내는 술에 빠진 남자에게 끌리는 식이다.

반복되는 실수에서 빠져나오려면 어떻게 해야 할까? 무엇보다 문제의 겉모습만 보지 말아야 한다. 진짜 원인은 항상 깊숙한 데 숨어 있다. 자기 자신이 무엇을 바라는지부터 분명하게 깨달아야 한다. 어설픈 연애를 자꾸만 반복하고 있는가? 둘 사이가 무너질 때마다 인정 없고 몰상식한 상대방 탓만 하고 있지 않은가? 문제는 제대로 사랑받지 못해 늘 인정과 애정을 아쉬워하는 내 마음에 있을 수도 있다.

일중독자들도 마찬가지다. 가정생활과 친구 관계는 일 때문에 모두 엉망이 되었다. 그들은 정말 할 일이 많기에 생활이 망가졌을까? 오히려, 허술한 인간관계와 가족과의 어색한 대화를 피하기 위해 바쁘다는 '핑계'를 만들고 있지는 않을까?

진짜 문제를 짚어 냈다 해도 실수는 없어지지 않는다. 사람은 노력 없이 바뀌지 않는 법이다. 실수가 반복될 때마다 끊임없이 깨닫고 나아지려는 자세가 중요하다. 모든 심리학자들은 거듭된 깨달음과 노력, 즉 훈습(薰習, working through)을 강조한다.

데니스 흘리는 어린 시절 집안 분위기도 아주 중요하게 여긴다. "문제 가정에서 자란 아이는 예비 파탄자, 예비 중독자라고 해도 좋다." 그만큼 상처 없이 자라나기 어렵다는 뜻이다. 반면에, 어렸을 때부터 "너는 착하고 사랑스러운 아이야. 너는 능력도 많고 소중하고 중요한 존재야", "삶은 어려운 일로 가득하단다. 하지만 열심히 살면 인생은 재미와 즐거움으로 가득하게 될 거야" 같이 힘을 주는 말을 듣고 자란 사람들은 다르다. 이들은 좋은 안전지대를 갖게 된다. 따뜻하고 밝고 배려 넘치는 분위기를 자연스러운 상태로 받아들인다는 뜻이다.

그렇다면 우리네 가정의 모습은 어떤가? 많은 가정에서 아빠 엄마는 아득바득 살아간다. 아이와 따뜻한 시간을 가질 여유는 점점 사라져 간다. 부모 모두 집에 있어도 사정은 별다르지 않다. 몸만 같이 있을 뿐, 가족들은 모두 제각각 삶을 꾸린다. 지친 아빠는 집에 와서도 컴퓨터만 들여다보고, 엄마는 거실에서 텔레비전을 끼고 산다. 이런 모습이 우리의 가정에서 드문 풍경이라 하기는 어려울 듯싶다.

아이는 결국 부모의 불행을 닮아 갈 수밖에 없다. 부모의 관심을 못 받는 아이는 부모처럼 중독거리를 찾을 테다. 아이는 '여유 시간'을 없애려 학원과 학원을 맴돌며 하루를 보낸다. 일중독에 빠진 부모처럼 말이다. 텅 빈 가슴을 컴퓨터 게임으로 달래는 아이들도 적지 않다. 이런 아이들이 어른이 되면 과연 행복한 삶을 꾸려 가게 될까? "불행한 아이는 불행한 어른이 되고 만다." 데니스 홀리의 절망적인 말은 우리 가슴에 절절하게 다가온다.

프로이트는 반복 강박에서 '죽음을 향한 본능(thanatos)'을 이끌어 내었다. 인간은 긴장 없는 편안한 상태를 꿈꾼다. 어찌 보면 죽음은 가장 편안한 상태다. 죽고 나면 더 이상 고통도, 위기도 없기 때문이다. 죽음을 향한 본능은 인간을 움직이는 가장 큰 힘 가운데 하나이다.

생존경쟁이 날로 치열해지는 요즘이다. 스트레스는 늘 하늘을 찌른다. 과연, 우리는 열심히 노력하고 일하기만 하면 행복에 이를까? 일중독자들은 일이 사라질까 두려워한다. 일에서 놓여나면 무엇을 할지 두려운 탓이다. 어린 시절부터 시작되는 뜨거운 경쟁은 우리 아이들을 일중독자가 되도록 몰아간다. 성공을 놓친 아이들은 일이 아닌 다른 무엇에라도 중독되어 버릴 테다. 숨 돌릴 틈 없는 경쟁은 자꾸만 프로이트의 '죽음을 향한 본능'을 떠올리게 한다. 열심히 살기에 앞서, 우리는 무엇을 위해 치열하게 살아야 하는지부터 고민해야 하지 않을까?

뿌리가 되는 책들_ 256쪽 참조

• 지그문트 프로이트 지음, 윤희기·박찬부 옮김, 『정신분석학의 근본개념』, 열린책들
• 데니스 홀리 지음, 권경희 옮김, 『반복의 심리학』, 흐름출판

늘어진 인생 진도표

원래 인류에게 사춘기란 없었다. 아이는 곧장 어른이 되었다. 일손이 달렸기에 앞가림만 할 줄 알면 바로 '일꾼' 대접을 받았다. 결혼도 빨랐다. 예순만 넘겨도 장수(長壽)했다는 소리를 들을 정도였으니, 자식을 돌보는 기간도 넉넉하지 못했다. 하루 빨리 후손을 남겨 어른으로 키워 내야 했다.

사춘기는 평균수명이 늘어나고 노동력도 덩달아 늘어나면서 생겼다. 어른이 많아져서 어린아이까지 일에 뛰어들지 않아도 되었다. 몸은 성인만큼 영글었지만 특별한 의무는 주어지지 않는 상태, 사춘기는 이렇게 만들어졌다.

사람의 생명 줄은 점점 길어지고 있다. 앞으로는 인구의 대부분이 80세가 넘어서까지 건강하게 살 듯하다. 이에 따라 '사추기(思秋期)'까지도 등장하고 있다. 우리 귀에도 익숙한 '중년의 위기'가 바로 사추기다.

사춘기와 사추기는 여러모로 닮았다. 몸의 호르몬 분비가 달라지면서 감정이 하늘과 땅을 오간다. 갱년기에 접어든 사십대들의 마음은 십대만큼이나 불안하다. 자신의 위치가 어설프다는 점에서도 둘은 비슷하다. 십대에게는 숱한 기대와 바람이 쏟아지지만 정작 자기가 무엇을 어떻게 해야 하는지 알려 줄 뚜렷한 역할이 없다. 사십대의 사회적 지위 역시 흔들리기는 마찬가지다. 직장에서는 내몰리고 가정에서의 권위도 춤을 추지만, 자신이 어느 길로 가야 하는지에 대한 답은 보이지 않는다.

옛사람들에게는 분명한 '인생 진도표'가 있었다. 공자는 일찍이 서른에는 뜻을 세우고[而立], 마흔에는 흔들리지 않으며[不惑], 오십에 이르러서는 하늘의 뜻을 안다[知天命]는 '성취 목표'를 세워 주었다. 그러나 지금의 나이 사십은 '불혹'이 아니라 '유혹'과 '의혹'으로 다가온다. 길어진 삶만큼 인생 진도표도 어그러진 셈이다. 우리는 조상들보다 훨씬 어정쩡하게 살아간다.

그럼에도 사회는 어긋난 인생 진도표를 밀어붙인다. 52세, 청년 같은 중년들은 '정년'이라는 명목으로 직장에서 밀려난다. 대학생들은 이십대 중반이면 학교를 떠나야 한다. 늘어난 인생만큼 청소년기는 서른 살 초반까지 연장되었는데도 말이다. 취업 준비 등으로 미적거리는 서른 무렵 젊은이들은 우리에게 더 이상 낯설지 않다. 그렇다면 늘어난 수명만큼 인생 진도표를 다시 써야 하지 않을까?

슈테판 볼만의 『길어진 인생을 사는 기술』은 우리에게 새롭게 바뀐 진도표를 내놓는다. 볼만은 건강한 장년(長年)들을 보며 이렇게 선언한다. "노년은 마침내 예전의 끔찍함을 잃어버렸다."

나이 육십은 이제 노인 축에도 못 든다. 괴테도 예순 이후의 삶을 '제3의 청춘'이라고 불렀다. 실제로 괴테는 예순에서 여든 살에 이르는 기간 동안 왕성하게 작품 활동을 했다. 노년은 책임과 사회적 의무에서 벗어나 자기가 가장 잘하는 일에 매달릴 수 있는 시기이다.

노년이 살 만한 시기로 바뀌었다면, 우리 인생이 꼭 교육, 직업, 은퇴 순으로 흐를 필요가 없다. 슈테판 볼만은 이를 대신할 진도표로 '이브 문화'를 제시한다. 새로운 인생은 교육, 직장 갖기, 가족과 육아, 두 번째 직업 활동, 가족을 돌보며 새로운 직장 준비하기, 세 번째 직업 활동기로 이어진다. '직장맘'이라면 일과 육아를 함께 하기 어렵다는 사실을 몸으로 느낄 테다. 늘어난 인생은 여성들의 사회 활동을 자유롭게 한다. 남성들도 그 혜택을 누리기는 마찬가지다. 홀로 짊어지던 생계의 부담을 나누어지는 덕분이다.

하지만 의문이 남는다. 중장년, 노인들이 젊은이들만큼 빠르고 효율적으로 일할 수 있을까? 나이 든 이들의 체력을 이십대에 견주기는 무리다. 슈테판 볼만은 이 질문에 답하기 위해 피아니스트 루빈스타인을 끌어들인다. 루빈스타인은 여든 살 이후에도 계속 연습을 했다. 그는 여전히 뛰어난 피아노 연주자였지만, 젊은 피아니스트들과는 여러모로 달랐다.

그는 먼저 연주 곡목부터 줄였다. 자신이 가장 잘 연주하는 곡들만으로 레퍼토리를 추렸다. 그러고는 전보다 더 연습했다. 마지막으로, 빠르게 쳐야 하는 부분이 있으면 그 앞부분을 정해진 것보다 천천히 연주했다. 그 덕분에 청중들은 루빈스타인의 연주 속도가 느려졌음을 깨닫지 못했다. 떨어지는 체력을 순발력과 원숙함으로 메운 셈이다. 나이는 삶을 늘 바꾸어 놓는다. 인생의 완성도를 높이려면 루빈스타인처럼 몸의 변화에 생활을 맞출 줄 알아야 한다.

"대개 위대한 국가들은 젊은이들 때문에 무너지고, 노인들에 의해 회복된다." 로마 시대 위대한 정치가였던 키케로의 말이다. 그의 『노년에 대하여』에서도 늘어난 인생에 대한 가르침을 들을 수 있다. 노년에 이르면 분명 체력은 떨어진다. 그러나 자연은 인생의 단계마다 그에 어울리는 특징을 안겨 주었다. 청년에게는 격렬함이, 중년에게는 장중함이, 노년에게는 원숙함이 어울린다. 영혼은 나이가 들어도 갈고 닦으면 더욱 훌륭해진다. 사회가 원로들의 말에 귀 기울이는 까닭이다.

그뿐 아니라, 노년에 이르면 유혹으로부터도 자유로워진다. 그리스 시대 시인 소포클레스는 나이 들어 성욕을 느끼지 못해 아쉽지 않은가 하는 질문을 받았다. 시인은 펄쩍 뛰며 답한다. "무슨 끔찍한 말을! 나는 잔인하고 사나운 주인에게서 지금 막 빠져나온 듯하다네!"

먼 자리에 앉아서도 무대가 보이듯, 나이 들어서도 쾌락이 무엇인지는 느낄 수 있다. 그러나 세월이 피를 식혀 버렸기에 쾌락은 이미 유혹이 되지 못한다. 합리적으로 생각하고 일을 처리하기에는 젊은 시절보다 노년기가 더 낫다고 할 만하다.

청년실업이 매우 심각한 요즘이다. 출산율 저하도 국가를 뒤흔드는 위기로 떠오르고 있다. 하지만 해법을 찾으려면 문제의 반대쪽도 살펴야 한다. 늘어나는 평균수명은 낮아지는 출산율을 메우고도 남을 만큼 많은 노동력을 사회에 안겨 주고 있다. 중장년의 취업난도 심란한 수준이다. 이런 가운데 출산율이 높아지면 미래의 실업 문제는 더욱 심각해지지 않을까?

청년실업 문제도 그렇다. 직업을 갖지 못하는 기간을 전문성 높은 산업 구조를 위한 준비 과정으로 삼는 방법은 없을까? 수업 기간이 늘어나면 학습 목표도 달라지기 마련이다. 우리의 삶은 점점 길어지고 있다. 바뀐 현실에 맞게 인생 진도표를 수정해야 할 때이다.

뿌리가 되는 책들_ 257쪽 참조
• 슈테판 볼만 지음, 유영미 옮김, 『길어진 인생을 사는 기술』, 웅진지식하우스
• 키케로 지음, 오흥식 옮김, 『노년에 관하여』, 궁리

악이 우리의 운명이 되지 않게 하려면

인간은 돈 앞에 평등하다. 피부색이 어떻건, 어느 지역에서 왔건, 돈은 묻지도 따지지도 않는다. "빵을 사는 사람들은 밀을 기른 사람이 공산주의자인지, 공화주의자인지, 입헌주의자인지, 파시스트인지, 흑인인지, 백인인지 알지 못한다." 경제학자 밀턴 프리드먼의 말이다. 돈도 마찬가지다.

자본주의는 이 점에서 매력적이다. 부자 앞에서는 '왕후장상의 씨'도 별 소용이 없다. 아득바득 돈을 많이 벌면 누구라도 떵떵거리며 살 수 있을 테다. 자본주의 사회에서는 노력하면 누구라도 가장 윗자리까지 올라갈 수 있다. 돈 벌기가 '전 국민의 스포츠'처럼 되어 버린 이유다.

그러나 돈은 인생의 목적이 아니다. 돈은 항상 '무엇을 위해서' 필요할 뿐이다. 내 집 마련을 위한 적금은 가슴을 뿌듯하게 한다. 가족을 먹여 살리려 돈벌이하는 가장(家長)에게 목돈은 확실한 피로 회복제가 될 테다. 하지만 모든 것을 하고도 남을 만큼 충분한 돈이 있다면 어떨까? 사실, 보통 사람들에게

100억과 1,000억은 차이가 없다. 어차피 평생 써도 못 쓸 만큼 큰돈이라는 점에서는 똑같기 때문이다.

필요 이상으로 많은 돈은 낭비할 곳을 찾게 만든다. 쓸 만한 구두에서 좋은 구두를, 나아가 명품 구두를 원하게 하는 식이다. 하지만 최고의 상품을 손에 넣으면 행복해질까? 필요를 넘어선 소비는 마음만 헛헛하게 할 뿐이다. 갑부가 우울증에 빠지고 심지어 목숨을 끊는 일이 심심치 않게 일어나는 이유다.

돈은 우리 삶을 망가뜨리기도 한다. 예전에 사람들은 이웃들과 함께 놀면서 자랐다. 집 근처 일터에서 이웃끼리 평생 함께 일했다. 결혼식 같은 큰일도 품을 나누며 치러 냈고, 장례식 때도 이웃과 가족은 일손을 나누며 정(情)을 키웠다.

하지만 지금은 어떤가? 우리는 '돈을 치르고' 병원에서 태어난다. '돈을 치르고' 학교에 가서 공부를 하고 친구를 사귀며, '돈을 벌기 위해' 각각 다른 직장을 찾는다. '돈을 치르고' 결혼식장을 빌려 식을 치른다. 살가운 정(情)은 함께하는 일과 시간이 많을 때 생겨나는 법이다. 우리 생활에서 품앗이는 사라지고 있다. 무슨 일이 있으면 '부조금'을 서로 주고받을 뿐이다. 돈만 오가는 우리의 인간관계에서는 정이 쌓일 만한 틈이 별로 없다. 인간관계는 서로에게 지우고 갚아야 하는 빚처럼 되어 버렸다.

그런데도 우리는 "행복해지려면 얼마나 돈이 필요할까?"를 묻지 않는다. 끊임없이 '더 많은 돈'을 외치기만 할 뿐이다. 외롭고 성격 고약한 스크루지 영감을 부러워할 사람이 있을까? 돈만 바라보며 달리다 보면 스크루지 영감은 어느덧 나의 미래가 되어 있을 것이다.

이쯤 되면 옛사람들이 돈을 천하게 여긴 까닭이 가슴에 다가올 테다. 선비들은 '돈'이라는 낱말을 입에 올리지조차 않았다. 서양에서도 마찬가지다. 옛 그리스 사람들에게 돈은 자유인이 탐낼 만한 것이 아니었다. 인간다운 삶은 생계를 위한 일에는 없었다. 자유인에게는 마땅히 여유(scholē)가 있어야 한다. 먹고사는 일에서 벗어나, 정말 '인간다운 일'을 하고 있을 때에야 제대로 된 삶이 열릴 터였다.

'인간다운 일'이란 무엇일까? 철학자 한나 아렌트는 '정치'라고 잘라 말한다. 옛 그리스인에게 정치는 살림살이를 나아지게 하려고 궁리하는 작업이 아니었다. 우리 선비들도 명예와 자존심에 목숨 걸지 않았던가. 돈벌이는 인간다운 삶을 꾸려 나갈 정도에서 그쳐야 한다. 그 다음에는 인간에게 어울리는 일을 하는 데 매달려야 할 테다. 충분히 재산을 모았는데도 돈에 정신 팔고 있다면, 노예의 삶과 다를 게 뭐 있겠는가.

옛 그리스인의 눈으로 볼 때, 현대인은 노예에 지나지 않는다. 돈을 버는 일에 매달릴 뿐, 어떻게 여유를 누리고 인간다운 삶을 꾸릴지에 대해서는 알지 못한다. 우리의 학교도 마찬가지다. 영어, 수학 등, 직업을 갖는 데 필요한 수업에는 열심이지만, 음악, 미술, 체육 등 삶을 풍요롭게 누리는 기술을 가르치는 과목은 늘 찬밥이다.

한나 아렌트는 우리가 사는 세상을 "노동이 사라진 노동자의 사회"라고 말한다. 일밖에 모르는 사람에게 일이 없어지면 어떻게 될까? 실업은 단순히 생활이 곤란해지는 문제에서 그치지 않는다. 일자리는 이제 한 사람의 자존심처럼 되었다. 사람들은 자기의 가치를 자신의 노동에서 찾곤 한다. 이런 세상에서 노동밖에 모르는 사람에게 찾아든 여유는 고통일 뿐이다. 노예란 삶의 목적을 스스로 찾지 못하는 이들이다. 이런 잣대로 보면 우리 중에 노예가 아닌 사람을 찾기란 쉽지 않을 듯싶다.

삶이 헛헛한 사람들은 기댈 만한 것을 찾아 헤맨다. 제1차 세계대전이 터질 무렵, 유럽의 젊은이들은 전쟁 소식에 환호성을 질렀다. 전쟁은 그들에게

'삶의 목적'을 던져 줄 모험이었다. 평범한 소시민도 전쟁터에서는 영웅이 되곤 한다. 이때 나의 삶은 일상의 비루함에서 벗어나 '국가와 민족을 위해' 몸 바치는 숭고한 인물로 여겨질 테다.

삶의 목적을 스스로 찾지 못하는 사람들에게는 독재자도 매력적으로 다가온다. 확신에 찬 목소리로 "너는, 우리는 이렇게 살아야 한다"고 외치는 독재자들의 모습에 외로웠던 가슴은 뭉클해진다. 이렇게 내 삶은 남의 목적을 이루기 위한 도구로 송두리째 넘어가 버린다.

한나 아렌트에 따르면, 인생의 가장 큰 죄란 '생각하지 않는 것'이다. 라디오, 텔레비전에서 인터넷, 스마트폰, 트위터에 이르기까지, 세상은 내 시간과 마음을 채워 줄 것들로 넘쳐 난다. 노예에게는 노동 없는 시간이 무섭다. 세상에는 그 두려움을 없애 주기 위한 중독거리들이 가득하다. 과연 우리는 노예보다 얼마나 나은 삶을 살고 있을까?

뿌리가 되는 책들_ 258쪽 참조

- 한나 아렌트, 이진우·태정호 옮김, 『인간의 조건』, 한길사
- 밀턴 프리드먼 지음, 심준보·변동열 옮김, 『자본주의와 자유』, 청어람미디어

인류 역사상 소비가 미덕인 적은 없었다. '도덕적'이라는 말을 들으려면, 열심히 일하고 아끼고 또 아껴야 했다. 하지만 지금은 다르다. 9·11 테러가 벌어졌을 때, 줄리아니 뉴욕 시장은 이렇게 말했다. "뉴욕을 정말로 사랑한다면 쇼핑을 하셔야 합니다." 소비가 있어야 돈이 돌고 경제도 움직인다. 시장은 이미 상품으로 넘쳐 난다. 소비를 줄였다간 세상이 결딴날지도 모른다.

그런 반면에, 한편에서는 임금을 깎느라고 난리다. 직장에서 노동자들은 파리 목숨이다. 곳곳에서 돈을 쓰라고 외치지만, 정작 사람들 주머니에는 돈이 없다. 소비를 늘리라면서도 자원 고갈을 걱정하는 목소리도 함께 낸다. 정신분열증 환자는 서로 부딪치는 주장도 아무렇지 않게 내뱉는다. 자본주의가 꼭 그런 식이다. 이 장(章)에서는 욕망, 과시적 소비, 쇼핑, 감정노동, 일중독, 공짜 경제 등 자본주의의 여러 모습을 다뤘다. 부디 헷갈리는 자본주의의 본래 모습을 제대로 알 수 있었으면 좋겠다.

프리
크리스 앤더슨 지음, 정준희 옮김, 랜덤하우스코리아

지은이 크리스 앤더슨은 지금의 30대 이하 세대를 '구글 세대'라 부른다. 이들은 공짜를 당연하게 여긴다. 이메일에서 게임에 이르기까지, 무료로 쓰는 서비스에 익숙한 세대라는 뜻이다. 기업들은 앞다투어 가격을 내리고 공짜를 늘린다. 그런데도 과연 이익을 거둘 수 있을까?

크리스 앤더슨은 '공짜 경제'의 비밀을 일러 준다. 컴퓨터 프로그램은 재료 값이 들지 않는다. 처음에 만든 제품을 계속 생산해도 돈이 들지 않는다는 뜻이다. 천 명이 쓰건, 천만 명이 쓰건, 추가로 들어가는 돈은 없다. 이용자 천만 명 중에 1%만 제값을 치른다 해도 무려 만 명이 지갑을 여는 셈이다. 그래서 인터넷 세상에서는 서로 이용자를 끌어모으느라 열심이다. 공짜 경제는 이제 대세(大勢)가 되었다. 『프리』는 경제의 큰 흐름을 보여 준다.

유토피아
토머스 모어 지음, 황문수 옮김, 범우

유토피아에서는 사람들이 여섯 시간만 일한다. 그럼에도 모두가 풍족하고 여유 있게 산다. 노는 사람이 없기 때문이다. 인구의 절반을 차지하는 여성들도 모두 일을 한다. 일손이 넉넉하니 생산물도 당연히 많다.

반면에, 사람들은 사치할 엄두를 못 낸다. 열다섯 가구씩 묶여 공동생활을 하기 때문이다. 식사도 모두 함께 한다. 밥상을 같이 나누는 사이에서 혼자만 호사를 부리기란 낯 뜨거운 일이다. 더구나, 유토피아 사람들은 남는 여가 시간을 교양을 쌓는 데 보낸다. 그래서인지 이들의 생각은 아주 건전하다.

『유토피아』는 소설이다. 유토피아라는 말 자체가 '어디에도 없는 곳'을 뜻한다. 하지만 과연 유토피아가 우리에게 불가능할까? 노는 사람을 없애고 사치를 없애면 세상은 어떻게 바뀔까?

Keyword 39 공짜(Free)

유한계급론
소스타인 베블런 지음, 원용찬 옮김, 살림

코르셋은 여자의 허리를 세게 조이는 옷이다. 이런 복장이 건강에
좋을 리 없다. 여인들은 시도 때도 없이 졸도하곤 했다. 현대인들의
패션 감각도 괴이하기는 마찬가지다. 마르고 팔다리 가느다란 모델
들이 인기를 끄는 요즘이다. 자기 몸도 추스르기 어려울 듯싶은 모
양새들이 인기를 모으는 이유는 무엇일까? 『유한계급론』의 지은이
베블런은 '베블런 효과'로 널리 알려졌다. 베블런 효과란 '과시적 소
비'를 뜻하는 말이다. 은수저가 철 수저보다 더 쓰기 편하지는 않
다. 그럼에도 사람들은 은제 식기를 좋아한다. 왜 그럴까? 은수저
가 꼭 필요한 물건이 아니기 때문이다. 좀 사는 축에 드는지 아닌지
는 꼭 필요하지 않은 물건을 살 여력이 있는지로 판가름 난다. 과시
적 소비에는 한계가 없다. 그래서 자본주의는 사람들을 불행하게
한다.

럭셔리
데이나 토마스 지음, 이순주 옮김, 문학수첩

과거에는 명품 브랜드들이 광고를 하지 않았다. 원래 명품은 '오트
쿠튀르(haute couture)'에서 나왔다. 오트 쿠튀르는 최고 상품을 다
루던 프랑스의 고급 상점을 말한다. 여기서는 아무에게나 물건을
팔지 않았다. 손님은 남의 집을 방문할 때처럼 예의를 갖추었다. 상
인들은 최고의 지위와 품격을 갖춘 사람에게만 '명품'을 팔았다.
하지만 지금의 명품은 다르다. 라스베이거스에서는 슬리퍼 차림으
로도 명품점을 드나든다. 명품 숍들은 광고에 열을 올린다. 명품은
이제 그냥 '비싼 상품'일 뿐이다. 그럼에도 사람들은 명품에 목을
맨다. 왜 그럴까? 사람들은 상품에 담긴 환상을 좇는다. 오트 쿠튀
르는 이제 사라진 환상이다. 그럼에도 사람들을 유혹한다. 명품에
끌린다면 헛헛한 마음부터 다잡을 일이다.

Keyword 40 과시적 소비

월든
헨리 데이빗 소로 지음, 강승영 옮김, 이레

헨리 데이빗 소로는 1845년 3월부터 1847년 7월까지, 2년여를 월든 호숫가에서 살았다. 손수 오두막집을 짓고 생필품도 알아서 구하는, 사치와는 거리가 먼 생활이었다. 소로는 남는 시간은 사색을 하며 보냈다. 그 기록이 『월든』이다.

"사치품과 생활 편의품 대다수는 꼭 필요하지 않다. 오히려, 인류의 향상을 방해하는 장애물일 뿐이다. 가장 현명한 사람들은 늘 가난한 사람들보다 더 간소하고 결핍된 인생을 살아왔다", "간소하게, 간소하게 살라! 두 가지나 세 가지로 줄일 것이며, 백 가지나 천 가지가 되게 하지 말라. 간소화하라, 간소화하라. 하루 세 끼가 아니라 한 끼만 먹으라. 백 가지 요리는 다섯 가지로 줄이라. 이런 비율로 다른 일도 줄이라". 욕망을 줄이면 고통도 준다. 『월든』의 가르침은 간단하다.

굿바이 쇼핑
주디스 러바인 지음, 곽미정 옮김, 좋은생각

한 해 동안 아무것도 사지 않고 살 수 있을까? 작가 주디스 러바인은 이 물음을 행동으로 옮겼다. 그녀는 소비를 끊기에 앞서 집 안에 무슨 물건이 있는지부터 살펴보라고 말한다. 이른바 '재고 조사'다. 냉장고와 서랍 곳곳에는 온갖 물건이 넘쳐 난다. 옷장도 한가득이다. 우리는 이미 부자다. 그럼에도 이 사실을 잊고 산다. 우리가 사는 집은 또 어떤가. 욕심은 생활공간을 넘어 수납공간에까지 나아간다. 정말 우리에게 필요한 것만 남겨 보자. 집이 커야 할 이유가 무엇일까? 지은이는 '자발적 가난(Voluntary Simplicity)'을 택했다. "우리는 너무 오랫동안 너무 많이 벌었어요." 부자가 되는 방법에는 두 가지가 있다. 많이 버는 것과 적게 쓰는 것. 우리는 후자의 방법을 잊고 산다.

Keyword 41 쇼핑 중독

엥케이리디온
에픽테토스 지음, 김재홍 옮김, 까치

에픽테토스는 노예 출신 철학자다. 그의 『엥케이리디온』에는 고난 속에서 자라난 삶의 지혜가 가득하다. 에픽테토스는 이렇게 말한다. "세상에서 일어나는 일들이 네가 바라는 대로 일어나기를 추구하지 말고, 오히려 일어나는 일들이 실제로 일어나는 대로 일어나기를 바라라. 그러면 모든 것이 잘되어 갈 것이다." 운명을 거스르지 말라는 말이다. 하지만 그는 포기하는 삶을 가르치지 않았다. 현명한 생각으로 상처받지 않는 법을 일러 줄 뿐이다. "질병은 육체에 방해가 되는 것이지만, 합리적 선택에 대해서는 방해가 되지 않는다. 예컨대, 절름발이는 걷는 데는 방해가 되지만, 합리적 선택을 하는 데는 그렇지 않다." 모든 고통은 마음에서 나온다. 가난도 마찬가지다. 우리는 실제 가난보다 가난하다는 생각 때문에 괴로운 경우가 더 많다.

악마는 프라다를 입는다
로렌 와이스버거 지음, 서남희 옮김, 문학동네

세계 최고의 패션잡지 〈런웨이〉는 많은 여성들의 선망의 대상이다. 대학을 갓 졸업한 앤드리아는 운 좋게 〈런웨이〉에 입사한다. 그것도 편집장 미란다 프리스틀리의 개인 어시스턴트로 말이다.
〈런웨이〉의 편집장은 패션계의 주목을 한 몸에 받는다. 그녀에게는 힐러리 클린턴, 베르사체, 지젤 번천, 아르마니에 이르기까지, 각계의 초대와 선물이 쏟아진다. 패션에 대해서는 아무것도 몰랐던 앤드리아는 곧 분위기에 휩싸인다. 그러곤 명품의 세계와 권력에 서서히 맛들여 간다. 하지만 건강한 그녀는 곧 화려한 껍데기가 삶을 풍요롭게 하지는 못한다는 사실을 깨닫는다. 그러곤 "백만 명쯤 되는 여자들이 너무나 하고 싶어 하는 자리"를 박차고 나온다. 이 소설은 20세기폭스 사에서 똑같은 이름의 영화로 제작되어 큰 인기를 끌기도 했다.

Keyword 42 욕망

논어, 꿈을 논하다

김정빈 글, 김덕호 그림, 주니어김영사

『논어』를 청소년용 만화로 옮긴 책이다. 지엄한 공자님 말씀을 청소년들의 입말과 재미있는 그림으로 옮겨 놓았다. "인(仁) 없는 예(禮)는 팥소 없는 찐빵과 같다", "내용물이 포장보다 중요하듯, '예(禮)'는 '의(義)'보다 중요하다" 등등, 재밌는 표현으로 『논어』의 핵심을 짚어 낸다. 안회(顏回)와 자로(子路), 자공(子貢), 자하(子夏), 자유(子游) 같은 공자의 제자들의 면모도 잘 그려져 있다. 『논어』는 유교의 중심이 되는 경전이다. 인간다움과 예절을 좇아 진정한 사람(君子)으로 거듭나라는 것이 유교의 가르침이다. 당연한 소리는 지겨운 잔소리로 다가오기 쉽다. 『논어』를 현대인의 흥미에 맞게 전하는 일은 그래서 중요하다. 『논어, 꿈을 논하다』는 이 점에서 현대인들의 눈길을 끄는 만화 고전이다.

감정노동

앨리 러셀 혹실드 지음, 이가람 옮김, 이매진

추우면 몸이 움츠러든다. 더우면 땀이 흐른다. 우리가 신경 쓰지 않아도 몸은 알아서 체온을 지켜 준다. 감정도 마찬가지다. 위협을 느끼면 공포심이 들고, 피곤한 일이 생기면 '알아서' 짜증이 올라온다. 이른바 '생물학적 대응 증후군'이라고 부르는 현상이다.

하지만 현대사회에서는 감정도 내 마음대로 할 수 없다. 때에 따라 적절하게 지어야 할 표정이 있기 마련이다. 한걸음 나아가, 지금의 직장은 '진심으로' 고객을 대하라고 말한다. 웃지 않는 종업원은 '게으르다'는 비판을 받을 정도다. 쳐다보기도 싫은 고객에게 헤실헤실 웃기가 어디 쉽던가. 자기 감정과 다른 느낌을 만들어야 하는 '감정노동'은 현대인들에게 가장 큰 부담으로 다가온다. 책은 감정노동을 잘 해낼 수 있는 방법을 자세하게 일러 준다.

Keyword 43 감정노동

정신분석학의 근본개념
지그문트 프로이트 지음, 윤희기·박찬부 옮김, 열린책들

〈정신적 기능의 두 가지 원칙〉, 〈억압에 관하여〉, 〈쾌락 원칙을 넘어서〉 등 프로이트의 주요 논문 10여 편을 묶어서 낸 책이다. 본문에서는 〈쾌락 원칙을 넘어서〉를 주로 다루었다. 프로이트는 인간은 성욕과 쾌락을 좇아 산다고 생각했다. 하지만 그는 환자를 만날수록 자신의 생각이 잘못되었음을 깨닫는다. 어떤 이들은 오히려 자신의 불행을 반복하려는 듯한 움직임을 보인다. 익숙한 불행은 미래가 어찌 될지 모른다는 '희망 고문(?)'보다 나을 때가 있다. "행동은 기억을 대신한다." 머리로는 그렇게 생각 안 해도 무의식이 자신을 익숙한 고통으로 이끈다는 말이다. 그렇게 "행동은 환자가 과거 경험을 떠올리지 못하도록 보호한다". 이런 깨달음을 통해 프로이트는 '죽음의 욕망(thanatos)'을 삶을 이끄는 힘으로 여기게 된다.

반복의 심리학
데니스 홀리 지음, 권경희 옮김, 흐름출판

불행을 연습하듯 사는 사람들이 있다. 누구에게나 짜증을 내고, 일도 즐겁게 못 한다. 말을 해도 미운 표현만 골라 한다. 왜 인생을 그 따위로 살까? 이럴 때는 그 사람 입장에서 생각해 보자. 그이의 인생이 언제 즐겁고 명랑했던 적이 있었나? 어린 시절부터 어두운 부모와 짜증으로 가득한 가정에서 자라나지 않았던가? 자기가 겪어 보지 않은 환경은 누구에게나 낯설다. 내게 맞지 않는 옷같이 느껴진다. 그이에게는 불행한 상황이 삶의 익숙한 분위기일지도 모른다. 그래서 스스로 불행해지는 길을 끝없이 반복하고 있을지 모른다.

불행에서 벗어나려면 어떻게 해야 할까? "무계획은 실패하기로 계획한 것이나 같다." 자기의 문제를 깨닫고 이를 고치려고 체계적으로 노력해야 한다. 운명도 자기 하기 나름이다.

Keyword 44 일중독

길어진 인생을 사는 기술

슈테판 볼만 지음, 유영미 옮김, 웅진지식하우스

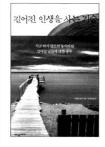

지금의 60대는 예전 노인들과 다르다. 꾸준히 관리하신 분이라면 50대보다 나아 보일 정도다. 노령화 사회를 걱정하는 목소리들이 높다. 하지만 우리 사회에 '노인'들이 과연 그렇게 많을까? 지금의 70대는 예전의 60대만큼, 60대는 50대 초반만큼 강건하다. 노령화 사회의 문제를 오히려 '장수 사회의 축복'이라 불러야 하지 않을까? 그렇다면 우리는 어떻게 미래를 준비해야 할까? 지은이는 "여러 개의 삶을 병렬적으로 살라"고 충고한다. 괴테가 모범 사례다. 그는 평생 작가, 행정가, 정치인, 시인, 여행가 등 여러 가지 일을 동시에 해냈다. 괴테는 60세에서 80세에 이르는 기간을 "세 번째 청춘"이라고 불렀다. 이쯤 되면 노년이란 오히려 '삶의 클라이맥스'라 할 수 있지 않을까?

노년에 관하여

키케로 지음, 오흥식 옮김, 궁리

키케로에 따르면, 노년이란 아무 쓸모없이 참고 견뎌야 하는 고통의 기간이 아니다. 노년이란 열매가 익어 땅에 떨어지는 것과 같다. 때가 되면 찾아오는 자연 변화일 뿐이라는 뜻이다. 따라서, 결코 두렵거나 회피할 것이 아니다.

포도주가 오래되었다고 모두 시어지지는 않듯이, 늙는다고 해서 모든 사람이 비참하고 황량해지지는 않는다. 청년이 되면 유년기 때 즐거웠던 일들이 유치하게 느껴지고, 장년이 되면 청년 시절이 치기와 어리석음으로 다가온다. 노년이 되면 인생의 모든 쾌락이 점차 시들해지고 흥미도 적어진다. 그렇듯 자연스럽게 노년은 자연에 따라 인생을 정리할 시기로 다가온다. 젊음만을 좇는 시대다. 그러나 인구는 점점 늘어 간다. 우리에게는 젊은 노인보다 진정한 노인의 자세가 필요하다.

Keyword 45 사추기(思秋期)

인간의 조건
한나 아렌트 지음, 이진우·태정호 옮김, 한길사

한나 아렌트는 흔치 않은 여자 철학자다. 게다가, 유대인으로 제2차 세계대전을 겪었다. '여자 철학자'와 '유대인'만으로도 그이의 삶이 신산스러웠음을 짐작할 만하다. 그녀의 가장 주된 철학적 고민은 "어떻게 근본악이 이 세상에 있을 수 있는가?"였다. 그녀는 세상이 타락한 이유로 '생각하지 않음'과 '정치적 행위 능력 상실'을 꼽는다. 인간의 '활동하는 삶(vita activa)'은 노동(labor), 일(work), 행위(action)라는 세 가지 조건으로 이루어진다. 이 가운데 소통하는 행위, 즉 정치가 가장 중요하다. 아렌트는 "정치 행위란 언어를 통해 사람들 사이에서 발생하는 자유로운 인간의 활동"이라고 말한다. 정치적 관심이 점점 줄어드는 요즘이다. 절대악은 정치적 무관심에서 나온다고 하면 지나친 과장일까?

자본주의와 자유
밀턴 프리드먼 지음, 심준보·변동열 옮김, 청어람미디어

밀턴 프리드먼은 '자유주의'를 내세우는 대표적인 경제학자다. 그는 오직 자본주의를 하는 나라에서만 민주주의가 이루어질 수 있다고 말한다. 경제활동에서 개인의 자유를 지켜 주지 못하는 사회에서 민주주의가 자리 잡을 리가 없기 때문이다. 물론, 자본주의는 많은 문제를 안고 있다. 그럼에도 우리는 "인류의 전형적 상태가 폭정, 예속, 빈곤이었다는 사실을 잊어버리는 경향이 있다". 옛 아테네와 로마의 초창기는 문명이 가장 꽃피었던 시기에 든다. 이때에도 자유시장과 자본주의 경제가 활발하게 이루어지고 있었음을 잊으면 안 된다.

자유시장과 자본주의는 사회의 빈곤을 없애기는 했다. 그러나 불평등을 사라지게 하지는 못했다. 자유주의를 넘어 차별이 사라지는 세상을 만들 방법은 없을까?

Keyword 46 노예노동

Chapter 7

Miscellaneous
'기타' 생각거리들

Keyword 47

호 모 루 덴 스

왜 사람들은 축구에 열광할까?

"빈민(貧民)에 의한 빈민의 스포츠." 언론 재벌 루퍼트 머독이 갖고 있는 영국의 〈선데이 타임스〉는 축구에 대해 이렇게 말했다. 하긴, 축구는 좀 사는 이들에겐 마뜩지 않은 스포츠였다.

유명한 축구 클럽들은 노동자들의 축구 동아리에서 나왔다. 아스날은 런던에 있던 로열 아스날 탄약 제조 공장 노동자들이 꾸린 축구팀이었다. 맨체스터 유나이티드는 랭카셔&요크셔 철도 회사 노동자들의 팀이었다. 마땅한 놀이거리가 없던 시절, 주말이면 노동자들은 축구장으로 몰려들었다. 축구장 관람석은 의자 없이 층계로만 되어 있었다. 끼어 앉으면 관람객들이 얼마든지 많아도 되는 구도였다. 혈기왕성한 남자들이 빽빽하게 모여 소리 지르는 상황, 폭력 사태는 언제든 벌어질 수 있었다. 격렬한 경기는 곧잘 응원단끼리의 싸움으로 번지곤 했다.

이 점은 우리나라에서도 마찬가지였다. 1921년, 제1회 전(全)조선축구대회가 열렸다. 우리나라 최초의 전국 축구 대회였지만 경기 모습은 아름답지 못했다. 배재구락부와 평양숭실구락부의 경기에서는 학생들끼리 패싸움까지 벌였다. 첫날의 세 경기 모두 판정 시비, 폭력 등으로 끝을 맺지 못했다.

전통적인 라이벌 팀들 뒤에는 엄청난 사회적 갈등이 놓여 있기도 하다. 글래스고 레인저스와 셀틱의 팬들은 각각 개신교와 가톨릭 교도로 갈린다. 두 팀은 무려 150년 동안 '글래스고 더비'라는 라이벌 경기를 벌여 왔다. AC 밀란과 인터 밀란이 벌이는 '밀라노 더비'는 또 어떤가. 두 팀의 상징 색은 붉은색과 푸른색이다. 다른 색깔을 지닌 두 팀은 복잡한 의미를 띠고 서로 부딪치곤 한다. 1910년부터 두 팀은 파시즘 반대와 찬성, 좌익과 우익, 블루칼라와 화이트칼라를 대표하는 팀처럼 여겨지곤 했다.

그렇다면 축구는 갈등과 폭력을 부르는 나쁜 스포츠일까? 네덜란드 역사가 하위징아의 설명을 듣고 보면 꼭 그렇지만은 않은 듯싶다. 그는 『호모루덴스』에서 놀이의 특징을 이렇게 설명한다.

첫째, 놀이에는 그 나름의 규칙이 있다. "상대방을 뒤에서 밀거나 발로 차서는 안 된다", "골키퍼를 밀어서는 안 된다" 등이다. 아무리 힘이 세고 상대가 밉더라도 주먹을 썼다가는 바로 경기장 밖으로 쫓겨난다. 규칙을 무시해서는 게임 자체가 이루어지지 못한다.

또한, 놀이는 일정한 시간과 장소에서 벌어진다. 권투에서는 링 안에서 장갑 낀 주먹으로 상대방을 쳐도 괜찮다. 그러나 링 밖에서 사람을 때리면 '폭력 행위'가 될 뿐이다. 축구도 마찬가지다. 대결은 경기장 안에서, 시합 시간만큼만 이루어져야 한다. 그 밖에서까지 상대에게 으르렁거렸다가는 처벌을 받게 될지도 모른다.

이렇게 보자면 전쟁도 놀이이다. 전쟁에도 규칙이 있다. 군인 아닌 사람을 함부로 죽여서는 안 되며 포로를 괴롭혀서도 안 된다. 화학무기같이 금지된

살인 도구를 사용해서도 안 된다. 또한, 싸움은 정해진 시간과 장소에서 이루어져야 한다. 선전포고도 없이 전쟁터 아닌 곳에 아무 때나 쳐들어가서는 안 된다는 뜻이다.

놀이 규칙을 무시한 전쟁은 그냥 학살일 뿐이다. 학살에 대해 잘했다며 박수를 보낼 이들은 없다. 축구도 마찬가지다. 경기장 밖에서 선수들에게 야유를 보내거나 상대 서포터들을 공격하는 짓은 행패에 지나지 않는다. 영국은 훌리건들 때문에 아예 국제 축구 경기에서 4년이나 쫓겨나기까지 했다.

그래서 축구는 도리어 평화를 이끄는 방법이 되곤 한다. 큰 다툼이 벌어질 일도 '게임의 규칙'으로 억눌러 서로를 해치지 못하게 막기 때문이다. 우리나라와 일본의 첫 축구 시합은 1954년에 열렸다. 이승만 대통령은 "경기에서 지면 현해탄(대한해협)에 몸을 던지라"는 말을 던지기까지 했단다. 그만큼 일본에 대한 미움은 뿌리 깊었다.

하지만 스포츠 경기는 앙숙 사이를 부드럽게 만든다. 1960년대, 미국은 중국과 꽉 막힌 관계를 탁구 대결로 풀었다. 우리와 일본의 축구 경기도 그랬다. 경기를 하려면 무엇보다 상대방을 인정해야 한다. 그리고 폭력이 아닌 정해진 공격과 방어 기술을 써서 쌓인 갈등을 드러내고 푼다. 승리를 거두며 '복수'를 했다고 느끼면 상대를 향한 미움이 수그러들기 마련이다. 또다시 패배를 겪었다 해도 갈등이 풀리기는 마찬가지다. 실력을 길러 다음 시합에서 갚아 주면 그만이다. 스포츠 경기를 자주 갖는 나라들끼리는 끔찍한 폭력이 수그러드는 이유다.

축구는 경기 규칙이 아주 단순하다. 공을 차서 상대방 골대에 많이 넣는 쪽이 이긴다는 것만 알면 당장이라도 시합을 뛰어도 된다. 게다가, 축구는 공하나만 있으면 언제나 누구하고도 할 수 있다. 돈이 많건 적건, 지위가 높건 낮건 누구나 할 수 있다는 뜻이다.

나아가, 축구는 세계 어디에서나 할 수 있는 스포츠다. 겨울에 러시아에서는 검정색으로 축구장 라인을 그린단다. 경기장이 눈으로 덮여 있기 때문이다. 반면에, 무더운 브라질 같은 나라에서 축구는 최고의 인기 스포츠다. 사막이 많은 사우디나 이라크 또한 축구를 잘하는 나라로 꼽힌다.

축구는 나라와 문화 사이의 벽도 허문다. 이슬람 성직자들은 배꼽 아래의 맨살을 드러내지 말라고 가르친다. 하지만 아랍 세계의 축구 선수들도 반바지를 입는다. 이처럼 축구는 종교까지도 고개를 끄덕이게 하는 힘을 갖고 있다. 축구의 엄격한 규칙이 세상 곳곳에 공통의 가치관과 질서를 심고 있는 셈이다.

복잡하게 꼬인 문제를 풀 때는 원인과 결과를 바꾸는 것도 한 방법이다. 사이좋은 나라끼리는 축구 시합을 자주 벌인다. 하지만 나쁜 사이끼리도 축구 경기를 벌여 보면 어떨까? 미국과 이란이 해마다 축구를 한다면? 서울 대(對) 평양 축구 대회가 부활한다면? 경기를 가졌으면 하는 나라 목록에는 끝이 없다. 아무쪼록 세상이 축구 경기처럼 질서 있고 신사적이었으면 좋겠다.

뿌리가 되는 책들 _ 277쪽 참조
• 요한 하위징아 지음, 김윤수 옮김, 『호모 루덴스』, 까치글방
• 이은호 지음, 『축구의 문화사』, 살림

시 뮬 라 크 르

<u>이미지는 어떻게 현실을 이길까?</u>

윈스턴 처칠은 기분이 좋지 않았다. 사진 찍기 싫다는데도 사진사가 자꾸 달려들었기 때문이었다. 게다가, 좋아하는 시가까지 빼앗겼다. 화가 날 대로 난 순간, 사진사는 때를 놓치지 않고 셔터를 눌렀다. 이렇게 찍은 처칠의 사진은 '나치에 대한 영국의 분노'의 상징처럼 널리 퍼졌다.

히틀러의 사진사도 영리한 사람이었나 보다. 인물의 턱 쪽을 가깝게 하여 사진을 찍으면 얼굴 윤곽이 뚜렷해 보인다. 게다가, 남자의 튀어나온 목젖은 강건한 인상을 준다. 여기에 얼굴에 그늘을 드리우면 카리스마 넘치는 분위기마저 풍긴다. 게다가, 눈가에 비추는 강한 조명은 눈빛을 형형하게 빛나게 한다. 히틀러의 강인한 이미지는 이렇게 만들어졌다.

히틀러는 여기서 한발 더 나아갔다. 어느 여성 사진작가가 편안하게 이야기를 나누던 히틀러를 카메라에 담았다. 사진을 본 히틀러는 고개를 가로저었단다. 도무지 자기 같지 않다고 말이다. 강인한 이미지의 사진이 '진짜 자기 모습'이라고 믿었던 탓이다. 이처럼 잘 찍은 사진은 한 사람의 성격마저도 바꾸곤 한다.

사진은 정지하고 솔직하다는 느낌을 준다. 눈에 보이는 모습을 그대로 담아 드러내기 때문이다. 그렇기에 사진은 사람들을 속이는 데도 널리 쓰인다. 원래 사기꾼은 순진한 인상을 하고 있는 법이다. 왜 햄버거와 탄산음료 선전은 날씬한 모델들이 할까? 인스턴트 음식을 많이 먹는 사람이 날씬하기는 쉽지 않다. 그럼에도 사람들은 광고를 의심하지 않고 햄버거와 탄산음료를 젊음과 발랄함을 나타내는 음식으로 받아들인다.

세제(洗劑) 광고 사진에서는 행복한 표정의 가정주부가 세탁기를 돌리기 마련이다. 선전하는 세제를 쓰기만 하면 고된 집안일이 행복을 주는 일로 바뀔까? 물론, 그럴 리가 없다. 하지만 사람들은 광고의 이미지를 의심하지 않는다. 사진은 '눈에 보이는 것이 진짜'라는 우리의 믿음을 교묘하게 이용한다.

게다가, 사진은 민주주의와 궁합이 잘 맞는다. 발터 벤야민은 사진의 특징을 그림에 견주어 설명한다. 그림을 그리는 데는 돈이 많이 든다. 전시되는 공간도 미술관, 귀족의 저택 등, 누구나 다가가기 어려운 곳이다. 반면에, 사진을 찍는 데는 큰돈이 들지 않는다. 게다가, 쉽게 복사되기에 어디에나 쉽게 내걸 수 있다. 많은 이들에게 공평하게 기회가 돌아가게 하는 것이 민주주의 아니던가. 사진은 모두에게 골고루 이미지를 내놓는다는 점에서 평등한 매체이다.

하지만 많은 사람들의 의견을 모으면 결론이 산으로 갈 때도 많다. 이른바 '군중심리' 탓이다. 많은 사람들이 웅성거리며 옳다고 외치면 덩달아 나도 옳다고 외치고 싶지 않던가. 사람들이 흥분하여 한 방향으로 의견을 몰아갈 때 반대 의견을 펼치기는 쉽지 않다.

내가 원하는 쪽으로 사람들 마음을 뒤흔들어 놓고 싶을 때 사진이 곧잘 이용되곤 한다. 달콤한 음식을 먹으며 혀를 날름거렸다고 해 보자. 이 모습을 담은 사진은 완전히 다른 메시지를 전하는 데 쓰이기도 한다. 혀를 오래 내밀고 있으면 "메롱!" 하며 남을 놀리는 모양새가 된다. 사진을 보는 사람들이 장면이 찍힐 때의 전후 사정을 알 리가 없다. 사진에 달린 그럴듯한 해석은 뜻하는 바대로 독자들의 판단을 휘두른다.

그렇다면 '이미지 조작'을 일으키는 사진을 경계하고 조심해야 하지 않을까? 하지만 현실은 그렇지 않다. 사회는 실제보다 사진을 더 중요하게 여기는 분위기로 흘러간다. 현실은 지나가면 그만이지만 사진은 영원히 남는다. 따라서, 사람들은 눈앞에서 벌어지는 일보다 사진이 잘 나오게 하는 데 더 신경 쓰곤 한다. 우리의 결혼식에서 예식 자체보다 사진 찍는 시간이 더 길어진 지는 꽤 오래되었다. 그럼에도 이를 이상하게 여기는 사람은 많지 않다. 심지어, 사진이 멋있게 나오게 하기 위해 정치인들이 장면을 '연출'하는 일마저 흔히 일어난다.

이런 분위기는 평범한 사람들의 일상에까지 영향을 미치고 있다. 누구나 휴대폰 카메라로 아무 데서나 원하는 대로 사진을 찍을 수 있는 시대다. 누군가 자기를 빤히 쳐다보면 몸이 굳기 마련이다. 카메라 렌즈도 마찬가지다. 어디서나 내 모습이 찍힐 수 있는 현실은 묘한 긴장감을 불러일으킨다. 심지어 동물들도 카메라를 겨누면 누가 자기를 바라볼 때처럼 신경을 곤두세운단다.

우리 주변에는 사진 찍기를 싫어하는 이들도 많다. 마뜩잖은 자신의 모습이 오래도록 남을 수도 있기 때문이다. 인터넷을 통해 내 사진이 여기저기 돌아다닌다고 생각하면 마음은 더 불편해진다. 따라서, 사람들은 사진에 찍힌 이미지가 좋아 보이게 하려고 노력한다. 꽃단장하고 찍는 프로필 사진은 이제 더 이상 연예인들만의 몫은 아니다.

이런 상태에서 우리가 과연 건강한 정신을 지킬 수 있을까? 영혼이 튼튼한 사람은 자신의 있는 그대로의 모습을 똑바로 바라볼 줄 안다. 그러나 마음이 병든 사람은 부풀려진 자기 이미지를 진짜라고 믿는다. 그래서 늘 이상에 못 미치는 자기 모습이 불만스럽기만 하다.

사진의 이미지를 실제만큼이나 중요하게 여기는 우리의 문화가 이렇지 않을까? 아무리 잘 찍은 사진이라도, 나의 실제 모습에 견주면 가짜에 지나지 않는다. 사진이 곧 내가 될 수는 없는 법이다.

일찍이, 플라톤은 화가(畵家) 같은 예술가들을 나라에서 내쫓아야 한다고 외쳤다. 가짜를 진짜처럼 만들어 사람들을 속인다는 이유에서였다. 그렇다면 이미지를 좇는 우리 문화는 어떨까? 우리는 뽀얗고 화사하게 '편집'된 얼굴과 강렬하게 꾸며진 연출 사진에 중독된 상태다.

아무리 좋게 포장을 한다 해도 가짜는 가짜일 뿐이다. 가짜를 진짜보다 더 좋아하게 된 인류 문명이 과연 건강하다고 할 수 있을까? 진짜와 가짜를 가려내기 어려울 만큼 발전하는 이미지 편집 기술이 더욱 두려워진다.

뿌리가 되는 책들_ 278쪽 참조

- 발터 벤야민 지음, 최성만 옮김, 『기술복제 시대의 예술작품』, 도서출판길
- 마르틴 슈스터 지음, 이모영 옮김, 『찰칵, 사진의 심리학』, 갤리온

괴 물

프랑켄슈타인과 한국 도깨비, 우리 안의 괴물 찾기

프랑켄슈타인은 원래 무시무시한 괴물이 아니었다. 여러 시체를 토막토막 얽어서 만든 기괴한 모습이지만 성격은 더없이 좋았다. 그는 철저한 '채식주의자'이다. 도토리와 과일, 나무뿌리를 주로 먹는단다. 남들에게 피해를 줄까 봐 산속에 조용히 숨어 지낸다. 굶주리는 사람들에게는 몰래 먹을거리를 가져다주기까지 한다.

게다가, 프랑켄슈타인은 교양까지 있었다. 그는 사람들의 대화를 엿듣는 것으로 말을 익혔다. 문자는 숲 속에서 주운 책으로 '독학'하여 익혔다. 밀턴의 『실락원』, 플루타르코스의 『영웅전』, 괴테의 『젊은 베르테르의 슬픔』은 그가 즐겨 읽었던 책이다.

하지만 그의 겉모습이 문제였다. 원래 프랑켄슈타인은 우리가 '프랑켄슈타인'이라고 알고 있는 괴물을 만든 박사의 이름이다. 오히려, 진짜 괴물은 프랑켄슈타인 박사다. 그는 착하디착한 괴물에게 큰 상처를 안겼다. 프랑켄슈타인 박사는 괴물이 깨어나자마자 질겁하고 내쳐 버린다. 너무 징그럽게 생겼기 때문이었다니, 기도 안 차는 이유다. 괴물의 마음은 아비에게 매달리는 아이와 같았다. 귀찮게 달려드는 괴물을 피해 프랑켄슈타인 박사는 도망을 친다.

괴물은 프랑켄슈타인 박사를 쫓아가다가 박사의 어린 동생을 우연히 죽이고 만다. 조용히 하라며 입을 막는다는 것이, 너무 힘이 세서 숨을 아예 끊어 버린 것이다. 증오를 품은 프랑켄슈타인 박사는 복수의 칼을 간다.

괴물은 눈물을 흘리며 도망을 친다. 그가 가려는 곳은 북극이다. 괴물은 프랑켄슈타인 박사가 자기를 쫓아오도록 끊임없이 집적댄다. 왜 그랬을까? "어느 호기심 많고 신앙 없는 자가 자기와 같은 괴물을 또 만들지 못하도록" 하기 위해서였단다. '괴물 제조 전문가'인 프랑켄슈타인 박사와 자신이 사라지면, 사람들은 더 이상 별스런 존재에 굳이 관심을 보이려 하지 않을 테다.

이쯤 되면 '프랑켄슈타인'으로 알려진 괴물은 꽤 괜찮은 친구처럼 느껴진다. 1818년, 여성 작가 메리 셸리가 쓴『프랑켄슈타인 – 현대의 프로메테우스』에 나오는 모습으로는 그렇다. 이후 '프랑켄슈타인'은 100여 년 동안 무려 130편이 넘는 영화와 소설로 거듭나면서 점점 흉측하고 잔인한 괴물로 변모해 갔다.

하긴, 다른 많은 괴물들도 끊임없이 '악마화' 과정을 겪곤 한다. 인기를 끌수록 점점 못되고 흉악한 범죄자로 바뀌어 간다는 뜻이다. 드라큘라도 그랬다. 드라큘라는 원래 루마니아의 귀족이었다. 그는 유럽으로 나아가려는 이슬람 세력을 막아 낸 장군이기도 했다. 드라큘라는 포로를 아주 잔인하게 다루기로 유명했다. 드라큘라의 잔인함에 대한 끝없는 소문은 결국 그를 '피를 빨아먹는 악마'로 바꾸어 버렸다.

왜 괴물들은 시간이 흐를수록 점점 흉측한 모습으로 바뀌어 갈까? 괴물은 확실한 '문화 상품'이다. 미노타우로스 등, 그리스 신화 속 괴물은 수천 년 전부터 사람들에게 숱한 수입을 안겨 주었다. 관광 수입에서 연극과 영화에 이르기까지, 괴물의 '상품 가치'는 무척 크다. 게다가, 괴물은 강하고 짜릿할수록 사람들의 관심을 더 받는 법이다.

프랑켄슈타인이 겉모습만 끔찍할 뿐인 '착하고 여린 교양인'이었어도 지금처럼 인기를 누릴까? 조스(Jaws)가 덩치만 큰 상어라면 영화 〈조스〉가 과연 재미있을까? 괴물은 괴물답게 무섭고 사정없이 모질 때 매력적인 법이다.

그렇다면 우리나라를 대표하는 괴물은 무엇일까? 나라를 대표하는 괴물들에서는 시민들의 성품도 묻어나곤 한다. 하지만 아무리 고개를 갸웃거려도 그럴싸한 괴물이 좀처럼 떠오르지 않는다. 우리 문화에서는 피를 철철 흘리며 다투는 괴물들 이야기가 거의 없다. 게다가, 사람들을 끔찍하게 죽이고 괴롭히는 것들도 별로 없다.

민속학자 김열규 교수는 우리 문화에서 가장 알려진 괴물로 도깨비를 꼽는다. 그에 따르면, 도깨비는 여러모로 한국인을 닮았다. 춤과 노래는 도깨비의 으뜸가는 즐거움이다. 도깨비는 짓궂은 장난을 즐기지만 잔인하지는 않다. 도깨비는 능력자이기도 하다. 도깨비방망이만 있으면 금과 쌀, 원하는 모든 것을 얻는다. 그럼에도 도깨비는 장난을 즐길 뿐, 큰 욕심을 부리지 않는다.

프랑스의 인문학자 로제 카이유와는 사람들이 좋아하는 놀이를 크게 넷으로 나눈다. 첫째는 '아곤'으로, 승부를 겨루는 놀이이다. 권투 같은 격투기가 여기 들어가겠다. 두 번째는 '미미크리'이다. 소꿉장난처럼 흉내 내면서 즐거움을 누리는 종류다. 세 번째로는 '알레아'가 있다. 주사위 놀음처럼 확률과 행운을 가슴 졸이며 기대하는 놀이다. 마지막은 '일링크스'이다. 뭔가에 빠

저들어 황홀한 기분을 즐기는 부류로, 춤과 노래, 술 마시기 등이 여기에 들겠다.

아마도 한국인은 '일링크스'에 가장 끌리지 않을까? 우리나라에는 스포츠를 모르면서도 신나는 응원에 '취해서' 경기장을 찾는 이들도 많다. 우리네 소문난 잔치에서 춤과 노래가 빠지는 경우도 별로 없다. 반면에, 투우처럼 피를 철철 흘리는 '아곤' 부류의 놀이에 끌리는 이들은 많지 않은 듯싶다.

이 점은 도깨비들도 마찬가지다. 숱하게 전해지는 도깨비 이야기에서도, 전쟁이나 피비린내 나는 다툼을 담고 있는 것은 거의 없다. 도깨비는 아무한테나 씨름하자며 달려드는 우스꽝스러운 모습으로 그려질 뿐이다. 여러모로 도깨비는 한국인의 모습을 닮았다.

괴물들도 점점 세계화하는 요즘이다. 프랑켄슈타인이나 드라큘라는 더 이상 유럽에서만 익숙한 괴물이 아니다. 괴물은 매력적인 문화와 함께 전 세계로 뻗어 나간다. 도깨비는 세상 어디에도 없는 독특한 '괴물 캐릭터'이다. 평화를 사랑하고 해학을 즐기는 괴물이 어디 흔하던가. 세계화할수록 개성과 독특함은 중요한 경쟁력이 된다. 도깨비에 담긴 우리만의 매력에 대해 깊이 생각해 보아야 할 때이다.

뿌리가 되는 책들_ 279쪽 참조

• 메리 셸리 지음, 이인규 옮김, 『프랑켄슈타인』, 푸른숲주니어
• 김열규 지음, 『도깨비 본색, 뿔난 한국인』, 사계절

Keyword 50

영 어 공 용 화

정글 속 언어들의 생존 게임

    일본어로는 낯선 이의 이름을 부르기가 조심스럽다. 일본어에서는 이름의 한자가 그때그때 다르게 소리 나기 때문이다. 영어도 마찬가지다. 미국의 전(前) 대통령 레이건(Reagan)은 한동안 한국 내에서 '리건'이라고 불렸다. 처음 이름을 본 사람은 어떻게 읽어야 할지 알 도리가 없다. 그런데도 사회가 별 탈 없이 돌아가니 신기할 뿐이다.

    프랑스 말은 더욱 놀랍다. 프랑스 어로 '91'을 말하려면 '4×20+11'이라고 해야 한다. '90'을 나타내는 단어가 없기 때문이다. 프랑스어에 익숙하지 않은 이들에게는 여간 곤혹스러운 일이 아니다. 이처럼, 어느 나라 말에나 안타까운 모습들이 몇 개씩은 있기 마련이다.

    게다가, 언어는 수식(數式)에 견주면 어설프기만 하다. 피타고라스의 정리는 수식으로는 간단하게 표현된다. "빗변의 길이를 c, 다른 두 변의 길이를 각각 a, b라고 하면, $a^2 + b^2 = c^2$이다." 이를 문장으로 풀면 어떨까?

"중간 항들의 곱셈(그것은 바로 첫째 직사각형에 포함되는 변의 제곱이다)에 의해 긴 변과 짧은 변으로 이루어지는 직사각형과 같은 두 개의 값이 나오며, 그 합은 방정식에 의해 빗변의 제곱과 같고……."

곱셈, 덧셈 등을 나타내는 기호가 없던 시절, 어느 수학자가 피타고라스 정리를 설명한 구절이다. 무엇을 말하려는지 감 잡기조차 어렵다. 과학이 발전할수록 언어에 대한 불만은 커졌다. 수식처럼 간단하면서도 오해 없이 생각을 나타낼 방법은 없을까?

언어학자들이 궁싯거리며 내놓은 인공언어(Artificial Language)는 무려 700여 개에 이른단다. 인공언어의 기본 틀은 비트겐슈타인의 '그림 이론'에 잘 나타나 있다.

비트겐슈타인은 교통사고 재판을 다룬 신문 기사에서 아이디어를 얻었다. 재판에서는 설명을 위해 모형 차와 인형이 쓰였다. 모형을 가지고 사건을 설명할 수 있는 이유는 무엇일까? 모형 차와 인형이 실제 차와 사람을 나타내기 때문이다.

마찬가지로, 언어의 문장 하나하나는 실제 사실(The Facts)을 일대일로 가리키고 있다. 그리고 문장과 사실은 똑같은 논리 구조로 되어 있다. 그래서 언어는 그림처럼 세상을 그려 낼 수 있다.

남은 문제는 오류 없는 정확한 문장은 어떤 것인지, 세상과 언어를 이루는 논리 구조를 어떻게 나타낼지뿐이다. 지금도 많은 언어학자, 과학자들은 정확하게 세상을 그려 낼 언어를 만드느라 머리를 맞대고 있다. 로지반(Lojban)은 이런 노력으로 태어난 언어이다.

이상적인 언어를 만드는 작업은 세계 평화와도 맞닿아 있다. 19세기 말, 사람들은 언어를 중심으로 제각각 뭉치고 있었다. 독일어를 쓰는 이들은 '독일 민족', 프랑스어를 쓰는 사람들은 '프랑스 민족'으로 여겨졌다. 언어는 민족을 가리는 중요한 잣대가 되었다.

언어로 갈린 사람은 서로 끊임없이 다툼을 벌였다. 세상이 편안해지려면 모두가 같은 말을 쓰면 되지 않을까? 서로 같은 말을 쓰면 내 편, 네 편을 가르지 않게 될 테다. 에스페란토 등, 지금도 쓰이는 인공언어는 이런 생각으로 만들어졌다.

에스페란토 같은 인공언어에는 영어, 프랑스어 같은 '국제어'보다 나은 점이 있다. "한국인, 브라질 인, 스웨덴 사람이 영어로 대화를 한다 해 보자. 영어를 모국어로 쓰지 않는 사람이라면, 영어를 아주 잘하더라도 그 때문에 자신이 앵글로·색슨족이 된다는 느낌은 없다. 그러나 에스페란토를 쓰는 이들끼리는 다르다. 한국인, 브라질 인과 함께 에스페란토를 말하는 스웨덴 인은, 세 사람 모두 특별한 문화 집단을 이룬다는 느낌을 받게 된다."

언어학자 에리카 오크런트의 설명이다. 이를 듣고 나면, 에스페란토 같은 인공언어가 어떻게 세상을 하나로 묶을 수 있을지 이해가 된다. 에스페란토에서는 누구도 '외국인'이 아니다. 모두가 평등한 입장에서 언어를 쓰고 나눈다.

하지만 인공언어 가운데 큰 성공을 거둔 것은 아직까지 없다. 새로운 말이 뿌리내리기란 쉬운 일이 아니다. 로지반 같은 언어는 정교하기는 하다. 그러나 너무 복잡해서 이 말로 대화를 나누기는 무척 어렵다. 에스페란토는 또 어떤가. 에스페란토의 상징인 녹색 별은 '괴짜' 표시처럼 여겨진다. 너무 비현실적인 사람들이라는 뜻이다.

한국어, 일본어, 프랑스어, 영어 등, 세상의 언어 대부분은 누가 만들지 않았다. 세월이 흐르면서 저절로 생겨났을 뿐이다. 언어는 '자연'에 가깝다. 자연에는 손을 댈수록 문제만 많아진다. 언어도 마찬가지다. 새로운 언어는 DNA를 조작해서 만든 인공 생명체만큼이나 많은 문제를 일으킬지도 모른다.

그럼에도 새로운 언어를 만드는 작업은 의미가 있다. 1997년, 한국의 여객기가 괌 공항에 추락했다. 심리학자들은 한국어도 사고의 원인이 되었다고 입을 모은다. 기장과 부기장은 누구라도 먼저 위험을 느끼면 상대의 일에 끼어들 수 있어야 한다. 하지만 한국어에는 높임말이 있다. 말을 시작하기도 전에 이미 누가 위인지가 가려진다. 이런 상황에서 함께 토론하며 문제를 해결하기는 어려울 테다. 이 사건 다음부터, 항공사는 비행사들에게 의무적으로 영어로만 대화를 나누게 했다. 영어로 나누는 대화에서는 서열을 드러낼 필요가 없기 때문이다.

새로운 언어를 만드는 일은 어렵다. 그러나 자신들의 모국어를 더 낫게 만들 수는 있다. 우리말에 없는 좋은 점이 다른 나라 말에는 있을 수 있다. 새로운 말을 만들기 위해서는 숱한 언어들의 장단점을 살피기 마련이다. 그렇다면 우리말의 단점은 무엇일까? 말은 문화를 담는 그릇이다. 그릇이 바뀌면 내용의 모양새도 달라진다. 우리에게는 '짜장면'을 '자장면'으로 바꾸는 문제보다 언어에 담긴 가치관을 점검하는 일이 더 급하다.

뿌리가 되는 책들_ 280쪽 참조
• 에리카 오크런트 지음, 박인용 옮김, 『이상한 나라의 언어 씨 이야기』, 함께읽는책
• 루트비히 비트겐슈타인 지음, 이영철 옮김, 『논리 - 철학 논고』, 책세상

독재&민주주의 정치적 인간 경제 '프렌들리' 소유
권 호모 루덴스 자유주의 톨레랑스 유러피언 드
림 소셜 네트워크 관용 유러피언 드

진짜보다는 이미지가 훨씬 중요해진 시대다. 이제 우리는 얼굴을 직접 보지 않고도 얼마든지 우정을 나눌 수 있다. 트위터나 블로그 등 소셜 네트워크를 통해서다. 이런 공간에서는 진짜 내가 아닌 '나의 이미지'가 떠다닌다. 가짜의 세계에서는 진지함도 줄어들기 마련이다. '펀(fun)한 것이 좋은 것'이라는 분위기가 널리 퍼져 나간다. 재벌 회장들도 트위터에서 십대처럼 인터넷 속어들을 거침없이 써 댄다.

에릭 홉스봄이 20세기를 '극단의 시대'라고 불렀던 것에 견주면, 우리 시대의 이런 모습은 훨씬 건전해 보인다. 적어도 피비린내가 나는 다툼은 없지 않은가. 그러나 웃음 뒤에는 치열한 생존경쟁이 진행 중이다. 인터넷 세상에서도 점유율 다툼은 뜨겁다. 가짜 세상이라 해서 생존 논리가 헐거워지지는 않았다.

이 장(章)에서는 사진과 영화, 괴물, 축구, 언어 등, 잡다한 내용을 다룬다. 중구난방인 주제들이다. 하지만 읽다 보면 현대 사회의 생존경쟁이 여러 분야를 넘어 '보편적으로' 벌어지고 있다는 인상을 받을지도 모르겠다.

호모 루덴스

요한 하위징아 지음, 김윤수 옮김, 까치글방

동물은 살기 위해서 움직인다. 반면에, 인간에게 생존은 늘 '최소한'일 뿐이다. 인생은 단지 살기 위해 발버둥치는 과정만은 아니다. 생존에서 벗어나 자유로울 때 우리는 비로소 '사람다운 삶'을 산다고 말한다. 이 점에서 '놀이'는 인간다움의 가장 큰 특징이라 하겠다. 하위징아가 인간의 특징을 놀이에서 찾은 이유다. ('호모 루덴스'란 '놀이하는 인간'이라는 뜻이다.)

안타깝게도, 하위징아는 인류는 놀이의 정신을 점점 잃어 가고 있다고 말한다. 날로 번창하는 스포츠만 해도 그렇다. 프로 스포츠가 보여 주듯이, 이제 놀이는 생계를 위한 하나의 직업일 뿐이다. 이 책은 제2차 세계대전이 한창일 때 쓰였다. 놀이하는 정신은 사라지고 야만적인 싸움만 남았을 때다. 지금의 '경제 전쟁'을 봤다면 하위징아는 뭐라고 말할까?

축구의 문화사

이은호 지음, 살림

축구는 고도의 두뇌 게임에 가깝다. 공이 없는 공간에서도 공격과 방어는 계속된다. 선수들이 끊임없이 움직이며 속고 속이는 전술과 진형(陣形)으로 공의 움직임을 미리 결정하는 것이다.

축구는 정치 바람을 많이 타기도 한다. 베를루스코니가 이탈리아 총리가 된 데에는 프로축구팀 AC 밀란을 인수해 부활시킨 공로가 컸다. 아울러, 스페인 레알 마드리드가 최고의 축구 클럽이 된 데에는 지역 갈등도 큰 몫을 했다. 레알 마드리드의 라이벌은 FC 바르셀로나. 각각 카스티야와 카탈루냐가 근거지다. 『축구의 문화사』는 이렇듯 축구의 배경과 역사를 하나씩 풀어 보여 준다. 외국인 혐오주의자들인 스킨헤드족(族)이 많았다는 1980년대 영국 훌리건 등의 이야기를 듣고 있자면, 어느덧 축구는 '공으로 하는 정치'처럼 여겨지기까지 한다.

Keyword 47 호모 루덴스

기술복제 시대의 예술작품
발터 벤야민 지음, 최성만 옮김, 도서출판길

'기술복제 시대 예술'이란 주로 사진과 영화를 말한다. 영화를 접할 때의 마음은 예술품을 감상할 때와 정반대이다. 미술 작품을 볼 때는 온 정신을 모아야 한다. 그 반면에, 영화는 넋을 놓고 화면에 빠져들게 만든다.

사진은 선전에 어울린다. 사진의 의미는 밑에 달린 설명에 휘둘리곤 한다. 감상자들이 사진 찍을 당시의 분위기를 알 턱이 없다. 그냥 찡그린 얼굴 사진일 뿐인데도, "분노하는 시민"이라는 제목을 붙여 놓으면 꼭 그런 비장함으로 보인다. 벤야민은 사진과 영화에서 희망을 본 듯하다. 만들고 보는 데 많은 사람들이 참여해야 하는 '민주적' 예술이라는 믿음 때문이다. '기술복제 예술'은 텔레비전, 인터넷 등으로 더욱 늘어났다. 벤야민이 UCC 동영상이나 스마트폰을 보았다면 뭐라고 말할까?

찰칵, 사진의 심리학
마르틴 슈스터 지음, 이모영 옮김, 갤리온

화가들은 움직임을 표현할 때 사선(斜線)을 넣는다. 팔과 다리 등, 움직이는 부위에 떨리는 듯 겹치게 윤곽을 그리기도 한다. 사진이 나오기 전에는 움직임을 이렇게 나타내지 않았다. 100여 년 전까지만 해도, 그림 속의 움직임은 정지된 동작과 다를 게 없었다. 움직임을 찍은 사진이 나오고 나서야 그림의 표현도 바뀐 셈이다. 이처럼 사진은 우리가 세상을 바라보는 방식도 바꾸어 놓는다. 또한, 기억은 시간이 지나면 흐릿해진다. 그러나 사진은 그렇지 않다. 9·11 테러를 떠올려 보라. 자신이 그날 직접 보았던 장면들보다도 보도 사진의 이미지가 더 생생하게 떠오르기 마련이다. 이처럼 사진은 과거의 경험이나 인상을 바꿀 수 있다. 사진기는 이제 '생활용품'이 되었다. 사진이 바꿀 미래를 알고 싶다면 이 책을 읽을 일이다.

Keyword 48 시뮬라크르

프랑켄슈타인

메리 셸리 지음, 이인규 옮김, 푸른숲주니어

프랑켄슈타인은 메리 셸리가 1818년에 낸 『프랑켄슈타인─현대의 프로메테우스』라는 소설에 처음 등장한 괴물이다. 생명공학의 시대, 프랑켄슈타인은 새로운 의미로 다가온다. 이른바, '프랑켄푸드(Franken-food)'에 대한 걱정의 목소리가 높다. 프랑켄푸드란 유전자 조작 식품을 가리키는 말이다. 뜻 자체에 이미 프랑켄슈타인 같은 괴물이라는 비판이 담겨 있다. 그러나 제대로 된 비판은 음식이 아닌, 이를 만든 사람들에게 돌아가야 하지 않을까?

프랑켄슈타인은 괴물을 만든 박사의 이름이었다. 그러나 어느새 프랑켄슈타인은 괴물의 이름이 되어 버렸다. 환경 파괴만 손가락질받을 일이 아니다. 문제의 근본은 원인을 만든 우리의 욕망에 있다. 메리 셸리의 소설은 이 점을 일깨워 준다.

도깨비 본색, 뿔난 한국인

김열규 지음, 사계절

"도깨비는 대단한 토목 기사 집단이다. 도깨비는 뭘 하든, 아무리 큰일이든 즉결처분한다. 후다닥 벼락치기로 해낸다. 즉석에서, 뭐든 즉흥적으로 해내는 것이 꼭 인스턴트다. 돈을 만들어 내건, 곡식을 쏟아 내건, 아니면 돌무더기를 쏟아붓듯 단숨에 해낸다. 태산을 무너뜨리는 것도, 큰 홍수가 지게 하는 것도 단 한순간이다. 그게 무엇이든, 어떤 일이든 한결같이 왕창왕창이고 또 후딱후딱이다."

민속학자 김열규 교수는 도깨비는 한국인의 이드(Id), 즉 밑바닥 욕망이라고 말한다. 앞서의 도깨비 모습을 보면, 정말 그런 듯싶다. 왕창 빨리빨리 이루고 싶은 것이 한국인의 마음 아니던가. 책에는 다양한 도깨비 이야기들이 소개되어 있다. 도깨비는 한국의 대표적인 괴물이다. 그럼에도 연구는 많이 되어 있지 않다. 아쉽다.

Keyword 49 괴물

이상한 나라의 언어 씨 이야기
에리카 오크런트 지음, 박인용 옮김, 함께읽는책

『걸리버 여행기』에는 재미있는 언어 이야기가 나온다. 하늘을 나는 나라 '라가도'에서는 "말을 없애려는 계획"을 만든다. 말 때문에 오해가 너무 많았던 탓이다. 그래서 사람들은 언어 대신, 실제 물건을 한가득 싸 가지고 다니며 대화를 나눈다. '주전자'를 말하고 싶으면 주전자를 꺼내 놓는 식이다.

서양 사람들은 한자(漢字)에 열광했다. 북경어, 일본어, 베트남어 등등, 다양한 말을 쓰는 사람끼리도 한자로는 얼마든지 서로 뜻이 통했다. 프랜시스 베이컨은 한자를 실자(實字: real character)라고 부르며 흥분했다. 오해 없이, 글자 자체만으로 원했던 뜻을 전할 수 있다는 의미다. 지금까지 만들어진 인공언어는 수백 개에 달한단다. 오해 없는 정확한 언어를 만들려는 노력은 지금도 계속되고 있다.

논리-철학 논고
루트비히 비트겐슈타인 지음, 이영철 옮김, 책세상

비트겐슈타인은 제1차 세계대전 중 참호 속에서 인류 역사상 가장 위대한 철학 책으로 꼽히는 원고를 써 내려 갔다. 이것이 바로 『논리철학 논고(Tractatus Logico-Philosophicus)』이다. 이 책의 주된 내용은 '그림 이론(Picture Theory)'이다. 언어는 명제로 이루어져 있다. 세계는 가능한 사태(The Facts)들로 이루어져 있다. 그리고 명제들과 사태들은 각각 일대일로 대응하고 있으며 똑같은 논리 구조로 되어 있다. 즉, 언어는 세계를 그림처럼 그려 주기 때문에 의미를 갖는다. 이런 식으로 본다면 신, 자아, 도덕 등의 문제는 표현할 방법이 없다. 말에 대응하는 것들을 실제로 볼 수 없기 때문이다. 따라서, 비트겐슈타인은 이렇게 말한다. "말할 수 없는 것에 대해서는 침묵을 지켜야 한다."

Keyword 50 영어 공용화

:::Epilogue
젊은 인문학을 꿈꾸며

　중국은 '지대물박(地大物博)'의 나라였다. 땅은 넓고 물자는 풍부했다. 중국 황제들은 중국 바깥의 문제에 관심이 없었다. 중국 밖에는 덜 떨어진 오랑캐들뿐이었다. 뭘 얻겠다고 그들에게 관심을 갖겠는가.

　반면에, 유럽은 '지지리 궁상'의 대륙이었다. 좁은 땅에서 고만고만한 나라들이 박이 터지게 싸웠다. 살아남으려면 새로운 기회를 찾아야 했다. 끊임없이 인도로, 중국으로, 새로운 땅으로 발을 뻗어 나갔다. 수백 년이 흐르자, 중국은 유럽의 '밥'이 되었다. 19세기, 중국이 서양에게 어떤 대접을 받았는지를 떠올려 보라. 지지리 궁상들이 지대물박을 누른 셈이다.

　인문학은 여전히 위기 상황이다. 지금의 인문학은 옛 중국을 떠오르게 하는 데가 있다. 상인(商人)은 '비즈니스맨'으로 거듭났다. 사농공상(士農工商)의 밑바닥에 놓였던 계층이, 이제 시대를 이끌어가는 엘리트 집단으로 자리 잡은 셈이다. 기업이 차지한 대학들의 인기는 하늘을 찌른다. 대통령들도 자신이 얼마나 '비즈니스 마인드'를 갖고 있는지를 자랑하는 세상이다.

　경영학은 잡식동물이다. 필요하면 경제학에서 심리학, 역사와 철학에 이르기까지, 다양한 배경지식을 끌어들인다. 시대를 예민하게 읽고 필요한 가르침을 속속들이 빨아들인다. 성장하는 학문은 겸손하다. 그리고 성공한다.

　인문학도 이래야 하지 않을까? 수백, 수천 년 전의 관심사가 지금도 계속되어야 할 이유는 없다. 제러미 벤담은 당시 사람들에게 '철학자'가 아니었다. 그 시대 사람들에게 벤담은 영국을 이끄는 정치가로 여겨졌다. 데카르트나라이프니츠는 철학만큼이나 수학 분야에서 더 이름이 높다. 공자나 맹자도 '정치 컨설턴트'가 본업이었던 분들이다. 그렇다면 우리 시대의 사상가는 누구일까? 사르트르나 하버마스일까? 오히려, 우리의 후손들은 스티브 잡스나 피터 드러커 같은 경영학의 구루들을 꼽지 않을까?

인문학은 사람과 세상을 고민하는 학문이다. 시대에 따라, 다양한 분야를 끌어들이고 고민할 수 있어야 한다. 이 책에서 경영학이나 심리학 등, 새로운 분야의 책들을 '인문서'로 소개한 까닭이다.

우리의 교육 수준은 아주 높다. 심지어, 우리 사회에서는 고졸도 낮은 학력으로 여겨진다. 평균적인 시민의 교양이 백여 년 전 엘리트들의 수준을 넘어선 셈이다. 누구나 좋은 생각과 글을 생산할 능력을 갖추고 있다. 블로그나 소셜 네트워크에는 주옥 같은 글들이 넘쳐 난다. 우리 시대는 삶과 세상의 깊은 의미를 드러내는 인문학이 꽃피기에 더없이 좋은 환경이라고 하겠다.

문사철(文史哲)로 대표되는 인문학은 지대물박(地大物博)의 땅이다. 2,500여 년을 넘나드는 학문의 역사만으로도 생각거리들은 넘쳐 난다. 그럼에도 인문학은 우리 사는 세상으로 눈을 돌려야 한다. '지지리 궁상'이던 새로운 학문 분야들처럼 말이다. 경영학의 역사는 불과 50여 년 남짓에 지나지 않는다. 심리학도 백 년이 채 안 된 학문이다. 그럼에도 인문학은 이들에게 맥없이 자리를 내주고 있다. 옛 중국이 왜 주저앉았는지 곰곰이 따져 볼 일이다.

인문학은 '거인의 어깨 위에 올라타는 작업'이다. 2,500년의 역사가 거인의 어깨라면, 우리는 현재의 문제를 고민하며 거인의 키를 더 키워 놓아야 한다. 후손들이 우리의 어깨에 올라타서 더 멀리, 더 깊게 세상을 바라볼 수 있도록 말이다.

책에 실린 '50개 키워드'는 우리 시대 평균적인 시민이 품어 봄직한 고민들이다. 그럼에도 아직 더 많은 생각이 필요한 주제들이기도 하다. 젊은이들은 늘 사회에 활력을 불어넣는다. 이 책에서는 '인문학'을 문학, 역사, 철학으로 울타리치지 않았다. 인문학은 새로운 학문들을 끌어안아야 한다는 생각에서다.

이제 감사의 말을 전할 차례다. 가장 먼저 고마움을 전해 드리고 싶은 분은 한겨레신문 김창석 기자다. 이 책을 꾸리게 된 핵심 아이디어는 이분에게서 나왔다. 그리고 담당 기자로 내 원고를 꼼꼼하고 훌륭하게 다듬어 주셨다. 유능한 기자와의 만남은 작가를 성숙하게 한다. 이분께 큰 신세를 졌다.

'한겨레에듀'의 최광렬, 신호승 선생님께도 감사드린다. 인문학적 감성을 가진 편집자와의 대화는 늘 가슴 설레고 즐겁다. 책 작업을 하는 내내, 두 분과의 만남은 내게 큰 즐거움이었다.

가장 큰 감사를 받아야 할 대상은 나의 학생들이다. 아이들의 무수한 질문과 고민은 절절하게 내 가슴속에 갈무리되어 있다. 그들에게 조금이라도 도움이 되는 선생님이 되고 싶다. 덜떨어진 선생을 일깨워 주는 고마운 나의 학생들에게 이 책을 바친다.

철학교사 안광복의
키워드 인문학

ⓒ 안광복, 2011

초판 1쇄 인쇄 2011년 3월 03일
초판 4쇄 발행 2012년 5월 30일

지은이 안광복
펴낸이 이기섭
기획편집 최광렬, 신호승
마케팅 조재성, 성기준, 정윤성, 한성진, 정영은
관리 김미란, 장혜정
디자인 DesignZoo

펴낸곳 한겨레출판(주)
등록 2006년 1월 4일 제313-2006-00003호
주소 121-750 서울시 마포구 공덕동 116-25 한겨레신문사 4층
전화 02-6383-1602
팩스 02-6383-1610
대표메일 edu@hanibook.co.kr

ISBN 978-89-8431-448-1 03100